BIBLIOTHÈQUE
DE PHILOSOPHIE CONTEMPORAINE

LA

MORALE DE L'HONNEUR

PAR

L. JEUDON

Professeur au Collège de Vannes.

PARIS
LIBRAIRIE FÉLIX ALCAN
MAISONS FÉLIX ALCAN ET GUILLAUMIN RÉUNIES
108, BOULEVARD SAINT-GERMAIN, 108

LA
MORALE DE L'HONNEUR

LA
MORALE DE L'HONNEUR

PAR

L. JEUDON

AGRÉGÉ DE PHILOSOPHIE AU COLLÈGE DE ...

PARIS
LIBRAIRIE FÉLIX ALCAN
ANCIENNE LIBRAIRIE GERMER BAILLIÈRE ET Cⁱᵉ
108, BOULEVARD SAINT-GERMAIN, 108

LA

MORALE DE L'HONNEUR

PAR

L. JEUDON

PROFESSEUR DE PHILOSOPHIE AU COLLÈGE DE VANNES

———

PARIS

LIBRAIRIE FÉLIX ALCAN

MAISONS FÉLIX ALCAN ET GUILLAUMIN RÉUNIES

108, BOULEVARD SAINT-GERMAIN, 108

1911

Tous droits de traduction et de reproduction réservés.

LA MORALE DE L'HONNEUR

INTRODUCTION

Dans la première partie de cet ouvrage, je m'efforce d'exposer avec impartialité les opinions des moralistes anciens et modernes sur le sentiment de l'honneur considéré comme principe de la conduite morale.

Je n'ai pas prétendu faire œuvre d'érudit ni même d'historien, mais seulement faire exprimer par des auteurs compétents les opinions qui me paraissaient les plus utiles à noter pour la solution du problème moral. La plupart des philosophes sont des adversaires de la morale de l'honneur, et cette opposition est plus générale encore chez les théologiens. Mais les attaques contre ce principe moral, venant de systèmes divers, sont diverses elles-mêmes et parfois jusqu'à la contradiction. Quelques philosophes sont plus ou moins favorables à ce sentiment. En somme, il y a désaccord sur tous les points essentiels de la question, comme on doit s'y attendre en l'absence d'une méthode commune. On trouvera toutes ces opinions résumées en un tableau à la fin de cette première partie, qui a pour but de poser le problème et d'en montrer diverses faces. Le principe de l'honneur est attaqué d'un côté par les cyniques, les stoïciens et ceux des modernes qui s'inspirent le plus de cette école dans sa racine objective et sociale, qui est le souci de la réputation. L'orgueil stoïque réduit l'honneur au témoignage de notre propre estime. D'autre part, les théologiens chrétiens, s'inspirant du dogme de l'humilité, s'accordent pour condamner le sentiment de l'honneur comme entaché d'orgueil; et tous les philosophes qui s'inspirent du christianisme, de près ou de loin, abondent dans le même sens, depuis Bossuet jusqu'à Kant et Schopenhauer. Les moralistes qui se montrent plutôt favorables s'inspirent à la fois du stoïcisme en ce qui concerne la racine subjective de l'honneur, l'estime de soi-même, et de l'observation de l'homme social en ce qui concerne le souci de la réputation et le désir de l'estime des autres.

Dans la seconde partie je montre l'origine du sentiment de l'honneur chez l'animal par suite de la lutte des mâles. L'honneur, comme l'amour, comme le sentiment du beau, se rattache à la sélection sexuelle. On peut s'étonner que l'on ait cherché une théorie morale dans la sélection naturelle, dans la lutte pour la vie, plutôt que dans cette autre loi révélée aussi par Darwin et qui s'oppose à la première comme éclosion du sentiment de l'idéal dans la nature. J'esquisse ensuite à grands traits l'évolution du sentiment et du concept de l'honneur dans l'humanité, telle que la littérature et l'histoire nous la montrent, et j'essaye de dégager les lois de cette évolution. L'essence de l'honneur s'y révèle peu à peu. Puis, j'analyse la conscience morale actuelle, et je fais voir que l'honneur en est la synthèse normale chez l'individu social. Alors seulement j'aborde la discussion du problème et la solution des controverses au sujet de l'honneur comme principe véritable de la moralité. Enfin j'esquisse une morale pratique telle qu'elle résulte de ce principe. J'espère avoir montré que cette morale scientifique, plus belle qu'aucune morale religieuse, est aussi mieux adaptée aux aspirations de l'esprit moderne et aux conditions du progrès dans la démocratie; de même qu'elle fut en fait l'âme des républiques antiques, et qu'elle resta, en opposition avec la morale chrétienne et avec le despotisme, ce qu'il y eut de meilleur dans la chevalerie et la seule chose qu'il y eût de bonne dans l'aristocratie d'avant la Révolution. C'est la morale que la plupart des gens pratiquent d'ailleurs sans le savoir, et à plus forte raison sans la savoir. Il faut la réapprendre.

PREMIÈRE PARTIE

LES OPINIONS DES PHILOSOPHES

I

PHILOSOPHES ADVERSAIRES OU PARTISANS DU PRINCIPE DE L'HONNEUR CHEZ LES ANCIENS ; PLATON, ÉPICTÈTE, CICÉRON

Les philosophes grecs et latins sont généralement partisans de l'estime de soi-même, mais ils se divisent sur la question d'un désir de la bonne réputation. Nous découvrons ainsi parmi eux deux camps, que l'on pourrait appeler, en ce sens particulier, celui des aristocrates qui méprisent l'opinion publique et celui des démocrates qui lui accordent de la valeur pour notre perfectionnement moral. Les premiers placent leur sage en dehors parce que au-dessus de la société ; et leur individualisme orgueilleux s'enferme dans une solitude morale dédaigneuse du vulgaire. Les seconds ne consentent pas à séparer l'individu de la société, l'homme du citoyen ; ils veulent mettre notre conscience morale en communion avec celle de nos semblables. Les premiers ont en vue un certain homme idéal qu'ils croient ne pouvoir être plus ou moins réalisé qu'en dehors de la société réelle et méprisable; les autres ne se résignent pas à chercher le perfectionnement personnel ailleurs que dans l'effort et la lutte pour perfectionner les institutions et les mœurs de notre milieu social; et, comme l'action sur nos semblables exige que nous obtenions leur estime, si, du moins, on veut les traiter en hommes libres et non leur imposer la tyrannie du bien qui n'en ferait que d'heureux esclaves, ils recommandent au sage de se faire aimer et admirer du peuple. Les premiers ne font cas que des vertus contemplatives; les seconds les croient indissolublement liées aux vertus pratiques et surtout aux vertus civiques.

Platon et Épictète d'une part, Cicéron de l'autre, nous semblent avoir excellemment exposé ces deux points de vue opposés de la question, telle que l'antiquité païenne l'a posée.

Les principales critiques des anciens contre le sentiment de l'honneur envisagé comme principe de la conduite nous paraissent dériver plus ou moins directement d'une théorie exposée par Platon dans sa *République*.

C'est la timocratie qui a l'honneur pour ressort. Quel tableau Platon nous en fait-il? C'est, nous dit-il, un gouvernement *querelleur et ambitieux*. On y met au pouvoir des caractères *irascibles et sans finesse*, plus *nés pour la guerre* que pour la paix. Ce qu'on y remarque tout d'abord, c'est *l'esprit de rivalité* et d'ambition. De même l'homme timocrate est « *un homme bien élevé* »; il est « *avide de commandements et de distinctions;* il ne compte pour les obtenir ni sur son éloquence ni sur aucun talent du même ordre, mais sur ses hauts faits et ses mérites militaires ».

Et voici l'origine de ce caractère guerrier, issu d'un père aristocrate en vertu de la loi d'universelle et éternelle décadence. D'abord, « les conversations de sa mère qu'il entend à toute heure s'indigner de ce que son mari n'a *aucune charge dans l'État* et de ce qu'elle est à cause de cela *amoindrie parmi les autres femmes* ». Puis, « sort-il de la maison, il entend les mêmes discours et voit les mêmes spectacles; ceux qui *ne s'occupent que d'eux-mêmes* sont traités d'imbéciles dans la ville et *tenus en petite estime;* ceux qui *s'occupent des affaires d'autrui* sont *honorés et couverts d'éloges*. Le jeune homme qui entend tout cela... abandonne le gouvernement de lui-même *à la partie moyenne de son âme, à l'esprit de lutte et d'emportement;* il devient un homme *altier et ambitieux* ». C'est donc, remarquons-le, pour pouvoir exercer des charges publiques et agir sur le peuple, pour se mêler à la politique, que le sage va être conduit à placer dans son âme au premier rang le sentiment de l'honneur. C'est ce qu'on trouvera dans Cicéron, qui reproche au sage de Platon son abstentionisme politique.

Enfin, le passage du caractère timocratique au caractère oligarchique se produit « lorsque le jeune homme a précipité cette *ambition* et cette *générosité* du trône où il les avait élevées dans son âme, et, *humilié par la pauvreté*, tourne ses pensées vers l'art de faire fortune[1] ».

N'est-il pas piquant de lire dans Platon ce portrait de l'homme bien élevé, ambitieux et avide de distinctions, mais altier, querelleur et emporté en même temps que généreux, qui rappelle par bien des traits nos gentilshommes de l'ancien régime? Le philosophe grec n'a-t-il pas tracé ici « l'Idée » de l'homme d'honneur, telle que la concevait,

---

1. *La République*, livre VIII, traduit par M. A. Espinas. (F. Alcan, éd.)

malgré l'énorme différence des deux sociétés, notre ancienne noblesse d'épée?

Dans le Banquet, il marque bien le rôle du sentiment en général, de l'amour au sens d'inclination supérieure; c'est un intermédiaire entre la terre et le ciel, le réel et l'idéal, un démon ou en termes chrétiens un ange; il n'est ni sage ni ignorant, mais avide de sagesse ou philosophe. C'est lui qui réalise ici-bas l'Idéal. Platon s'y explique même clairement sur le sentiment spécial de l'honneur et lui attribue toutes les belles actions des hommes. « Penses-tu, demande Diotime à Socrate, qu'Alceste eût souffert la mort à la place d'Admète, qu'Achille l'eût cherchée pour venger Patrocle, et que votre Codrus s'y fût dévoué pour assurer la royauté à ses enfants, s'ils n'avaient espéré laisser après eux cet immortel souvenir de leur vertu qui vit encore parmi nous?... Pour cette immortalité de la vertu, pour cette noble gloire il n'est rien, je crois, que l'homme ne fasse avec d'autant plus d'ardeur qu'il est plus vertueux, car tous ont l'amour de ce qui est immortel[1] ».

L'aristocrate de Platon ne se préoccupait pas de l'opinion qu'on a de lui, de l'estime ou du mépris où on le tient. De même les cyniques sont arrivés à la célébrité, sinon à la gloire, par leur dédain absolu de l'opinion publique; et les premiers stoïciens les ont suivis dans cette voie. « Diogène et Chrysippe, nous dit Cicéron, pensaient que la bonne renommée, si l'on fait abstraction de son utilité, ne vaut pas la peine qu'on lève le doigt pour elle[2] ». D'ailleurs, le cynique ou le stoïcien primitif s'estime lui-même, mais il dédaigne l'estime ou le blâme d'autrui.

Épictète, le plus célèbre représentant de la morale

---

1. Traduction Saisset et Chauvet, tome V, pp. 400-401. (Fasquelle, éd.)
2. *De finibus*, liv. III; XVIII.

stoïque, nous interdit de tenir aucun compte de l'opinion des autres. Elle fait partie des biens extérieurs ou faux biens, c'est-à-dire des choses qui ne dépendent pas exclusivement de notre volonté. Nous ne devons pas seulement renoncer aux honneurs et aux distinctions sociales, mais encore à l'estime des autres. Il faut se contenter d'être philosophe, et, si nous voulons aussi le paraître, que ce soit à nos yeux seulement. Cela suffit. Nous ne devons pas craindre qu'on donne une interprétation méchante des actes que nous avons jugé honnête de faire; car, si nous agissons mal, en effet, il faut nous en abstenir; et, si nous agissons bien, pourquoi redouter qu'on nous condamne injustement? Et nous-mêmes gardons-nous de vouloir juger autrui : car nous ne voyons que l'acte, nous ne percevons pas l'intention. Le philosophe ne blâme ni ne loue personne; si quelqu'un le loue, il se moque en secret de cet adulateur; si on le reprend, il ne se justifie pas.

Mais Épictète, comme tous les stoïciens, admet l'honneur en tant qu'il nous est attesté par notre conscience propre. On peut même dire que le stoïcisme a exagéré la valeur du sage. Aussi Pascal dénonce-t-il en parlant d'Épictète « cette superbe diabolique[1] ». Épictète nous recommande bien de cacher nos bonnes œuvres, mais il ne nous défend pas de nous en applaudir en nous-mêmes. C'est donc le dédain de l'estime d'autrui, mais non l'humilité qu'il préconise. Il s'en faut du tout au tout.

Mais tous les stoïciens ne restèrent pas aussi hostiles au souci de la bonne réputation que l'avait été Chrysippe et que devait le redevenir Épictète. Cicéron nous dit encore : « Ceux qui succédèrent à Chrysippe, vaincus par les objections de Carnéade, reconnurent que la bonne re-

---

1. *Entretien avec M. de Saci.*

nommée doit être recherchée pour elle-même. » Et, comme Platon avait nommé l'individu timocrate un homme bien élevé, les stoïciens de la période éclectique admirent qu'un homme bien né, doué d'une éducation libérale, tient à l'estime de ses père et mère, de ses proches et aussi des hommes de bien, et cela en vue de cette estime même et non de son utilité. Ils considèrent même que l'on doit travailler à laisser après sa mort une bonne renommée[1]. Ils reviennent ainsi à l'opinion d'Aristote (dans sa *Morale à Nicomaque*), que l'honneur, ou estime publique, est le plus grand des biens extérieurs et ce que recherche surtout à bon droit l'homme magnanime conscient de son mérite.

Cicéron lui-même, en son *De officiis*, se rapproche singulièrement sous certains rapports et dans certains passages importants, de la morale de l'honneur.

Le stoïcisme romain est essentiellement pratique, et de plus chez Cicéron essentiellement politique. Or, à ce double point de vue, il fallait bien s'avouer que le pur stoïcisme avait sombré dans le paradoxe et l'utopie. Des subtilités de Chrysippe à l'indifférentisme d'Ariston il y avait un lien logique. Tout cela aboutit à la *direction d'intention*. De là, la réaction de Panetius et de Posidonius, les maîtres de Cicéron. Ils avaient, par un excès contraire, sacrifié leurs principes aux nécessités pratiques.

Ce qui fait l'originalité, toute relative d'ailleurs, de Cicéron, en ce traité des *Offices*, c'est que, s'adressant à son fils, soldat brutal et débauché, il s'est efforcé d'écrire pour lui, selon l'expression de Montaigne, « un bréviaire de l'honnête homme romain au premier siècle avant Jésus-Christ ». Il y aurait bien peu à changer pour pouvoir

---

1. *De finibus*, liv. III; xvii.

faire entrer certaines parties de l'ouvrage dans un traité pratique de l'honneur; et en le lisant, on ne peut se défendre de l'impression que ce sentiment est le principe véritable qui inspire l'auteur là où il est le plus lui-même.

Parmi les offices, il s'occupe d'abord de ceux de l'honnête. L'honnête s'oppose au honteux; il désigne donc ce que les Grecs appelaient en morale le *beau*. Ce n'est pas l'honnêteté au sens actuel de probité, mais plutôt au sens qu'avait ce mot au xviie siècle.

L'amour du vrai est la première division de l'honnête, car il est beau d'être savant et honteux d'ignorer ou de se tromper.

Il y a deux sortes d'injustice : celle qu'on fait, celle qu'on laisse faire. La première résulte le plus souvent de l'amour du pouvoir, des honneurs et de la gloire; et cette passion est celle des plus grandes âmes. L'injustice qu'on laisse faire, quand on est au pouvoir, vient de la crainte ou de la paresse; c'est donc une sorte de lâcheté. La libéralité est la vertu de l'homme libre. Avant tout, il ne faut pas être généreux aux dépens d'autrui; on est conduit à cette fausse gloire par une sorte de vanité.

La plus brillante des vertus est la grandeur d'âme, qui consiste dans le mépris des biens extérieurs et l'ardeur à entreprendre de grandes choses. Son principal danger est l'ambition; la vraie grandeur d'âme doit aller jusqu'au dédain du pouvoir et de la gloire.

Mais l'originalité de Cicéron (ou de ses maîtres) apparaît surtout lorsqu'il traite de la décence, du décorum. De même que l'honnête est ce qui honore, la décence est ce qui décore. Et, comme toutes les vertus concourent à cet embellissement de l'âme, la décence est moins une vertu spéciale que la vertu même; elle est la vertu de toute vertu. Elle est par essence, dit Cicéron, inséparable de l'honnête; ce qui est décent est honnête, et ce qui est honnête est décent.

Nous saisissons ici le principe qui inspire toute l'éthique cicéronienne et en fait la secrète unité. Le sentiment personnel de l'écrivain se dégage ainsi vers la fin de ce livre où il s'est inspiré des sources les plus diverses selon sa manière. Sans doute avant lui les stoïciens avaient parlé du décorum, mais par le développement qu'il donne à cette partie de la morale, et surtout par l'extension rétrospective qu'il lui attribue, Cicéron le fait remonter presque au rang de principe en même temps qu'il en change la physionomie et en fait une conception toute romaine.

Le décorum, en un sens plus précis, est ce qui crée la dignité personnelle; il produit donc le développement de la personnalité morale, et tout d'abord il constitue en nous la personnalité humaine en tant qu'opposée à l'individualité animale, puisqu'il est comme l'harmonie qui résulte de toutes les vertus, l'ordre et la mesure qui les rendent toutes belles et gracieuses. Comme la beauté naît des proportions du corps, le décorum naît de l'accord entre tous nos actes ou nos paroles. Le contraire de la décence est ce qui choque, ce qui répugne, ce qui blesse ou offense. Le sentiment de la décence est pour la conduite ce que le goût est pour l'art; c'est une sorte de sens moral.

Le décorum implique l'épanouissement de notre personnalité, propre et individuelle, de notre originalité, de notre caractère particulier. Et Cicéron conseille, comme Horace, de consulter ses forces et ses aptitudes avant de choisir sa carrière. Il faut suivre ce que les chrétiens nommeront notre vocation. Par suite, la personnalité comprend aussi le personnage que nous jouons dans la société, le rôle que, selon Épictète, Jupiter nous a confié dans le drame universel, mais que Cicéron nous invite à choisir nous-mêmes. Le philosophe romain, l'homme d'État entrevoit à quel point notre âme, partie intégrante de la Cité, est elle-même d'abord constituée en partie par cet élément social qui est notre position dans le monde. C'est d'ailleurs une idée que Cicéron emprunte à Platon et à Aristote. Notre auteur, qui rattache l'individu à la société bien mieux que ne le firent les stoïciens et les chrétiens, le rattache de même à la famille; et il recommande de préférer la carrière où se sont distingués nos ancêtres, et, en tout cas, de ne jamais rien faire qui puisse les déshonorer. Il ajoute ainsi le sentiment de l'honneur familial à celui de la dignité personnelle.

Notons aussi en passant chez Cicéron ce que nous retrouverons chez les moralistes qui ont le mieux compris ce dernier sentiment, la correspondance analogique entre la morale et l'esthétique.

Le décorum est une vertu complexe, dans laquelle rentrent la bienséance et la politesse; et l'auteur nous trace l'esquisse de ce qu'on nommait à Rome l'*urbanité*. Il ne dédaigne aucun de ces petits détails qui font l'homme bien élevé, de bon ton et de bonnes manières, toutes choses dont nos moralistes se désintéressent trop peut-être et qu'ils ont peut-être tort d'abandonner aux traités de civilité puérile et honnête. Le philosophe nous fait sentir comment la vertu doit éviter d'être grossière ou chagrine, et comment, tout en restant digne, elle peut et doit être aimable. Nous voilà bien loin du cynisme.

Cicéron veut même que nous consultions les autres sur notre conduite, comme les artistes consultent le public et les connaisseurs sur leurs œuvres, pour apprendre à connaître leurs défauts et pouvoir s'en corriger. C'est là un principe essentiel de la morale de l'honneur. Nous voilà bien loin du stoïcisme pur.

Le deuxième livre des *Offices* traite de l'utile; et le troisième livre, resté inachevé, traite des rapports de l'utile et de l'honnête.

Les offices de l'utile dérivent principalement de l'importance que l'opinion de nos semblables a pour nous dans l'état social, où chacun dépend de tous; ils se ramènent à la nécessité supérieure de se concilier le concours de la société. Or, comment parvient-on à ce but? La réponse de Cicéron cadre encore ici avec la doctrine de l'honneur. L'utilité de la bonne réputation et de l'estime publique est reconnue d'ailleurs, nous l'avons vu, même par les cyniques. Les moyens d'arriver à nous concilier les hommes sont, dit notre moraliste, les mêmes qui servent à acquérir la gloire. Il y en a trois : se faire aimer du peuple, acquérir sa confiance, s'en faire respecter et admirer.

Pour s'en faire aimer, il faut avant tout montrer les vertus qui constituent l'honnête et le décorum; pour en obtenir la confiance, il faut avant tout être juste, pour s'en faire admirer, il faut montrer de la grandeur et des vertus qui dépassent le niveau commun. On ne méprise pas toujours ceux qu'on désapprouve, mais seulement ceux qui manquent d'énergie et de caractère, qui ne sont « bons ni aux autres ni à eux-mêmes », comme dit le proverbe latin. On est grand surtout en méprisant les voluptés et en bravant la douleur pour se consacrer à quelque noble tâche. Mais celui qui méprise les voluptés et brave la douleur est nécessairement juste; et, à son tour, la justice donne la bienveillance et la bonne foi. Et ainsi la grandeur d'âme engendre toutes les vertus nécessaires à la gloire. La justice doit être cherchée non seulement pour elle-même, mais aussi pour l'honneur et la gloire qu'elle donne, puisque cette gloire est vraie. D'ailleurs, la meilleure route pour aller à la gloire, c'est d'être ce qu'on veut paraître. La gloire usurpée est éphémère. La vraie a des racines, la fausse passe comme une fleur coupée. Pour être tel qu'on veut paraître, il faut dès la jeunesse se proposer de grandes choses et s'y préparer studieusement. La gloire militaire sied à un jeune homme. Mais la gloire que l'on acquiert par les vertus de l'âme est supérieure à celle qui vient des qualités physiques. Il est bon de s'attacher à quelques hommes célèbres quand on est jeune, afin d'inspirer confiance au peuple. On arrive à la gloire surtout par l'éloquence. Celle qui convient à un jeune homme doit unir la modestie et la gravité. La défense est ordinairement plus glorieuse que l'accusation.

L'auteur établit dans le troisième livre que l'honnête et l'utile s'accordent toujours au fond, et cela résulte déjà en effet du livre précédent.

Signalons, en terminant, cette conception pratique et sociale qui conduit à admettre des devoirs de l'utile, et ce désir de montrer que le souci de la réputation est naturellement d'accord avec l'intérêt dans la société.

Pour en revenir à l'essentiel, c'est-à-dire au premier livre et à la doctrine de l'honnête et du décorum, il nous faut tenter de fixer le rapport précis entre ces concepts et celui de l'honneur. L'honnête n'est pas l'honneur, mais son objet, ce que l'honneur prescrit, ce qui est honorable, c'est-à-dire la vertu, la valeur morale. Le décorum n'est pas l'honneur, mais quelque chose comme la beauté et la grâce de la personnalité morale, l'honorabilité. Peut-être même faut-il rapprocher le décorum de la magnanimité dont il serait l'effet; car, selon Aristote, la magnanimité produit un certain ordre entre toutes les vertus et leur ajoute par là même quelque chose d'harmonieux, et le magnanime est l'homme d'honneur.

II

LE MOYEN AGE,
DU MOINS PAR LA VOIX DE SES PHILOSOPHES,
COMBAT LE PRINCIPE DE L'HONNEUR
AU NOM DU DOGME DE L'HUMILITÉ.
THÈSE COLLECTIVE DES PÈRES ET DES THÉOLOGIENS

En étudiant les mœurs nous verrons par la suite quel culte de l'honneur le moyen âge institua dans la chevalerie. Mais ici, nous étudions l'opinion livresque, les théories des philosophes. Elles s'inspirent surtout du christianisme, qui faisait de l'humilité un dogme en morale.

D'où venait ce dogme? Sans doute de l'antique Orient. Six siècles avant Jésus, le Bouddha prêchait la charité universelle et l'humilité absolue à ses disciples, qui, chassés de l'Inde six siècles plus tard, donc au temps où naissait Jésus, se répandirent dans toute l'Asie, à l'Occident comme à l'Orient, et dont quelques-uns parvinrent peut-être jusqu'en Judée. En tout cas, leurs idées semblent bien y avoir pénétré pour inspirer le fondateur du christianisme, car les deux morales sont, quoi qu'on en ait dit, parfaitement identiques, et bien d'autres raisons militent en faveur de cette hypothèse.

D'ailleurs, le Bouddha n'a pas formulé le premier la règle de l'humilité, et son originalité consiste à en avoir fait un principe primordial de la morale. On trouve cette règle chez les philosophes chinois contemporains du Bouddha. Nous lisons en effet dans Confucius, ce grand moraliste du devoir :

« Le Livre des Vers dit :

— « Elle couvrait sa robe brodée d'or d'un surtout grossier.

— « Elle haïssait le faste et la pompe de ses ornements. C'est ainsi que les actions vertueuses du sage se dérobent aux regards et cependant se révèlent de plus en plus chaque jour[1]. »

Et l'on retrouve les mêmes pensées chez Lao-Tseu :

« Les œuvres méritoires (celles du saint homme) étant accomplies, il ne s'y attache point pour en tirer vanité; il ne s'y attache point, il ne se complaît pas dans leur étalage; c'est pour cela même qu'elles n'en sont que plus manifestes et qu'elles ne disparaissent pas[2]. »

Cacher son mérite est un caractère essentiel de l'humilité selon Bossuet. La pure théorie de l'humilité, même dans le christianisme, n'a guère été développée que par les mystiques du moyen âge; mais la pratique de ce devoir remonte sans doute jusqu'au développement de l'esclavage, comme nous le verrons.

Le principe de la morale chrétienne, c'est la charité associée à l'humilité, l'amour du prochain en Dieu et associé au *mépris de soi*. L'œuvre morale du moyen âge chrétien fut d'édifier la théorie et la pratique de l'humilité. C'est de ce point que les théologiens attaquent le senti-

---

1. *L'Invariabilité dans le milieu*, ch. XXXIII, trad. Pauthier. (Fasquelle, éd.)
2. *Tao-te-king*, ch. II, de l'amélioration de soi-même, trad. Pauthier.

ment de l'honneur tout en lui faisant une part que nous devrons déterminer.

Le sentiment de l'humilité est sans doute bien moins fondamental dans l'Ancien Testament que dans la philosophie bouddhique, de même que celui de la charité, mais enfin, il se trouve chez les Juifs[1], comme chez presque tous les Orientaux. Il éclate dans l'Évangile, il en est l'âme, et c'est là, bien entendu, que le puis…nt les théologiens chrétiens dont nous avons à résumer la p… le[2]. « Apprenez de moi parce que je suis doux et humble de cœur », avait dit le Maître; et encore : « Si vous ne vous faites pas pareils à de petits enfants, vous n'entrerez point au royaume des cieux », — « Si l'on vous frappe sur la joue droite, présentez aussi la joue gauche »; et aussi : « Qui s'humilie sera exalté, et qui s'exalte sera humilié ». Ce dernier texte en particulier a été la source de la théorie de l'honneur chrétien, de la gloire des élus. La vie du Christ, depuis sa naissance dans une étable entre l'âne et le bœuf, jusqu'à sa passion et sa mort sur la croix entre deux larrons, est d'ailleurs comblée d'humiliations acceptées par le Christ et que dès lors les chrétiens doivent accepter et même rechercher jusqu'à s'en réjouir.

Qu'est-ce donc que l'humilité? Certains docteurs la définissent de telle sorte qu'elle n'est guère que la modestie. C'est ainsi qu'on peut cueillir dans saint Thomas cette définition : « une vertu qui ouvre l'esprit de l'homme à la connaissance de soi-même et porte sa volonté à ne pas

---

1. « Là où est l'humilité, là aussi est la sapience », dit Salomon, prov. 11,2. — « Plus tu es grand, plus tu dois t'humilier en tout, pour trouver grâce devant ton Seigneur », dit l'Ecclésiaste. C'est un conseil fort sage sous les despotes.

2. Ouvrage spécialement consulté pour ce résumé : *L'Académie d'honneur sur l'humilité*, par le R. P. Richeome Louis. Lyon, Pierre Rigaud, 1614, in-8º.

désirer immodérément sa propre excellence ». Mais les mystiques vont bien au delà des rationalistes. « L'humilité, nous dit saint Bernard, est une vertu qui porte l'homme à s'abaisser par la connaissance véritable de lui-même. » Et encore : « Méprisez ce que les hommes disent, et ne vous informez point s'ils vous louent ou s'ils vous blâment. — Comme les aigles descendent quelquefois des nues pour se venir repaître d'une charogne, de même les hommes de haute vertu quittent les récompenses qui leur sont préparées dans le ciel, pour trouver sur terre du vent et de la fumée. — Les louanges que les autres vous donneront seront moins suspectes que les vôtres, néanmoins le jugement que vous-même en ferez sera moins faillible que celui des autres. » Et plus loin : « Vous aurez autant de soin de couvrir vos vertus que de manifester vos péchés. — L'humble ne craint point de tomber; étant couché sur terre, il ne peut aller plus bas. — Tâchez de vous acquérir l'estime de Dieu par *un vrai mépris de vous-mêmes*[1]. »

Or, c'est la conception mystique de l'humilité qui a fini par prévaloir dans l'Église, nous semble-t-il. Notre libre arbitre n'est pour la plupart des docteurs que la faculté de pécher. Notre vertu nous vient de Dieu par l'effet de sa grâce. Le mal seul vient de notre vouloir ou du péché originel. Notre « volonté commune » est celle de Dieu en nous; notre « volonté propre » est toujours mauvaise. — N'est-ce pas un peu l'idée de Rousseau et de Kant? — L'humilité est la condition de toutes les vertus, comme l'orgueil est le commencement de tous les vices. Saint Augustin remarque que, si les autres vices sont à craindre dans nos mauvaises actions, l'orgueil est à craindre jusque

---

1. Discours à sa sœur, la religieuse, XXXVIII, XXXIX.

dans les actions vertueuses. Il dit encore : « *Le pécheur humble vaut mieux que le juste orgueilleux*[1]. » — « *Mettez dans un char*, dit aussi saint Chrysostome, *le péché avec l'humilité, et dans un autre la vertu avec l'orgueil, c'est le premier char qui remportera le prix de la course.* »

Nous n'analyserons pas en détail la grande question des degrés de l'humilité, de leur nombre et de leur hiérarchie. Ce sont les échelons de l'échelle de Jacob, ou encore les marches du trône de Salomon, puisque qui s'abaisse sera exalté. Saint Benoît, saint Thomas, saint Bernard, saint Anselme, et d'autres en ont donné chacun une liste différente. Disons seulement que l'humilité part de la connaissance de notre néant, du mépris *intellectuel* de nous-mêmes, pour s'élever à la *volonté* d'être méprisé, et s'achever dans la *joie* d'être méprisé, dans la *volupté* d'être humilié. — L'humilité devient une passion et comme une forme d'érotisme.

C'est ce que confirment les Vies des Saints. Elles nous apprennent à l'envi que l'homme est par lui-même un néant. Moins que cela même, sa valeur morale est au-dessous de zéro. C'est, dirions-nous, une quantité négative. Si l'homme reçoit de Dieu quelque don, il doit se mépriser de n'en pas faire meilleur usage et s'estimer au-dessous de n'importe quel voleur ou assassin, car ils auraient pu en tirer peut-être plus de profit, si Dieu le leur eût accordé. Chacun doit donc s'estimer au-dessous de tous les autres. Si l'on craint d'être honoré pour quelque don que l'on a reçu du ciel, il faut diminuer ce don, par exemple en feignant la folie, ou en s'absorbant dans les fonctions les plus basses. — La légende des Saints a ses Brutus par humilité et ses Cendrillon volontaires; et il y aura, dans

---

1. *De temp. serm.*, XLIX.

le Ciel, un trône pour ceux-là, pour celles-ci l'amour du divin époux.

On doit se résigner et même chercher à être humilié dans toute espèce de biens, biens extérieurs, biens du corps et biens de l'âme. Parmi ceux-ci on ne doit s'enorgueillir d'aucun, ni de sa mémoire ou de son imagination, ni de sa science, ni de ses talents, ni de ses vertus. — Ce dernier point est pour nous de la plus grande importance. Cicéron, dans son traité *De la nature des dieux*, déclare expressément qu'on doit tout aux dieux, et qu'on peut tout leur demander, tout sauf la vertu qui ne dépend que de notre propre volonté. C'est précisément ce que la théorie de l'humilité ne peut admettre, et c'est par là qu'elle rejoint la théorie de la grâce. Il y a, on le sait, un moyen de concilier la grâce et la responsabilité morale, c'est d'admettre avec Descartes, que chaque homme a reçu la *grâce suffisante*, et que, par suite, il dépend de lui d'être sauvé. Mais l'humilité peut-elle se concilier en quelque degré avec l'honneur du monde? Nous verrons, il est vrai, ce même Descartes distinguer une vraie et une fausse humilité, mais sa vraie humilité n'est que la modestie. Posons la question aux plus libéraux et aux plus mondains des moralistes chrétiens, aux Jésuites. Ils reconnaissent d'abord la nécessité pour les dévots de laisser voir et même de faire connaître leurs bonnes œuvres pour l'édification des profanes, mais à condition de le faire pour la gloire de Dieu et non pour la nôtre. Ils accordent que l'on accepte les honneurs et les dignités sociales, à condition de s'en servir pour le bien public et la gloire de Dieu. Mais, en fin de compte, il faut rapporter à Dieu tout ce qu'on fait de bien et ne pas se l'attribuer à soi-même, et il est interdit d'attacher aucun prix à l'estime des hommes.

Cependant, les théologiens chrétiens en général et les

Jésuites en particulier n'ont pas pu méconnaître l'universalité et la profondeur du sentiment de l'honneur. Ils savent d'abord combien il est vif chez l'enfant; et, comme éducateurs, ils n'ont jamais hésité à s'en servir, sans trop s'alarmer, semble-t-il, de mettre leur pédagogie en contradiction avec leur morale, et au risque d'ébranler l'une par l'autre.

Ils vont plus loin; tous les théologiens reconnaissent la légitimité de l'amour de la gloire. L'âme humaine, répètent-ils, est née à la gloire. Seulement, à cette aspiration, comme à toutes les aspirations humaines, ils répondent que sa réalisation, impossible ici-bas, ne pourra avoir lieu que dans l'autre monde. Chaque degré d'humilité, d'abaissement volontaire en cette vie nous élève d'un degré sur l'échelle du ciel, et nous grandira dans la gloire des élus. « Qui s'humilie sera exalté. » Là-haut, les derniers seront les premiers. — C'est l'éternel rêve des déshérités de ce monde, et plus d'un socialiste attend de la révolution sociale ce que le moyen âge attendait de l'an mil. — Mais c'est folie et néant de s'attacher à l'honneur du monde et à la gloire humaine, il n'y a de vrai et de solide que la gloire qui vient de Dieu et qui éclatera aux yeux de tous au jugement dernier, devant le divin tribunal d'honneur et d'infamie.

III

**PHILOSOPHES MODERNES,
ADVERSAIRES DU PRINCIPE DE L'HONNEUR,
QUI SE SONT INSPIRÉS DU PRINCIPE DE L'HUMILITÉ,
OU DONT LE PESSIMISME S'ACCORDE AVEC CE PRINCIPE,
BOSSUET, PASCAL, BERKELEY, LA ROCHEFOUCAULD**

Après l'enthousiasme paganiste de la Renaissance, la philosophie moderne ne fut pas complètement émancipée du christianisme; la plupart des philosophes, comme on le sait, y restèrent plus ou moins attachés. Nous devons donc chercher d'abord comment la doctrine de l'humilité continua d'inspirer des attaques contre la morale de l'honneur aux philosophes modernes. La construction de cette doctrine de l'humilité fut en quelque sorte collective au moyen âge, où presque tous les philosophes étaient surtout des théologiens s'inspirant d'un même esprit et d'une même méthode, et c'est ce qui nous a conduits à présenter dans le chapitre précédent une vue d'ensemble sur la théorie de l'humilité. Mais dans les temps modernes, l'indépendance relative des philosophes même chrétiens a ramené en philosophie le mode individualiste de penser, et nous devons retourner au procédé des monographies groupées d'après les écoles ou les affinités, en nous efforçant de choisir celles qui sont les plus caractéristiques dans chaque système.

Nous commencerons par les moralistes qui se sont appuyés le plus directement sur la morale chrétienne, pour passer ensuite aux penseurs plus indépendants, puisque dans son ensemble la philosophie moderne a tendu vers cet affranchissement, en dépit de quelques rechutes individuelles.

Les idées de Bossuet et de Pascal au sujet de l'honneur nous ont paru caractériser le mieux le point de vue chrétien. Nous y ajouterons les critiques formulées par Berkeley dans l'*Alciphron;* et nous y rattacherons la théorie de La Rochefoucauld dans ses *Maximes*. Nous retrouverons par la suite l'influence chrétienne chez d'autres philosophes, tels que Kant, mais elle y passe décidément au second rang et fait place à un principe original qui régit la philosophie criticiste.

Bossuet définit l'honneur du monde, comme étant « une certaine considération que l'on a pour nous, pour quelque bien éclatant qu'on y voit ou qu'on y présume ». Nous mettons l'honneur dans des choses vaines, souvent même dans des choses tout à fait mauvaises, et nous le mettons aussi dans des choses bonnes. Mais, même en ce dernier cas, nous tombons dans le péché d'orgueil en nous attribuant nos vertus à nous-mêmes au lieu de les rapporter à Dieu, qui est l'auteur de tout bien. A ce sentiment il oppose l'humilité chrétienne, dont il résume les caractères en ces termes :

1er caractère : non seulement de ne rechercher pas, mais de rejeter les louanges quand elles viennent d'elles-mêmes ;

2ᵉ : refuser constamment les fausses louanges;

3ᵉ : les véritables et les vrais talents pris non du côté le plus éclatant, mais du côté le plus bas;

4ᵉ : ne dire pas seulement de soi ce qui est humiliant, mais l'inculquer;

5ᵉ : exténuer ce qu'on ne peut pas s'ôter, en faisant voir qu'on ne l'a pas de soi-même, et que de soi-même on n'est rien;

6ᵉ : autre manière d'exténuer ce qu'on ne peut pas s'ôter en se comparant à quelque chose de plus grand[1].

Ailleurs, Bossuet compare l'honneur du monde à la statue en or que Nabuchodonosor veut faire adorer, car rien, dit-il, ne semble plus élevé et plus précieux que l'honneur du monde. Toutes les langues et tous les peuples adorent cette statue, car tout le monde sacrifie à l'honneur. Et tous ces instruments de musique qui résonnent autour de la statue, n'est-ce pas le bruit de la renommée?

L'honneur du monde est avide de louanges, mais la nature même proteste, avec l'Évangile, contre cette espèce d'impudence. « Une personne honnête et bien élevée rougit d'une parole immodeste, un homme sage et modéré rougit de ses propres louanges. » Dans les deux cas, on baisse les yeux et on se défend par les mêmes armes. Comme le corps a sa chasteté que l'impudicité corrompt, il y a aussi une certaine intégrité de l'âme qui peut être violée par les louanges, « comme s'il y avait du déshonneur dans l'honneur même ». C'est ainsi encore que nous refusons les véritables louanges à ceux qui les recherchent avec trop d'ardeur, guidés que nous sommes par « un certain sentiment que celui qui aime tant les louanges

---

1. *Sermon sur le faux honneur et l'humilité chrétienne.*

n'aime pas assez la vertu », puisque celle-ci ne lui suffit pas. Ainsi, l'empressement qu'il a pour l'honneur le fait paraître indigne de l'honneur[1].

Toutefois, Bossuet distingue ordinairement du faux honneur l'honneur véritable, et il insiste davantage sur celui-ci lorsqu'il prêche devant le roi et la cour. Mais qu'entend-il par honneur vrai? serait-ce l'honneur qui vient de Dieu seul? Nullement. Le « véritable et solide honneur », suivant le grand orateur catholique, est celui qui consiste dans l'estime que les hommes font de nous lorsqu'elle est bien fondée, « lorsque la chose qu'ils prisent en nous convient effectivement et qu'elle est digne de louange »; par exemple, lorsqu'on nous estime « ou pour les bonnes qualités du corps, comme la force, la disposition, ou pour les dons de l'esprit, comme l'éloquence, la vivacité, la science ». Mais la vertu seule, dont on ne peut mal user, est digne de louange, et par conséquent les autres avantages du corps et de l'esprit sont dignes d'honneur seulement « par la disposition et faculté qu'ils nous donnent pour mettre en pratique ce que la vertu ordonne, tellement que le véritable honneur est attaché à la vertu seule ou bien se rapporte à elle ». En second lieu, l'honneur est fondé, selon Bossuet, sur la nature sociable de l'homme, car si l'on n'a pas d'estime pour nous on n'aura ni amitié vraie ni confiance, et nous ne tiendrons plus par aucun lien à la société. Bossuet va jusqu'à admettre que l'on sacrifie sa vie pour sauver son honneur et même qu'on doive souvent la hasarder « pour faire des actions de vertu plus glorieuses ». Il en donne cet exemple : « Un homme n'est pas toujours blâmé pour ne pas exposer sa vie à la guerre pour le service de son Prince et de sa patrie; il

---

1. *Premier sermon pour le dimanche des Rameaux.*

faut néanmoins le faire pour se rendre plus digne d'honneur[1]. »

On le voit, il y a quelque oscillation dans la pensée de Bossuet entre l'influence du christianisme et celle du monde. Tantôt il attaque l'honneur du monde au nom de l'humilité; tantôt il attaque le faux honneur au nom du véritable, mais du véritable honneur du monde, comme pourrait le faire un partisan de la morale de l'honneur, pour rectifier le code admis à son époque ou certains préjugés vulgaires.

L'opposition systématique de l'orgueil et de l'humilité a été creusée par Pascal avec une incomparable originalité dans ses *Pensées*. L'entretien avec M. de Saci en fournit la synthèse janséniste. Bornons-nous à rappeler quelques traits.

« Nous avons une si grande idée de l'âme de l'homme que nous ne pouvons souffrir d'en être méprisés et de n'être pas dans l'estime d'une âme; et *toute la félicité des hommes consiste dans cette estime.* »

Et cette vanité s'étend à toutes les classes de la société. « La vanité est si ancrée dans le cœur de l'homme, qu'un soldat, un goujat, un cuisinier, un crocheteur se vante et veut avoir ses admirateurs; et les philosophes même en veulent. Et ceux qui écrivent contre veulent avoir la gloire d'avoir bien écrit... » — « C'est la qualité la plus ineffaçable du cœur de l'homme », dit-il encore.

Et Pascal, toujours hautain, ironique et douloureux, écrit tour à tour que « la douceur de la gloire est si grande qu'à quelque chose qu'on l'attache, même à la mort, on l'aime »; et : « Orgueil contrepesant toutes les misères : ou il cache ses misères, ou, s'il les découvre, il se glorifie de

---

1. *Sermon pour le mardi de la seconde semaine de Carême*, prêché devant le roi. Sur l'honneur.

les montrer »; et encore : « Nous ne nous contentons pas de la vie que nous avons en nous et en notre propre être : nous voulons vivre dans l'idée des autres d'une vie imaginaire, et nous nous efforçons pour cela de paraître. Nous travaillons incessamment à embellir et conserver cet être imaginaire, et nous négligeons le véritable... Grande marque du néant de notre propre être de n'être pas satisfait de l'un sans l'autre, et de renoncer souvent à l'un pour l'autre! car qui ne mourrait pour conserver son honneur, celui-là serait infâme. »

La solution proposée par l'auteur pour cette antithèse vivante que nous sommes, c'est que la nature de l'homme se considère en deux manières : selon sa fin primitive, il est grand et incomparable; mais selon sa nature corrompue par le péché originel, il est vil et méprisable. « Voilà les deux voies qui en font juger diversement et qui font tant disputer les philosophes. Car l'un nie la supposition de l'autre; l'un dit : il n'est pas né à cette fin, car toutes ses actions y répugnent; l'autre dit : il s'éloigne de sa fin quand il fait des actions basses[1]. »

Berkeley, dans l'un des dialogues intitulés *Alciphron* ou *le Petit Philosophe*[2], a traité du sujet qui nous occupe, et il attaque l'honneur à la fois dans son principe et dans ses applications courantes.

Alciphron commence par remarquer que dans la secte des libres penseurs dont il fait partie il n'y a pas de principes communs s'imposant à tous, de dogme ou de système exclusif. C'est ainsi qu'en morale les uns admettent le vice et les autres la vertu. Il est personnellement pour cette dernière. Et il y en a beaucoup qui, sans un grain de religion, sont des hommes d'honneur, et à cause

---

1. *Pensées*, art. I et II de l'édit. Havet. (Delagrave, éd.)
2. « *Minute philosopher.* »

de cela même, des hommes vertueux. « L'honneur est une noble source immaculée de vertus, sans le plus petit mélange de crainte, d'intérêt ou de superstition. » L'honneur règne à la Cour, au Sénat, à l'armée et en général dans le monde fashionable.

A une interrogation d'Euphranor, Alciphron répond que l'honneur n'est pas la vertu, mais la source ou la cause des actions vertueuses; et à de nouvelles questions, qu'il en est non la volonté ni la cause finale, mais le principe. Invité de nouveau à préciser sa pensée, il définit encore l'honneur : « une certaine ardeur ou un certain enthousiasme qui brûle dans le cœur d'un galant homme ». A de nouvelles subtilités d'Euphranor il se borne à riposter que l'honneur se sent plutôt qu'il ne s'explique et qu'un bon gentilhomme a le droit de se moquer des pédants et de leurs disputes.

Criton intervient alors et raconte une conversation à ce sujet entre Nicander, petit philosophe, et Ménéclès, un chrétien. D'après quel principe, demandait Ménéclès, êtes-vous des gentlemen vertueux? — Par honneur, répondit Nicander. Nous sommes des hommes d'honneur. — Un homme d'honneur, reprit Ménéclès, peut-il débaucher la femme d'un autre, ou vendre son vote, ou refuser de payer ses dettes, sans ternir son honneur? — Il peut, dit Nicander, avoir les vices et les défauts d'un gentleman; mais il est obligé de payer ses dettes d'honneur. — Peut-il se battre en duel? — Il peut à l'occasion demander réparation par les armes. — Il peut donc tromper sa femme malgré l'engagement du mariage et même manquer de probité? — Nicander l'avoua. Et Ménéclès conclut que l'honneur entre infidèles ressemble à l'honnêteté entre pirates.

Criton infère de cette conversation, que nous avons

quelque peu abrégée, que l'honneur, considéré comme un principe distinct de la conscience, de la religion, de la raison, et de la vertu, n'est qu'un mot; et que l'homme d'honneur est moins vertueux que les autres hommes, à moins qu'à son insu il ne soit resté imbu de quelque vestige de conscience ou de religion; mais là où ces scrupules ont disparu, l'honneur n'est que « un nuage peint »; et ceux qu'on appelle hommes d'honneur sont des gens à la mode ou des espèces de matamores.

Euphranor a quelque idée confuse que l'honneur exclut l'hypocrisie et l'astuce. Mais Criton réplique que les hommes d'honneur se croient permis de manquer aux déclarations et aux promesses solennelles faites à la face de Dieu et des hommes d'être fidèles à la femme qu'ils ont épousée.

En résumé, Berkeley, cherchant l'honneur en dehors de la conscience, ne l'a pas trouvé et, le jugeant d'après les préjugés nobiliaires des gentlemen de son temps, a eu raison d'en faire la satire; mais il a oublié qu'il existe aussi « l'honneur bourgeois ».

La Rochefoucauld ne s'inspire pas, comme les auteurs précédents, du christianisme dans sa misanthropie, mais celle-ci, fruit de ses déceptions personnelles, s'accorde avec la doctrine du péché originel; et ses *Maximes* ont pu être placées sous l'égide de « plusieurs Pères de l'Église ». Lui-même prétend qu'il « n'a considéré les hommes que dans cet état déplorable de la nature corrompue par le péché ». Il n'en excepte que les élus de la grâce; et l'on sait qu'il y en a peu.

« L'amour-propre, dit-il, est l'amour de soi-même et de toute chose pour soi; il rend les hommes idolâtres d'eux-mêmes. » Voyons d'abord comment cet amour-propre s'illusionne. « L'amour-propre est le plus grand de tous les flatteurs » (Maxime II) ; et en voici la raison, c'est que la nature nous a « donné l'orgueil pour nous épargner la douleur de connaître nos imperfections » (M. XXXVI). Comment arrivons-nous à nous faire illusion de la sorte? C'est que : « Nous sommes si accoutumés à nous déguiser aux autres, qu'enfin nous nous déguisons à nous-mêmes » (CXIX). Et cette illusion devient presque complète : « Nous n'avons pas le courage de dire en général que nous n'avons point de défaut..., mais en détail nous ne sommes pas trop éloignés de le croire » (CCCXCVII). Et encore : « Il n'y a point d'homme qui se croie, en chacune de ses qualités, au-dessous de l'homme du monde qu'il estime le plus » (CCCCLII).

Il est vrai que cet orgueil a un contrepoids dans les jugements d'autrui. « Nous oublions aisément nos fautes lorsqu'elles ne sont sues que de nous » (CXCVI). — « Il n'y a guère d'occasion où l'on fît un méchant marché de renoncer au bien qu'on dit de nous, à condition de n'en dire point de mal » (CCCCLIV). — « Nos ennemis approchent plus de la vérité, dans les jugements qu'ils font de nous, que nous n'en approchons nous-mêmes » (CCCCLVIII). — « Quelque disposition qu'ait le monde à mal juger, il fait encore plus souvent grâce au faux mérite qu'il ne fait injustice au véritable. »

Il suggère l'usage qu'on doit en faire. « Peu de gens sont assez sages pour préférer le blâme qui leur est utile à la louange qui les trahit » (CXLVII). — « C'est être véritablement honnête homme, que de vouloir être toujours exposé à la vue des honnêtes gens » (CCVI). — « Il n'y a que ceux qui sont méprisables qui craignent d'être méprisés » (CCCXII). — « Le plus grand effort de l'amitié n'est pas de montrer nos défauts à un ami, c'est de lui faire voir les siens » (CCCCX). — « Quelque honte que nous ayons méritée, il est presque toujours en notre pouvoir de rétablir notre réputation » (CCCCXII).

L'auteur se plait à montrer l'influence de cet amour-propre sur notre conduite et sur nos vertus. « La vanité nous fait faire plus de choses contre notre goût que la raison » (CCCCLXVII). — « A une grande vanité près, les héros sont faits comme les autres hommes » (XXXV). — « La vertu n'irait pas si loin si la vanité ne lui tenait compagnie » (CC). — « La vanité, la honte et surtout le tempérament font souvent la valeur des hommes et la vertu des femmes » (CCXX). — « La civilité est un désir d'en recevoir et d'être estimé poli » (CCLX). — « L'éducation que l'on donne d'ordinaire aux jeunes gens est un second amour-propre qu'on leur inculque » (CCLXI). — « Ce qu'on nomme libéralité n'est le plus souvent que la vanité de donner, que nous aimons mieux que ce que nous donnons » (CCLXIII). — « L'honneur acquis est caution de celui qu'on doit acquérir » (CCLXX). — « La magnanimité est assez définie par son nom ; néanmoins on pourrait dire que c'est le bon sens de l'orgueil et la voie la plus noble pour recevoir des louanges » (CCLXXXV). — « Il est aussi honnête d'être glorieux avec soi-même qu'il est ridicule de l'être avec les autres » (CCCVII). — « Le désir de mériter les louanges qu'on nous donne fortifie notre vertu... » (CL).

La Rochefoucauld n'épargne pas plus l'humilité que ce qu'il appelle orgueil, car il voit encore en celle-là un effet de celui-ci : « Le refus des louanges est un désir d'être loué deux fois » (CXLIX). Et : « L'humilité n'est souvent qu'une feinte soumission dont on se sert pour soumettre les autres. C'est un artifice de l'orgueil qui s'abaisse pour s'élever » (CCLIV)[1].

[1]. *Réflexions, sentences et maximes morales*, de La Rochefoucauld. (Édition Garnier.)

Mais, en fin de compte, cet orgueil qui imite la vertu, qui fait presque toute notre vertu, n'est qu'un vice. Rien de plus conforme au point de vue chrétien, au dogme de l'humilité que l'opinion de La Rochefoucauld sur l'immoralité et la puissance de l'amour-propre. Cependant on peut aisément tirer parti des maximes de ce moraliste pour donner les préceptes de l'honneur; et c'est ce que fera Mme Lambert. Et l'on peut s'en autoriser pour dire que l'estime des autres doit contrôler notre estime de nous-mêmes, et que ce double mobile l'emporte sur tout autre principe moral en efficacité.

IV

PHILOSOPHES QUI ONT COMBATTU
LE PRINCIPE DE L'HONNEUR
AU NOM DE CELUI DU DEVOIR
ET SE RATTACHENT ENCORE AU CHRISTIANISME.
KANT ET RENOUVIER.

Il nous faut étudier, parmi les adversaires modernes du principe de l'honneur, les philosophes criticistes qui le combattent au nom du principe du devoir. Nous croyons pouvoir nous borner ici, en considérant toujours la question dogmatique, à résumer l'opinion de Kant et celle de Renouvier sur l'honneur.

Kant paraît avoir été influencé par le dogme de l'humilité, qui suppose la nature humaine mauvaise et la morale essentiellement contraire à cette nature. Et il montre fortement ici que son concept d'un devoir que la volonté autonome s'impose à elle-même, comme fait un libre citoyen, s'accorde dans sa pensée avec le concept d'un devoir imposé à notre nature par la raison pratique, qui nous révèle l'ordre d'un législateur surnaturel, d'un despote du bien, comme l'a conçu le christianisme. Son monde idéal reste une Cité de Dieu, nullement une République moderne idéale; et Kant est bien plus chrétien que révolutionnaire en morale.

Il se prononce fortement en faveur de l'humilité contre la *présomption* et l'*arrogance* du principe de l'honneur. Il adresse ce reproche non seulement aux éducateurs sentimentalistes, mais encore aux stoïciens. Il déclare que c'est un fanatisme moral. « On peut sans hypocrisie, dit-il, répéter en toute vérité de la doctrine morale de l'Évangile, qu'elle a la première, par la pureté du principe moral, mais en même temps par sa convenance avec les limites des êtres finis, soumis toute bonne conduite de l'homme à la *discipline d'un devoir* qui, placé sous nos yeux, ne les laisse pas s'égarer dans des *perfections morales imaginaires*, et qu'elle a posé les bornes de l'*humilité* (*c'est-à-dire de la connaissance de soi-même*) à la *présomption* et à l'*amour de soi*, qui tous deux méconnaissent volontiers leurs limites[1].

La satisfaction de soi-même est une forme de l'égoïsme que la raison pratique doit terrasser complètement. Car « *la loi morale humilie* inévitablement tout homme quand il compare avec cette loi la tendance sensible de sa nature ». C'est même pour cela que nous respectons la loi morale. Nous sommes soumis à une *discipline*, et nous ne devons pas agir *en soldats volontaires*. « Devoir et obligation sont les dénominations que seules nous devons donner à notre rapport à la loi morale. » L'homme est à un degré moral trop inférieur pour qu'il puisse agir moralement autrement que par le sentiment du devoir. « C'est à un pur fanatisme moral, à un accroissement de la présomption qu'on dispose les esprits, en les excitant à des actions présentées comme nobles, sublimes, magnanimes, et en les

---

1. *Critique de la raison pratique*, première partie, liv. I, chap. III; trad. Picavet (F. Alcan, éd.)

jetant par là dans cette illusion que ce n'est pas le *devoir*, *c'est-à-dire le respect pour la loi*, dont ils devraient *supporter le joug* (qui cependant est doux, puisque c'est la raison elle-même qui nous l'impose), quand même ce serait à regret, qui constitue le principe déterminant de leurs actions et qui les *humilie* encore pendant qu'ils la suivent (qu'ils lui obéissent) ; mais qu'on attend d'eux ces actions comme *un pur mérite* et non comme un devoir. » Ce serait attribuer à l'esprit humain une *bonté spontanée*, qui n'aurait besoin *ni d'aiguillon ni de frein*. « Le respect pour le devoir est un *précepte sévère et sain*, qui ne permet pas à notre *vain amour de nous-mêmes* de se jouer avec des *impulsions pathologiques* (en tant qu'elles sont analogues à la moralité) et de *nous enorgueillir de notre mérite*[1]. »

Il réduit le mérite à ne pas transgresser le devoir, et, par suite, l'estime au respect et l'honneur à la dignité.

Kant revient sur ce sujet dans la méthodologie de la raison pure pratique[2]. Montesquieu reproche à la doctrine de l'honneur de faire juger nos actions « non comme raisonnables mais comme extraordinaires » ; Kant abonde dans ce sens. Il souhaite qu'on épargne aux enfants « ces exemples d'actions dites nobles (*d'un mérite transcendant*), dont nos écrits sentimentaux sont trop prodigues, et qu'on rapporte tout simplement *au devoir et à la valeur qu'un homme peut et doit s'attribuer à ses propres yeux par la conscience de ne l'avoir point transgressé*, parce que ce qui n'aboutit qu'à de vains désirs et à de vaines aspirations vers une perfection inaccessible ne produit que *des héros de romans*, qui, trop fiers de leurs sentiments pour la *grandeur transcendante*, s'affranchissent de la pratique des devoirs communs et courants de la vie,

---

1. *Critique de la raison pratique*, *ibid.*
2. *Ibid.*, 2ᵉ partie.

qui ne leur apparaissent alors que petits et insignifiants ». Il concède, il est vrai, en note que : « Il est fort utile de louer des actions où brillent une intention grande, désintéressée, sympathique, et un sentiment d'humanité ; mais, ajoute-t-il, il faut moins attirer l'attention sur *l'élévation de l'âme*, qui est très fugitive et passagère, que sur la *soumission du cœur au devoir*, dont on peut attendre une impression plus durable parce qu'elle comporte des principes (tandis que l'élévation de l'âme ne comporte que des agitations). Il n'est besoin que de réfléchir un peu pour trouver toujours quelque faute dont on s'est rendu coupable... pour ne pas laisser la *représentation présomptueuse du mérite* expulser la *pensée du devoir* ».

Kant affirme que : « C'est le devoir et non le mérite qui, si on le présente dans la véritable lumière de son inviolabilité, doit avoir sur l'âme, non seulement l'influence la plus déterminée, mais la plus pénétrante ». Il proteste contre cet honneur prédominant à son époque dans l'éducation de la jeunesse. Ces sentiments amollissent, ces prétentions orgueilleuses flétrissent le cœur plutôt qu'elles ne le fortifient. « Proposer, dit-il, pour mobiles aux enfants des sentiments nobles, magnanimes, méritoires, avec l'idée de les intéresser à ces actions en leur inspirant de l'enthousiasme, c'est manquer complètement son but. » Les enfants sont encore bien loin de pouvoir pratiquer les devoirs les plus ordinaires et on leur parle d'héroïsme ! C'est le moyen d'en faire de *véritables songe-creux*.

Selon Kant, les stimulants pathologiques, c'est-à-dire émotionnels, ne peuvent être efficaces qu'au moment de faire un effort extraordinaire, ils sont impropres à donner du caractère ; ils excitent et ne fortifient pas. Seuls, les concepts fondent, non des agitations passagères, mais *la valeur morale et même la confiance en soi*, « sans laquelle ne peut avoir lieu la *conscience de la moralité de l'intention et du caractère*, c'est-à-dire le souverain bien dans l'homme ».

Kant nous montre par des exemples que le pur respect pour la loi sévère de la moralité a plus d'efficacité que la représentation d'une action comme noble et magnanime. D'abord, imaginons un homme qui sauve des naufragés au grand péril de sa vie et qui finit par y trouver la mort. L'action est, d'un côté, rapportée au devoir, et de l'autre, considérée comme essentiellement méritoire. Mais, dit-il, « notre estime pour cette action est considérablement diminuée par le concept des devoirs envers soi-même, qui semble ici être quelque peu compromis. » En second lieu, supposons le devoir de mourir pour sa patrie; ce sacrifice magnanime est « plus décisif »; mais « il reste quelque scrupule à celui qui se demande si c'est *un devoir parfait* de se sacrifier soi-même et *sans y être commandé* en vue d'une telle fin, et l'action n'a pas par elle-même la force nécessaire pour nous servir de modèle et nous exciter à l'imiter ». En troisième lieu, il considère un de ces « *devoirs rigoureux*, dont la violation blesse la loi morale en soi ». Alors nous donnons tout notre respect à celui qui cherche à l'accomplir en sacrifiant tout ce qui peut avoir quelque valeur pour nos penchants les plus intimes. Il cite, pour éclaircir son argumentation, un passage célèbre de Juvénal, où le poète présente, selon Kant, « un tel exemple avec une gradation qui fait vivement sentir au lecteur *la puissance du mobile* qui est au fond de *la loi pure du devoir en tant que devoir* ». Voici cette citation que je traduis ici : « Sois bon soldat, bon tuteur, et de même arbitre intègre; si tu es cité comme témoin d'une affaire ambiguë et incertaine, quand même Phalaris te commanderait de rendre un faux témoignage, et, faisant approcher son taureau, te dicterait ce parjure, considère comme le plus impie des crimes de préférer l'existence à la pudeur et de perdre pour vivre ce qui est la raison de vivre. » Kant reproche enfin, à son tour, au principe du mérite que « le mobile se trouve mélangé en quelque sorte, avec l'amour de soi ». N'obéir qu'au pur devoir par seul respect pour le devoir lui-même et comprendre qu'on le peut puisqu'on le doit, « cela s'appelle s'élever pour ainsi dire complètement au-dessus du monde sensible lui-même ». — Je me demande si ce n'est pas là qu'est la vertu transcendante et le fanatisme moral.

En résumé, Kant n'admet pas de mérite moral positif : l'homme peut tout au plus ne pas violer la loi morale; il ne peut respecter cette loi sublime sans se sentir humilié; la discipline sévère du devoir est plus efficace que l'enthousiasme pour le mérite. Kant a donc fait passer la notion du devoir du mode théologique de penser dans le mode métaphysique du commandement de Dieu à une entité. Il reste à la ramener au mode positif en dérivant le devoir de la dignité de la personne, de sa valeur morale.

Pour terminer ce chapitre, donnons un instant la parole au plus illustre disciple français de Kant.

Renouvier semble avoir été conduit à s'occuper de l'honneur par le retentissement de l'affaire du Panama et de l'affaire Dreyfus. Il s'en explique dans une note de sa *Nouvelle Monadologie*. Il a visé surtout l'honneur collectif.

Ce philosophe rattache l'honneur à la coutume et à la mode. L'honneur « est né certainement du fait historique de l'écart entre les préceptes de la stricte morale chrétienne et les accommodements réclamés par les mœurs ou par les nécessités mêmes de la vie, selon les relations sociales établies pour chaque ordre de personnes[1] ». On voit par l'origine assignée ici que l'auteur parle de l'honneur moderne. Il ajoute que « les notions de l'*honestum* et de la *res honesta* n'admettaient nullement dans l'antiquité, par rapport aux idées alors régnantes sur le bien ou le mal, les distinctions équivalentes à celles que comporte aujourd'hui l'idée de l'honneur et ses exigences, ou de ses tolérances, souvent si différentes de celles de l'honnêteté, et encore plus de la morale chrétienne ». Il développe sa pensée un peu plus bas en citant les maximes de l'honneur « les plus injustifiables de toutes » relatives au duel, et, dans un autre genre, les mœurs commerciales relatives à l'usure et à tout un assortiment de fraudes professionnelles que comporte l'honneur du marchand, comme celui de l'homme d'affaires comporte l'agiotage.

Renouvier concède, par contre, au sentiment de l'honneur une puissance que Kant s'efforçait de lui dénier. Sur les points où la coutume confirme les principaux préceptes moraux, « une psychologie d'observation pénétrante doit reconnaître que *l'efficacité moralisante de l'honneur est plus commune et s'applique à plus de cas et à des cas plus continuels de la conduite et des relations, dans toutes les classes, que celle du devoir formel* ».

L'auteur cherche la cause de cette efficacité de l'honneur, et il la découvre, pense-t-il, dans « le sentiment de la solidarité », et dans ce que nous nommons l'honneur collectif. « Entre les hommes en général, dit-il, mais plus particulièrement entre les membres d'une caste, d'une classe, ou fonction socialement distincte, il s'établit des règles sur ce qu'on attend de chacun pour des circonstances données ; et nul ne peut s'en écarter sans encourir le mépris des autres. »

---

[1]. Renouvier et Prat. *La nouvelle Monadologie. La Volonté*. Note 83. Armand Colin, éd.

Les règles professionnelles « sont des mots d'ordre, qui obligent selon l'opinion, comme feraient les impératifs moraux; et on n'a point à se demander pour quelle raison, et on ne se le demande pas, en effet, le plus souvent, car toute la question est de faire ce que vous savez que vos pairs feraient dans un cas pareil ».

Renouvier analyse fort bien l'honneur collectif lorsqu'il nous dit : « L'homme d'honneur s'estime identifié avec le corps dont il est partie intégrante, subordonnant son intérêt particulier à la règle du corps, ne songeant pas peut-être au danger qu'il pourrait y avoir pour lui à s'en écarter, bien plus, se regardant pour ainsi dire comme intéressé contre lui-même, et porteur d'une considération qui ne lui reviendrait pas comme individu. Jaloux de l'honneur du corps, il le surveille chez autrui. C'est un dépôt sacré confié par tous à la garde de chacun, et que chacun révère à la fois comme de tous et soigne comme le sien propre. » Il ajoute que cette solidarité s'étend au déshonneur comme à l'honneur et qu'il rejaillit sur tous : « On donne, dit-il, évidemment ce sens à l'idée que la trahison d'un officier déshonore l'armée, ou la prévarication de quelques députés le Parlement. »

Voici deux dernières objections faites par l'auteur. La première est que « en dehors de toute justice, en dehors même du bon sens », un mari trompé par sa femme se croit déshonoré. L'autre objection, c'est que « ce même mari se figure, si le fait est divulgué, qu'il doit faire quelque chose pour *réparer son honneur*. Et ce n'est pas à la justice que les moyens de réparation se demandent alors : exemple topique de l'importance de l'écart qui se peut produire dans les mœurs entre la justice et l'honneur ».

V

PHILOSOPHES ADVERSAIRES DU PRINCIPE DE L'HONNEUR SE RATTACHANT A LA PHILOSOPHIE GRÉCO-LATINE SUR CETTE QUESTION. POINT DE VUE POLITIQUE ET PÉDAGOGIQUE. MONTESQUIEU ET ROUSSEAU

Parmi les philosophes modernes qui ont été les adversaires du principe de l'honneur, en dépit de certaines réserves, un petit nombre nous paraissent s'être inspirés directement de la philosophie antique, ou au moins s'être placés d'eux-mêmes au point de vue antique. Comme moraliste se rattachant aux vues platoniciennes nous pouvons citer Montesquieu, et comme philosophe se référant au même idéal du sage que les stoïciens primitifs nous dirons un mot de Rousseau.

Si l'on en jugeait par les *Lettres persanes*[1], Montesquieu aurait été non pas un adversaire mais bien un disciple déclaré de la morale de l'honneur; mais il l'a condamnée dans l'*Esprit des lois*, et, entre ces deux ouvrages, le se-

1. Lettre LXXXVII.

cond peut être considéré sans doute comme exprimant seul la véritable opinion de l'auteur.

Dans l'*Esprit des lois*[1], Montesquieu expose sur le principe de l'honneur une théorie politique qui rappelle nettement celle de Platon. On sait en effet que pour l'auteur de cet ouvrage il y a trois espèces de gouvernement : le républicain, le monarchique et le despotique; et que chacun d'eux a un principe qui lui est propre, c'est-à-dire un *ressort* qui le fait agir et qui consiste dans une certaine passion dominant les mœurs de la nation.

Le principe des républiques, qu'elles soient démocratiques ou aristocratiques, c'est la *vertu*. Par ce mot de vertu, il entend parler « de l'amour pour la patrie, du désir de la vraie gloire, du renoncement à soi-même, du sacrifice de ses plus chers intérêts, et de toutes les vertus héroïques que nous trouvons dans les anciens, et dont nous avons seulement entendu parler ».

Le principe de la monarchie est l'*honneur*, c'est-à-dire « *le préjugé de chaque personne et de chaque condition* ». Cet honneur est incompatible avec l'égalité républicaine, car sa nature est de demander des préférences et des distinctions. Cette conséquence de sa définition inspirait à Voltaire la remarque suivante : « Ces préférences, ces distinctions, ces honneurs, cet honneur, étaient dans la république romaine tout autant pour le moins que dans les débris de cette république qui forment aujourd'hui tant de royaumes. La préture, le consulat, les haches, les faisceaux, le triomphe, valaient bien des rubans de toutes couleurs. »

Cet honneur des monarchies, qui diffère, nous l'avons vu, de l'amour de la vraie gloire propre aux républiques,

---

1. *De l'Esprit des lois*, liv. III, chap. v. (Édition Firmin Didot.)

est, nous dit Montesquieu, philosophiquement parlant, « un honneur faux »; mais, tel quel, il fait mouvoir et lie entre elles toutes les parties du corps politique. « Et n'est-ce pas beaucoup d'obliger les hommes à faire toutes les actions difficiles et qui demandent de la force, sans autre récompense que le bruit de ces actions[1]. » Les derniers mots expliquent un peu ce que Montesquieu entend par vrai et faux honneur : le vrai, c'est sans doute celui qu'atteste seulement la conscience, le faux, celui qui s'attache surtout à l'admiration des autres hommes.

Enfin le gouvernement despotique a pour principe la crainte : la vertu n'y est point nécessaire et l'honneur y serait dangereux. Or, Montesquieu range le gouvernement militaire parmi les espèces du gouvernement despotique. Il considère donc ce principe de l'honneur comme incompatible avec le militarisme. Nous trouverons, comme chez Platon, la thèse diamétralement contraire chez Spencer. Dans les États despotiques, dit Montesquieu, le pouvoir du prince n'est borné que par la religion, comme dans les États monarchiques, il ne l'est que par l'honneur.

Montesquieu enseigne que les lois de l'éducation doivent être relatives aux principes du gouvernement. Il va donc nous montrer, entre autres exemples, comment l'honneur est le principe de l'éducation monarchique et faire la critique de ce sentiment[2]. Ce n'est point à l'école que l'on reçoit la principale éducation dans les monarchies; c'est en entrant dans le monde que cette éducation commence. Chez les anciens, l'éducation avait un avantage, c'est qu'elle n'était « jamais démentie ». Chez nous, il n'en est pas ainsi, et nous recevons deux ou trois éducations différentes ou même contraires de nos parents,

1. *De l'Esprit des lois*, Liv. III, chap. VII.
2. *Ib.*, Livre IV, chap. II, IV et V.

de nos professeurs, puis du monde. « Ce qu'on dit dans la dernière renverse toutes les idées des premières. »

« Le monde est l'école de ce qu'on appelle *honneur*, ce maître universel qui doit partout nous conduire. » C'est là qu'on apprend à mettre « dans les vertus une certaine noblesse, dans les mœurs une certaine franchise, dans les manières une certaine politesse ».

Montesquieu reproche à la morale de l'honneur :

1º De tout ramener à notre propre personne ;

2º De sacrifier l'idée du bien à celle du beau ;

3º De justifier le vice pour peu qu'il contienne quelque apparence de noblesse ou de grandeur, par exemple l'amour libre et les mensonges de la diplomatie ;

4º D'altérer la vertu, par exemple en exigeant la franchise, non par amour de la vérité, mais pour montrer sa hardiesse ; en recommandant la politesse, non parce qu'elle est un lien social, mais parce qu'elle prouve que l'on appartient à l'élite de la société.

« L'honnête homme » est celui qui réunit les qualités et les vertus des États monarchiques. « Là, l'honneur, se mêlant partout, entre dans toutes les façons de penser et les manières de sentir et dirige même les principes. Cet honneur bizarre fait que les vertus ne sont que ce qu'il veut et comme il les veut ; il met de son chef des règles à tout ce qui nous est prescrit ; il étend ou il borne nos devoirs à sa fantaisie, soit qu'ils aient leur source dans la religion, dans la politique ou dans la morale. » L'honneur permet de résister même au prince qui ordonnerait une action déshonorante. « Crillon refusa d'assassiner le duc de Guise, mais il offrit à Henri III de se battre contre lui. » L'auteur rapporte aussi à ce sujet la réponse du vicomte d'Orte à Charles IX, après la Saint-Barthélemy, quand ce prince lui écrivit de faire massacrer les huguenots dans sa province : « Sire, je n'ai trouvé parmi les habitants et les gens de guerre que de bons citoyens, de braves soldats, et pas un bourreau. » Autre preuve de cette bizarrerie : l'honneur, qui prescrit de servir le prince à la guerre, permet, s'il est choqué, qu'on se retire chez soi. De même encore, « il veut qu'on puisse indifféremment aspirer aux emplois ou les refuser; il tient cette liberté au-dessus de la fortune même ». — « L'honneur a donc ses règles suprêmes, et l'éducation est obligée de s'y conformer. » Voyons ces règles suprêmes. Il y en a trois principales :

1º Il est permis de faire cas de sa fortune, mais jamais d'en faire aucun de sa vie;

2º Une fois placés dans un rang, « nous ne devons rien faire ni souffrir qui fasse voir que nous nous tenons inférieurs à ce rang même »;

3º Ce que l'honneur défend est d'autant plus rigoureusement interdit que les lois ne l'empêchent pas; ce qu'il ordonne est d'autant plus obligatoire que les lois n'y contraignent pas.

Voici donc encore contre l'honneur un réquisitoire qui par certains points ressemble à un panégyrique, comme tant d'autres que nous avons entendus déjà, à l'exception de celui de Kant.

Nous resterons sur le problème de l'éducation en passant de ces théories à celles exprimées par Rousseau, dans son *Émile*, au sujet du sentiment de l'honneur. Et nous retrouverons dans celles-ci tout l'orgueil du sage stoïcien des premiers âges, comme nous avons retrouvé dans l'*Esprit des lois* l'empreinte du système platonicien.

Rousseau n'admet pas que l'homme tienne compte de l'opinion des autres à son égard. Son Émile est trop supérieur aux autres hommes, trop fort de sa conscience pour avoir besoin de cet appui ou de ce contrôle. Il estime fort peu les hommes, et s'il les aime, c'est surtout par un sentiment de compassion pour eux. Aussi « il ne dira pas précisément : je me réjouis parce qu'on m'approuve, mais je me réjouis parce qu'on approuve ce que j'ai fait de bien, *je me réjouis de ce que les gens qui m'honorent se font honneur;* tant qu'ils jugeront aussi sainement, il sera beau d'obtenir leur estime[1] ». Par une conséquence logique, Rousseau rejette l'émulation de son système éducatif. Émile n'aura d'émule que lui-même. Des pédagogues contemporains se sont épris de cette mutilation du cœur humain. Ici encore, à Rousseau, comme à Montesquieu, on peut opposer Voltaire :

> De l'émulation distingue bien l'envie;
> L'une mène à la gloire et l'autre au déshonneur;
> L'une est l'aliment du génie;
> Et l'autre le poison du cœur.

Ainsi Kant, Montesquieu et Rousseau rejettent l'honneur comme principe d'éducation. Nous verrons que Vauvenargue au contraire en fait le secret de l'art de l'éducation. Locke[2] et Paul Janet[3], tout en mettant le devoir au-dessus de l'honneur en morale, s'accordent à considérer l'honneur comme le mobile le mieux approprié à l'éducation de la jeunesse.

Par exception, Rousseau veut que les femmes, qu'il juge faites uniquement pour plaire aux hommes, cherchent l'estime de ceux-ci. « Pour qu'elles aient le nécessaire, pour qu'elles soient dans leur état, il faut que nous le leur donnions; que nous voulions le leur donner; que nous les en estimions dignes; elles dépendent de nos sentiments,

---

1. *Émile*, liv. IV; Genève 1780, tome III, p. 246.
2. *Pensées sur l'éducation*, chap. de l'Honneur.
3. *La famille.*

du prix que nous mettons à leur mérite, du cas que nous faisons de leurs charmes et de leurs vertus. Par la loi même de la nature les femmes, tant pour elles que pour leurs enfants, sont à la merci du jugement des hommes. Il ne suffit pas qu'elles soient estimables, il faut qu'elles soient estimées; il ne leur suffit pas d'être belles, il faut qu'elles plaisent; il ne leur suffit pas d'être sages, il faut qu'elles soient reconnues pour telles; leur honneur n'est pas seulement dans leur conduite mais dans leur réputation; et *il n'est pas possible que celle qui consent à passer pour infâme puisse jamais être honnête.* L'homme en bien faisant ne dépend que de lui-même et peut braver le jugement public; mais la femme en bien faisant n'a fait que la moitié de sa tâche, et ce que l'on pense d'elle ne lui importe pas moins que ce qu'elle est en effet. Il suit de là que le système de son éducation doit être, à cet égard, contraire à celui de la nôtre; *l'opinion est le tombeau de la vertu parmi les hommes et son trône parmi les femmes*[1]. » Et plus loin[2] : « Le sentiment sans l'opinion ne leur donnera point cette délicatesse d'âme qui pare les bonnes mœurs de l'honneur du monde; et l'opinion sans le sentiment n'en fera jamais que des femmes fausses et déshonnêtes qui mettent l'apparence à la place de la vertu. »

Rousseau traite encore de l'honneur et en particulier du duel, avec éloquence, dans d'autres ouvrages, tels que la *Nouvelle Héloïse*[3]. Il nous montre enfin sa Julie contrainte de chercher pour rester honnête un appui plus efficace encore pour elle que le sentiment de l'honneur, elle recourt à la dévotion.

1. Liv. V, tome III, pp. 314-315.
2. P. 372.
3. Partie I, lettre LVII.

— Parmi les adversaires de l'honneur et surtout de l'honneur chevaleresque, il faut aussi compter Schopenhauer, qui, dans ses *Aphorismes*, réduit le sentiment de l'honneur à la crainte de l'opinion, et lui attribue une racine utilitaire, comme le faisait Helvétius dans *L'Esprit*. L'honneur ne sert au bonheur qu'en troisième ligne, après ce que l'on est et ce que l'on a, car il est ce que l'on représente. Enfin l'action de l'honneur, sans être morale, est souvent très salutaire; c'est alors un équivalent de la conscience par son influence sur la conduite. Toutes ces appréciations dérivent en effet de sa définition. Comme Rousseau, il s'attaque au duel avec véhémence et le couvre de sarcasmes. La morale du « point d'honneur » est celle des fous. Comme Rousseau, il rejette l'opinion publique par misanthropie orgueilleuse; « nous y deviendrons indifférents à mesure que nous connaîtrons suffisamment la superficialité et la futilité des pensées, les bornes étroites des notions, la petitesse des sentiments, l'absurdité des opinions et le nombre considérable d'erreurs que l'on rencontre dans la plupart des cervelles[1] ». Pour l'honneur féminin, il reprend l'assertion de Rousseau que tout le bien-être de la femme dépend de l'homme; c'est pourquoi l'esprit de corps du sexe féminin a consacré ce principe que la femme ne se donnera pas en dehors du mariage, afin que chaque homme « soit contraint au mariage comme à une sorte de capitulation et qu'ainsi toutes les femmes soient pourvues[2] ».

(1) *Aphorismes sur la sagesse dans la vie*, IV, 1 p. 65, trad. Cantacuzène. (F. Alcan, éd.).
(2) *Ibid.*, IV, 2, p. 87.

VI

PHILOSOPHES FAVORABLES AU SENTIMENT DE L'HONNEUR
ÉCOLE RATIONALISTE. DESCARTES.

Nous passerons maintenant aux philosophes modernes plus ou moins favorables au sentiment de l'honneur. Ils nous présenteront, toujours sous la forme personnelle inévitable, les arguments en faveur du principe que nous avons vu jusqu'ici attaqué, bien que sous certaines réserves, par tant et de si grands philosophes. Rien ne montre mieux l'importance et la difficulté de ce problème de l'honneur que l'opposition entre les plus célèbres moralistes sur cette morale usuelle. On peut diviser, en gros, les partisans de l'honneur en rationalistes et empiristes. Parmi les premiers, nous étudierons Descartes.

Descartes nourrissait longuement ses projets et avait divisé la durée probable de sa vie entre les diverses parties de son œuvre. Il avait dû garder la morale pour la fin, précisément parce qu'elle est l'application des théories; et il ne pouvait la négliger, car il fut toujours préoccupé du caractère pratique de la vraie philosophie et des services de la science. C'est ainsi que fit sous nos yeux le plus grand philosophe du xixe siècle; il faillit lui aussi ne pouvoir achever sa morale; mais, plus heureux que notre Descartes, il guérit quoique dans un âge plus avancé et vint à bout de couronner son œuvre. Mais quelle eût été cette morale définitive de Descartes? Il est peut-être téméraire de vouloir le conjecturer. Essayons pourtant, après bien d'autres, à nos risques et périls, d'esquisser la réponse.

Et, d'abord, sa morale provisoire, formulée dans le *Discours sur la Méthode*, pouvait-elle devenir une morale définitive, comme on l'a prétendu, ou bien la morale chrétienne, ainsi qu'on l'a soutenu aussi, lui suffisait-elle? Il y a, croyons-nous, deux hommes en Descartes, comme dans la plupart de ses contemporains, le chrétien et le philosophe. Certains savants de nos jours présentent un phénomène analogue, et chez Descartes la morale du philosophe n'a point de rapport avec celle du chrétien. Il n'a pas même songé un instant à faire de cette morale chrétienne sa morale par provision, ce qui eût semblé tout naturel, puisqu'il déclarait mettre à part les vérités de la foi dans la pratique de son doute méthodique. Et, dans ses *Lettres à Mme Élisabeth*, ce n'est pas au christianisme, c'est au stoïcisme qu'il emprunte la base de ses réflexions morales vers le temps de l'incubation secrète de sa propre doctrine. Reste donc la morale du *Discours*, mais Descartes l'a expressément déclarée provisoire. D'ailleurs, il suffit d'examiner ses quatre règles pour comprendre que ce philosophe, qui, nous le savons, les a introduites à contre-cœur dans le *Discours*, les avait tracées pour lui seul et dans un but tout spécial. Les règles provisoires sont des corollaires du précepte : Dans le doute abstiens-toi. Descartes, encore plongé dans ce doute méthodique, et en attendant qu'il en soit sorti par la découverte de vérités évidentes, prend pour règles de conduite les principes que l'on sait. Le premier, — de suivre la coutume, — est précisément celui de Pyrrhon et de tous les sceptiques. A quoi bon faire effort pour remonter le courant lorsqu'on ignore dans quel sens il vaut mieux nager? il n'y a qu'à se laisser aller à la dérive. Et puis, la coutume est un milieu entre les excès opposés, et dans ce milieu on a chance de ne pas se tromper entièrement. Le deuxième, — de persévérer dans ses résolutions comme si elles étaient certaines, — a pour but de prévenir un danger propre au doute, qui est l'hésitation et la crainte de s'être trompé, causes d'insuccès par elles-mêmes. Le troisième, — de changer plutôt ses désirs que l'ordre du monde, — est, comme les premiers, une conséquence logique du doute provisoire : quand on ne sait rien encore, quelle raison aurait-on de se poser en réformateur? Le quatrième, — de se consacrer à la philosophie — suit encore du doute cartésien, puisque c'est le moyen de sortir de ce doute. Le but même de ce doute, c'est d'arriver un jour à la certitude philosophique et à une morale définitive. « Les trois maximes précédentes n'étaient fondées que sur le dessein que j'avais de continuer à m'instruire », dit-il; et cela montre bien l'unité de ces quatre règles et leur but; elles ne s'adressent qu'à Descartes ou aux personnes qui suivront sa méthode sceptique qu'il déclare ne convenir qu'à peu d'esprits. Mais on ne fait pas une morale à l'usage des seuls philosophes.

Ce qui nous porte à croire que Descartes se disposait à écrire enfin sa vraie morale, lorsqu'il mourut victime du climat de la Suède, c'est précisément que nous découvrons dans ses derniers écrits le principe très probable de cette œuvre depuis longtemps poursuivie par lui et attendue par ses admirateurs.

Sa correspondance avec la princesse Elisabeth montre

que Descartes penchait décidément vers le stoïcisme ; mais les reproches qu'il adresse çà et là à cette discipline prouvent aussi qu'il en rejette les paradoxes et les extravagances. Les indications les plus précieuses nous paraissent toutefois celles qu'on trouve dans la lettre à la reine de Suède et dans le *Traité des Passions*. Dans les lettres à la Palatine, en effet, sa pensée propre ne se dégage encore qu'avec peine de la pensée stoïcienne ; il se contredit parfois lui-même et surtout il hésite à dire son dernier mot en morale. Mais l'encouragement reçu de la reine de Suède lève enfin ses scrupules. Il écrit à M. Chanut en envoyant sa lettre à la reine : « Il est vrai que j'ai coutume de refuser d'écrire mes pensées touchant la morale, et cela pour deux raisons : l'une, qu'il n'y a point de matière d'où les malins puissent plus aisément tirer des prétextes pour calomnier ; l'autre, que je crois qu'il n'appartient qu'aux souverains, *ou à ceux qui sont autorisés par eux*, de se mêler de régler les mœurs des autres. Mais ces deux raisons cessent en l'occasion que vous m'avez fait l'honneur de me donner...[1] » Aussi a-t-il voulu, *loin de se réserver*, entasser dans la lettre à la reine tout ce qu'il a jamais pensé sur le sujet du souverain bien. Le *Traité des Passions* a été publié l'année qui précéda la mort du philosophe ; il exprime donc bien l'état où en était sa pensée lorsque la fatalité y mit fin. D'autant plus que, selon la remarque de M. Boutroux, « tandis qu'il étudie une science, Descartes pense à celle qui, selon la nature des choses, viendra après et le rapprochera davantage de la pratique[2] ». Il est vrai que ce savant critique trouve deux morales tout opposées dans Descartes, celle des Lettres et celle du *Traité*

---

1. Lettre II du tome II.
2. *Études d'histoire de la philosophie.* Descartes. Science et morale selon Descartes (F. Alcan, éd.), p. 306.

des Passions, celle-ci purement médicale, celle-là purement stoïcienne. Or, au contraire, le *Traité* contient une théorie de toute première importance qui concorde avec la *Lettre à la Reine*, et montre clairement qu'au-dessus des secours médicaux et des recettes hygiéniques, si précieuses en effet pour rendre la vertu possible en assurant la santé du corps et de l'âme et le libre usage de nos facultés, l'auteur conçoit une morale toute spirituelle, voisine sans doute du stoïcisme, mais profondément originale.

Dans la *Lettre à Christine*, Descartes commence par écarter, à l'instar des stoïciens, les biens du corps et de la fortune, parce que, dit-il après Épictète, ils ne dépendent point absolument de nous.

« Ceux de l'âme, ajoute-t-il, se rapportent tous à deux chefs, qui sont l'un de connaître et l'autre de vouloir ce qui est bon ; mais la connaissance est souvent au delà de nos forces ; c'est pourquoi *il ne reste que notre volonté dont nous puissions absolument disposer.* » Ce texte nous autorise à rejeter l'opinion[1] que pour Descartes la morale est, à peu près, comme pour Spinosa, essentiellement intellectuelle. Ce n'est pas de Spinosa, c'est des stoïciens romains et même de Kant qu'il faut rapprocher Descartes moraliste, en tant qu'il met le bien dans la volonté et non dans la science. Le philosophe français en effet, n'est pas un rationaliste qui subordonne partout la volonté à l'entendement. Au contraire, en Dieu, comme dans l'homme, il place au premier rang la liberté. C'est aussi sur elle qu'il fonde sa morale. La connaissance, dit-il, est souvent au-dessus de nos forces ; et il l'écarte comme les autres biens étrangers. Le véritable bien pour Descartes sera, comme pour Épictète et Kant, l'usage de notre

---

1. Boutroux, *op. cit.*,

liberté : « Il ne reste que notre volonté dont nous puissions absolument disposer. » N'est-ce pas déjà la formule kantienne : « Il n'y a rien d'absolument bon que la bonne volonté » ?

Mais, cela posé, Descartes, va-t-il en déduire que le fondement de la morale est la loi de la bonne volonté, le devoir ? Non pas ; et c'est en cela que consiste l'originalité de Kant, qui reste ainsi entière. Le philosophe français veut que l'on dispose de sa liberté le mieux possible, c'est-à-dire « en ayant toujours une ferme et constante volonté de faire exactement toutes les choses que l'on jugera être les meilleures et d'employer toutes les forces de son esprit à les bien connaître ; c'est en cela seul que consistent toutes les vertus ; c'est cela seul qui, à proprement parler, *mérite de la louange et de la gloire;* enfin, c'est de cela seul que résulte toujours le *plus grand et le plus solide contentement* de la vie ». Ainsi il faut faire ce qu'on croit le meilleur, à charge d'abord d'éclairer sa conscience, comme le dira Fichte. Cette bonne volonté est seule méritoire et c'est d'elle que vient le bonheur le plus sûr, dans la mesure où le bonheur dépend de nous. Descartes achève d'expliquer sa pensée en ajoutant : « Ainsi, j'estime que c'est en cela que consiste le souverain bien. » Le souverain bien est donc *moral :* c'est la volonté de suivre la raison, d'où résulte le contentement. « Et par ce moyen, conclut-il, je pense accorder les deux plus contraires et célèbres opinions des anciens, à savoir celle de Zénon, qui l'a mis *en la vertu ou en l'honneur,* et celle d'Épicure, qui l'a mis au *contentement auquel il a donné le nom de volupté.* » Il défigure ou transfigure sans doute un peu le principe de l'épicurisme, même en le distinguant de l'épicuréisme. D'autre part, en identifiant la vertu et l'honneur chez Zénon, il commet une inexactitude et il fallait attribuer cette identification aux stoïciens romains de la période éclectique, ainsi que nous l'avons noté chez Cicéron. Cette identification est d'ailleurs clairement formulée par Descartes, puisque c'est dans la bonne volonté que consiste toute la vertu et que seule la bonne volonté est digne de louange. Il s'agit donc bien de l'honneur tel qu'en principe on l'entend dans le monde, comme impliquant l'estime d'autrui, et non pas seulement la satisfaction que donne la conscience personnelle, le contentement moral. Il y insiste encore un peu plus bas : « Pour ce qui est de *l'honneur* ou de *la louange*, on les attribue souvent aux autres biens de la fortune »; mais c'est un abus, il n'y a rien que la vertu qu'on ait juste raison de louer ou d'honorer; si ce n'est qu'on présuppose que les autres biens sont acquis par le bon usage du libre arbitre. » — Nous avons trouvé une idée très voisine chez Bossuet. Et nous avons vu, en étudiant ce prédicateur ainsi que Pascal, comment le problème se ramène dès cette époque à la question de savoir ce que vaut la nature humaine et si elle est susceptible de mérite par elle-même. Ils lui opposent l'humilité chrétienne. Le *Traité des Passions* va confirmer le sens et la portée de la *Lettre à Christine*, et, de plus, nous édifier sur la position de la morale cartésienne vis-à-vis de la doctrine de l'humilité. Mais cette lettre est, par elle-même, un monument philosophique; et il est permis d'y voir comme le programme des entretiens de Descartes avec la reine. Il semble même avoir déjà médité son grand ouvrage de morale, d'après ce programme; car il dit à M. Chanut que le *Traité des Passions* est trop petit pour être dédié à la reine, et qu'il pourra lui dédier plus tard un ouvrage plus considérable.

Dans la troisième partie du *Traité des Passions de l'âme*, Descartes pose ce principe fondamental de la morale de l'honneur, qu'il n'y a qu'une seule chose vraiment digne d'estime, « à savoir l'usage de notre libre arbitre et l'empire que nous avons sur nos volontés; car *il n'y a que les seules actions qui dépendent du libre arbitre, pour lesquelles nous puissions avec raison être loués ou blâmés; et il nous rend en quelque façon semblables à Dieu*, en nous faisant maîtres de nous-mêmes, pourvu que nous ne perdions point *par lâcheté* les droits qu'il nous donne [1]». Voilà bien la « superbe diabolique » dont parle Pascal, le langage de Satan à Ève, lui présentant le fruit de l'arbre de la *science du bien et du mal*.

Puis il expose et développe sa conception de la *générosité*, qui est manifestement contraire à celle de l'humilité, en tant que celle-ci consiste à se croire inférieur aux autres hommes ou incapable de mérite. Il distingue une humilité vertueuse, qui consiste à *reconnaître ses fautes, à ne pas se croire supérieur aux autres*, et qui est *comprise dans la générosité*, et une humilité vicieuse, « qui consiste principalement en ce qu'on se sent faible et peu résolu, ainsi elle est directement opposée à la générosité ». Mais précisons encore pour échapper à toute subtilité. Qu'est-ce que la générosité cartésienne? c'est la vertu « qui fait qu'un homme *s'estime au plus haut point qu'il se peut légitimement estimer*[2] ». — Et qu'est-ce que l'humilité chrétienne, sinon la vertu qui consiste à s'estimer aussi peu que possible? Ainsi ne confondons plus en Descartes le moraliste et le croyant. — Et si l'on veut une attaque plus virulente et plus développée de l'humilité, on n'a qu'à se reporter aux ouvrages de Nietzsche.

La générosité a une condition préalable et nécessaire,

---

1. *Les passions de l'âme*, 3ᵉ partie, art, CLII.
2. Art. CLIX.
2. Art. CLIII.

c'est que l'homme connaisse qu'une seule chose lui appartient véritablement, à savoir cette libre disposition de ses volontés et que l'usage de cette liberté est la seule chose digne d'éloge ou de blâme. Elle a, de plus, une cause immédiate, une raison directe et suffisante, c'est que l'homme prenne en soi-même une ferme et constante résolution de bien user de ce libre arbitre, « c'est-à-dire de ne manquer jamais de volonté pour entreprendre et exécuter les choses qu'il jugera être les meilleures, ce qui est suivre parfaitement la vertu[1] ». Ajoutons que la générosité peut être « innée ou acquise[2] ».

Nous avons vu comment on oppose sans cesse, au nom de l'humilité, le reproche d'orgueil au principe de l'honneur. La générosité nous empêche, au contraire, de mépriser les autres, ce qui est le propre de l'orgueilleux. « Ceux qui possèdent *cette connaissance et ce sentiment d'eux-mêmes* se persuadent aisément que chacun des autres hommes les peut aussi avoir de soi, pour ce qu'il n'y a rien en cela qui dépende d'autrui. C'est pourquoi ils ne méprisent jamais personne[3] ». Ainsi l'orgueil a, selon Descartes, des effets entièrement contraires à ceux de la générosité[4]. Car celle-ci est fondée sur un bien que tous peuvent posséder, et l'orgueil l'est au contraire sur des qualités de l'esprit ou des avantages de la fortune qui sont toujours assez rares. L'orgueil suppose l'inégalité, tandis que la générosité, comme le *bon sens* du *Discours de la Méthode*, est un principe égalitaire. Et par là, Descartes est encore fort éloigné du pur intellectualisme et de la sophocratie. L'homme généreux, au sens cartésien, ne

---

1. *Les passions de l'âme*, art. CIII.
2. Art. CLXI.
3. Art. CLIV.
4. Art. CLVIII.

s'estime ni au-dessus des autres hommes dont il impute les fautes plutôt à leur manque de connaissance qu'à leur manque de bonne volonté, ni au-dessous de ceux qui sont plus haut placés par les biens de fortune, puisqu'il n'attribue à ces avantages qu'une valeur secondaire et relative.

L'homme généreux n'évite pas seulement les défauts de l'humilité et de l'orgueil, *il est naturellement porté à toutes les autres vertus*, — comme l'âme philosophique chez Platon. — Il est porté à faire *de grandes choses*, et toutefois à *ne rien entreprendre dont il ne se sente capable*, puisque, s'il veut l'estime, il redoute également le blâme. — Voilà qui répond au reproche de Kant suivant lequel l'honneur fait des songe-creux et des héros de roman. — Mais qu'y a-t-il de plus grand que de mépriser son propre intérêt pour faire du bien aux autres? L'homme généreux au sens cartésien sera donc généreux au sens bourgeois du mot. Il sera donc aussi *courtois, affable et officieux*, dit Descartes; et, en effet, il estime tous les hommes en principe à l'égal de soi-même. Dédaignant les biens extérieurs, l'homme généreux sera à l'abri de la cupidité, de la jalousie et de l'envie. Tout cela est *petit et bas*. Il ne sera *pas misanthrope*, puisqu'il estime tous les hommes et puisqu'il sait que notre libre arbitre nous fait semblables à Dieu si nous le voulons. Il sera sans peur à cause de sa confiance en cette fermeté de volonté qui le caractérise. Il ne sera *pas enclin à la colère*, — comme on le reproche depuis Platon aux hommes d'honneur, — puisque son mépris des biens de fortune le rend indépendant d'autrui, et qu'il ne donnera jamais tant d'avantage à ceux qui l'attaqueraient que de reconnaître qu'il en est offensé. C'est la flatterie qui enfante la vanité; et comme elle consiste à donner des éloges pour des avantages qui n'ont rien de vraiment méritoire, l'homme généreux ne peut tomber dans ce piège grossier[1].

En somme, Descartes veut que nous nous estimions le plus possible, que nous estimions les autres comme nous, et que nous nous rendions dignes d'estime; mais enfin, d'après lui, quel cas devons-nous faire de l'opinion d'autrui en ce qui concerne l'estime de nous-mêmes ?

Ce qu'il nomme la gloire « vient de l'opinion ou de l'expérience qu'on a d'être loué par quelques autres ». Or, la gloire et la satisfaction intérieure « sont l'une et l'autre des espèces de l'*estime qu'on fait de soi-même*, aussi bien que des espèces de *joie; car c'est un sujet de s'estimer que de voir qu'on est estimé par les autres*[2] ». Descartes tient pour un vice « l'impudence ou l'effronterie, qui est un mépris de honte et souvent aussi de gloire[3] ». Déjà dans le *Discours sur la Méthode*, il avait déclaré ne pas faire profession de mépriser la gloire en cynique.

On trouve donc chez Descartes la morale de l'honneur en ce qu'elle a d'essentiel[5].

---

1. Les passions de l'âme, art. CLVI.
2. Art. CLVII.
2. Art. CIV.
3. Art. CCVII.
5. Voir à l'appui de ce chapitre : Ravaisson, 1ᵉʳ article du 1ᵉʳ numéro de la *Revue de métaphysique et de morale*.

VII

MORALISTES FAVORABLES AU PRINCIPE DE L'HONNEUR. ÉCOLE EMPIRISTE. VAUVENARGUE, ADAM SMITH.

Nous venons de voir Descartes fonder la morale sur le sentiment du mérite personnel, attesté par la conscience et l'opinion, et fondé sur l'usage du libre arbitre. Nous allons voir maintenant la philosophie empiriste aboutir au même principe de l'honneur par une voie opposée. Nous demanderons à Vauvenargue et à Adam Smith de nous exposer, chacun à sa manière, ce nouveau point de vue de la question. Tous deux dérivent la conscience morale du milieu social, et le sentiment de l'honneur des jugements d'autrui; tandis que Descartes infère par analogie l'estime pour les autres de l'estime de soi, et ne voit qu'un adjuvant ou une confirmation dans l'estime des autres pour nous.

Vauvenargue a entrepris de plaider « la cause de l'homme » si décriée par la plupart des moralistes du XVIIe siècle.

Et, par une conséquence logique, il prend le parti de la gloire contre ses détracteurs. « Ceux qui parlent, dit-il, de son néant inévitable, soutiendraient peut-être avec peine le mépris d'un seul homme[1]. »

Les *Réflexions et Maximes* contiennent la même doctrine. A ceux qui mettent en doute la valeur de l'opinion d'autrui sur notre propre mérite on peut répondre que l'impartialité de notre propre conscience est suspecte. Vauvenargue va plus loin, et dit : « La raison et l'extravagance, la vertu et le vice ont leurs heureux; le contentement n'est pas la marque du mérite »; et encore: « la tranquillité d'esprit passerait-elle pour une meilleure preuve? la santé la donne[2] ». — Et dire que Rousseau verra dans cette conscience un oracle infaillible!

Vauvenargue n'émet pas l'opinion, tant reprochée à Adam Smith, que les sentiments moraux sont des critères du bien et du mal; il distingue le rôle du cœur et celui de la raison. « L'esprit est l'œil de l'âme, non sa force; sa force est dans le cœur, c'est-à-dire dans les passions. La raison la plus éclairée ne donne pas d'agir et de vouloir. Suffit-il d'avoir la vue bonne pour marcher? Ne faut-il pas encore avoir des pieds et la volonté avec la puissance de les remuer[3]? » Vauvenargue, comme on sait, l'avait éprouvé par lui-même.

Il applique son principe à l'éducation des enfants, dans une de ses *Maximes*. « Si au lieu d'émousser la vivacité de leur esprit, on tâchait d'élever l'essor et les mouvements de leur âme, que n'aurait-on pas lieu d'attendre d'un si beau naturel? mais on ne pense pas que la hardiesse ou que l'amour de la vérité et de la gloire soient les vertus qui importent à leur jeunesse. On ne s'attache au contraire qu'à les subjuguer, afin de leur apprendre que la dépen-

1. *Introduction à la connaissance de l'esprit humain.*
2. Maximes, 69e et 70e.
3. Maxime, 149e.

dance et la souplesse sont les premières lois de leur fortune[1]. »

Si nous voulons une étude de l'honneur qui soit moins empiriste et plus systématique (quoique moins spéciale), nous la trouverons chez Adam Smith. Il y a dans sa *Théorie des sentiments moraux* une tentative pour ramener à la sympathie tous nos sentiments moraux. La sympathie est le principe de la moralité. Elle consiste à éprouver les sentiments manifestés par les autres, et l'antipathie à ne pas les partager. L'imitation, la mode, la contagion des émotions et des croyances résultent de la sympathie. La sympathie est un plaisir et constitue le bonheur pour un être dans la mesure où elle est développée en lui, c'est-à-dire dans la mesure où il est sociable. C'est la sympathie qui est le critère du bien et du mal. Nous jugeons convenables les sentiments avec lesquels nous sympathisons; nous les trouvons légitimes et fondés; au contraire, les sentiments avec lesquels nous ne sympathisons pas nous paraissent sans motifs et injustes; par suite nous approuvons les premiers et nous blâmons les seconds.

Il explique les sentiments moraux de satisfaction et de remords, qui suivent nos propres actions, comme une conséquence de la sympathie ou de l'antipathie que nous observons chez les autres à notre égard. Nous ne nous jugeons nous-mêmes qu'indirectement et d'après les sentiments des autres pour nous.

L'origine et l'explication de la sympathie pour la vertu et de l'antipathie pour le vice est l'utilité de cette loi naturelle pour la conservation de la société. Ces sentiments nous sont inspirés par la nature, comme une sorte d'instinct, avant toute réflexion et toute expérience, en vue de l'intérêt général.

---

[1]. Maxime, 363°.

Le dédoublement du moi en spectateur et acteur, en juge et partie, dans l'examen de conscience est une imitation de la sympathie des autres.

Smith distingue deux espèces de vertus qui naissent de la sympathie : les vertus aimables et les vertus respectables. Les premières naissent de l'effort que fait le spectateur pour sympathiser, et les secondes de l'effort fait par la personne intéressée pour modérer ses sentiments à l'unisson du spectateur.

L'homme « désire non seulement la louange, mais aussi la louange méritée, c'est-à-dire d'être un objet naturel de louanges, quand même il ne serait loué par personne[1] ». Il en est de même pour le blâme. « Le désir d'être digne de louanges ne vient point de l'amour de la louange. Quoique ces deux principes de nos sentiments et de nos actions se ressemblent quelquefois dans leurs effets; quoiqu'ils aient un rapport intime et qu'ils soient souvent réunis et confondus ensemble, ils sont cependant distincts et indépendants l'un de l'autre. » Et l'auteur nous dit que « l'émulation, ce désir inquiet de surpasser les autres, a son origine dans l'admiration que leur mérite nous inspire ».

Il dit que « l'éloge le plus sincère nous flatte peu, si nous ne pouvons le considérer comme une preuve du droit que nous avons à cet éloge même ». Et plus bas : « Celui qui nous applaudit pour des actions que nous n'avons pas faites, pour des sentiments qui n'ont pas motivé notre conduite, applaudit un autre et non pas nous. » Ces louanges doivent « nous mortifier plus qu'aucune censure ». L'insensé hâbleur, le fat important montrent une vanité qui naît d'une illusion grossière : « leur

---

[1]. Partie III, chap. II, ainsi que pour les citations suivantes sans renvois, trad. par Mme de Grouchy. (Guillaumin, éd.)

basse folie les empêche de rentrer dans le fond de leur cœur et de s'y voir aussi méprisables qu'ils le seraient aux yeux des autres, s'ils en étaient véritablement connus ».

Smith reconnaît que nous nous complaisons dans l'idée d'être dignes de louanges même si nous ne sommes pas loués, et que « nous éprouvons quelque peine à penser que nous méritons le blâme, quoiqu'il ne s'exerce pas actuellement contre nous ».

Il s'appuie encore sur l'amour de la gloire posthume. « Les hommes ont souvent renoncé volontairement à la vie, pour acquérir, après leur mort, une renommée dont ils ne pouvaient être les témoins. Leur imagination s'avançait alors dans l'avenir, pour y jouir de cette gloire, qui ne devait éclater qu'aux yeux de la postérité. »

Il explique encore et cet amour des louanges et cet amour du mérite en lui-même par une finalité naturelle. L'un et l'autre étaient nécessaires pour que l'homme fût propre à vivre en société.

Donc : « Désirer les louanges véritablement dues, c'est seulement désirer qu'on remplisse envers nous un devoir de justice. L'amour de la célébrité, l'amour de la vraie gloire, pour la gloire même, et indépendamment des avantages qui peuvent la suivre, n'est pas indigne du sage. Il peut quelquefois, cependant, négliger et même mépriser la gloire. Il y est d'autant plus porté qu'il a la conscience intime de la parfaite convenance de toute sa conduite. Sa propre approbation n'a pas besoin alors d'être confirmée par celle des autres. »

De même, l'idée d'être haï et détesté peut nous effrayer moins que celle d'être méprisable et haïssable ; cependant celui qui méprise les louanges imméritées est souvent très sensible aux reproches immérités, aux bruits mensongers de la calomnie. « Il est humilié en pensant que quelqu'un peut le croire capable d'un crime. » Ainsi « l'homme conduit à l'échafaud par la fausse accusation d'un crime infamant subit l'infortune la plus amère qui puisse accabler l'innocence. Il a plus d'horreur de sa destinée que celui qui subirait le même supplice étant coupable du crime dont il est accusé ». Et Smith rappelle l'exemple de Calas. « Expirant sur la roue, et près d'être jeté dans les flammes, le moine qui l'assistait dans son exécution l'exhorta à l'aveu de son crime : Et vous aussi, mon père, répondit-il, pouvez-vous croire que je sois coupable? » Il n'y a de consolation à une telle injustice, ajoute notre moraliste, que dans l'espoir religieux en une vie future. Mais il a soin en passant de faire une réserve suggestive, c'est que les récompenses ultra-terrestres seront données aux serviteurs utiles plutôt qu'aux courtisans, aux bonnes œuvres plutôt qu'aux œuvres de piété.

Adam Smith estime que l'honneur est un stimulant plus efficace en général que la charité pour s'élever au dévouement. « L'amour de ceux qui nous entourent, *l'amour même de l'humanité* ne nous portent pas toujours à des actes généreux de vertu, il faut *pour nous y déterminer constamment un sentiment plus puissant et plus fort; il faut l'amour même de ce qui est honorable et grand*, et tout ce que ce sentiment peut nous inspirer pour *la dignité et l'élévation de notre caractère*[1]. » Et cela lui semble s'appliquer aussi bien au soldat obscur qu'aux hommes les plus vertueux et les plus magnanimes.

Il montre encore l'importance pratique du respect que nous avons pour les devoirs, c'est-à-dire pour les règles générales de conduite que la raison a induites des phéno-

---

1. Partie III, chap. III.

mêmes de la sympathie, mais qu'elle a attribuées à la volonté divine et à bon escient. — Notons ce rôle de la raison dans la morale du sentiment; et terminons cette étude sur Adam Smith, en résumant, d'après lui, les caractères qui distinguent l'orgueil et la vanité l'un de l'autre[1].

L'homme orgueilleux est sincère, convaincu de sa supériorité; l'homme vain ne l'est pas. L'homme orgueilleux que vous dédaignez en est plus offensé que mortifié; il s'efforce de mépriser votre estime et de vous mépriser vous-mêmes. Dans le même cas, l'homme vain est plus mortifié qu'offensé; il recherchera votre estime avec une inquiète assiduité; il tâchera de vous flatter pour que vous le flattiez aussi. Il se ruine pour paraître plus riche qu'il n'est; tandis que l'homme orgueilleux est le plus souvent économe et frugal pour conserver son indépendance. Ce dernier n'aime pas la société de ses égaux et encore moins de ses supérieurs. Autant il évite celle-ci, autant le vaniteux la recherche. Le vaniteux emploie surtout la flatterie, mais non en parasite. L'orgueilleux ne flatte jamais, et même est à peine poli. La vanité est vive, gaie, douce; l'orgueil est grave, sévère et sombre. L'orgueilleux cherche à humilier les autres, mais d'ordinaire il ne s'abaisse pas à tromper. Le vaniteux emploie des tromperies, mais innocentes; tandis que l'orgueilleux, lorsqu'il trompe, le fait avec méchanceté. L'orgueilleux méprise tout perfectionnement; tandis que le vaniteux est conduit bien souvent à acquérir des qualités pour briller. L'orgueilleux meurt orgueilleux; mais on peut être un fat à vingt-cinq ans et un homme de mérite à quarante. *Le grand art de l'éducation consiste à diriger la vanité sur des objets convenables, c'est-à-dire à la transformer en véritable*

---

1. Partie IV, section III.

honneur. Enfin l'homme orgueilleux et l'homme vain sont l'un et l'autre toujours mécontents bien que l'on se garde en général de les attaquer et de leur nuire beaucoup plus qu'on ne fait à l'égard de l'homme trop modeste, à moins qu'on n'ait plus de discernement et de générosité que la plupart des hommes.

En somme, sous le nom de sympathie, Adam Smith confond ou du moins accouple presque toujours deux sentiments très distincts, l'amour et l'estime, la haine et le mépris. Il dérive la conscience morale de l'influence du milieu social. Ces sentiments moraux, ainsi produits, deviennent des sentiments naturels et n'en sont pas moins providentiels. Cependant, il n'hésite pas à reconnaître la nécessité pour la raison de venir au besoin rectifier ces sentiments instinctifs en induisant des règles générales ou devoirs indiqués par la sympathie et l'antipathie, et qui pourront en corriger les écarts. Mais le rôle de la raison se réduit à cette induction. En un mot, Smith est empiriste, mais la nature, à ses yeux, nous révèle fidèlement la volonté divine dans nos sentiments moraux qui résultent de la seule sociabilité. De cette théorie, on peut dégager les préceptes d'une morale de l'honneur qui s'y trouvent confondus avec ceux d'une morale de la bienveillance et comme perdus dans la discussion psychologique de la sympathie.

Un psychologue contemporain, A. Bain, dérive aussi de la sympathie l'amour de l'approbation[1]; et Darwin admet cette thèse[2].

---

1. Bain, *Mental and moral science*, 1868, p. 254.
2. Darwin, *Descendance*, trad. Barbier, 3ᵉ édit., p. 117. (Schleicher, éd.)

VIII

**TABLEAU RÉCAPITULATIF
DES CONTROVERSES DES PHILOSOPHES SUR L'HONNEUR.
LOI DE CES CONTROVERSES**

Les philosophes ne sont donc d'accord ni sur la définition de l'honneur, ni sur son origine, ni sur sa valeur comme principe de la moralité, ni sur sa puissance comme mobile d'action, ni sur sa valeur morale comme guide de la conduite et de l'éducation. Résumons les principales opinions sur ces points capitaux.

1º *Définition de l'honneur.*

Les uns réduisent l'honneur à *l'estime qu'on a pour nous*. Pour Bossuet, par exemple, l'honneur du monde est celui qui recherche l'estime des hommes et consiste « en une certaine considération que l'on a pour nous ». Pour Pascal, le sentiment de l'honneur est le désir d'être estimé de ceux avec qui on est. Pour Schopenhauer, c'est la crainte de l'opinion.

D'autres, comme Smith, dérivent de cette estime des

autres pour nous l'estime que nous faisons de nous-mêmes et qui finit par en devenir indépendante jusqu'à se suffire à elle-même chez le sage idéal. Inversement, Descartes va de l'estime de soi au désir d'être estimé. Mais tous deux, finalement, unissent dans leur concept de l'honneur les deux éléments complémentaires, interne et externe.

D'autres enfin, comme Épictète, réduisent l'honneur à l'estime de soi-même et en rejettent tout souci de notre réputation. Paul Janet se range à cette opinion, à la suite de Rousseau.

2° *Origine de ce sentiment.*

Selon les uns, tels que Schopenhauer et Helvétius, il vient de l'*intérêt* qui s'attache à la réputation. Cela s'applique surtout aux femmes, d'après Rousseau et Schopenhauer.

Selon Smith, ce sentiment inséparable de l'amour pour nos semblables, vient de la *sympathie*, qui est un instinct providentiel.

Selon La Rochefoucauld, il vient de l'*amour-propre*, mobile unique de nos actions.

Selon Descartes, il vient de notre *bonne et ferme volonté* d'user de notre libre arbitre pour acquérir la générosité.

3° *Sa valeur comme principe de la moralité.*

Selon les partisans de l'humilité, y compris Kant, cette valeur est *négative*; l'honneur est entaché du vice capital d'orgueil.

Selon d'autres, tels que Platon et Montesquieu, l'honneur est un mobile inférieur à la vertu, supérieur à la passion et n'a qu'une valeur *moyenne*.

Selon d'autres, tels que Vauvenargue, il a *la plus haute valeur relative*.

Selon Descartes et Smith, il a une valeur *absolue*. Descartes et Nietzsche condamnent l'humilité.

4° *Sa puissance comme mobile.*

Selon Kant, elle est *inférieure* à celle du pur devoir, elle n'est que passagère.

Selon Montesquieu, elle est *prépondérante dans les monarchies seulement*.

Selon Platon et Spencer, elle est *prépondérante dans le militarisme seulement*.

Selon Bossuet, Pascal, Renouvier, Smith, Vauvenargue, l'honneur est le mobile *le plus puissant sur tous les hommes*.

5° *Sa valeur comme guide de la conduite et comme principe de l'éducation.*

Ce principe conduit à des *actions immorales*, selon Berkeley, Montesquieu, Schopenhauer, Renouvier.

Il *imite les vertus*, selon La Rochefoucauld.

Il *conduit à toutes les vertus*, selon Vauvenargue, Smith et Descartes, pourvu qu'il soit éclairé par la raison, qui reste toutefois au second rang. Dans l'éducation en particulier, il a de *mauvais* effets selon Kant, des effets d'une valeur *moyenne* et relative selon Platon et Montesquieu, et c'est le *grand secret* de l'éducation selon Locke, Vauvenargue, A. Smith, Paul Janet.

Selon Rousseau, il convient aux femmes et non aux hommes.

Comme conclusion, l'honneur est sur la sellette. Nous avons écouté les accusateurs et les défenseurs; nous venons de résumer le réquisitoire et le plaidoyer. Mais, avant de prononcer le jugement, il nous reste un point essentiel en bonne justice, c'est d'écouter les témoins, qui nous feront connaître les faits. Ils en apporteront assez de nouveaux pour rendre revisable le procès de l'honneur.

Bien que cette première partie ait été écrite surtout en vue de préparer la solution dogmatique du problème moral, elle peut avoir aussi son intérêt pour l'histoire de la philosophie. Il nous semble qu'on peut en dégager une loi qui préside, en dépit de la manière individualiste, aux discussions entre philosophes, à leur insu, comme à toutes les opérations de l'esprit; c'est la loi d'analyse et de synthèse. En effet, des deux éléments ordinairement unis dans le sentiment naturel de l'honneur, estime de soi et réputation, la philosophie antique, avec Platon, les cyniques et les stoïciens, s'efforce d'éliminer le facteur externe; puis le christianisme s'efforce de déraciner jusqu'à l'estime de nous-mêmes. Dans les temps modernes, abstraction faite de ceux qui reproduisent ces arguments, nous assistons au mouvement inverse, celui de la synthèse. Descartes s'efforce de rétablir avant tout le principe de l'estime de soi; puis l'école empiriste, avec Vauvenargue et Smith, s'efforce de rétablir le souci de l'estime des autres pour nous.

DEUXIÈME PARTIE

EXPOSE DES FAITS ET DISCUSSION DOGMATIQUE

I

ORIGINE DU SENTIMENT DE L'HONNEUR DANS L'ANIMALITÉ

Si nous voulons avoir un aperçu de l'origine et de l'évolution des sentiments moraux, nous trouverons largement à puiser dans la psychologie animale, mais à condition de chercher, non pas exclusivement le sentiment du devoir, comme on l'a trop fait jusqu'ici, mais surtout le sentiment de l'honneur dans ses éléments primitifs et dans ses formes inférieures ou même défectueuses. Nous verrons par là que le sentiment de l'honneur est d'origine pré-politique, et, plus précisément, qu'il provient de la *sélection sexuelle*. C'est de la rivalité des mâles à propos des femelles que naît chez l'animal l'honneur avec les sentiments connexes. Darwin, Brehm, Romanes, etc., vont nous en donner les preuves. La difficulté d'interpréter les signes des états psychiques chez des êtres très différents de nous physiologiquement, difficulté proportionnée à cette différence, nous interdit de descendre dans l'échelle animale trop au delà des oiseaux.

Signalons cependant, d'après Darwin, que les combats des mâles pour les femelles sont très fréquents chez les insectes, les poissons et les reptiles. Il y a des combats de chant entre les cigales mâles, des duels corps à corps et mortels entre les grillons mâles. « On dit que les mantis manœuvrent leurs membres antérieurs comme les hussards manœuvrent leur arme. Les Chinois gardent ces insectes dans de petites cages de bambou et les font se battre comme on fait se battre les coqs de combat[1]. »

Les termites mâles se disputent les femelles au temps de l'essaimage. M. Fabre signale des combats entre les mâles des cerceris; et il en est de même, selon Muller, pour les mâles des abeilles; et selon Wallace pour les mâles des Coléoptères, tels que le Leptorinchus angustatus; de même pour les papillons mâles. Ceux-ci s'efforcent parfois d'étaler leurs magnifiques couleurs. Il semble, selon Darwin, qu'ils cherchent ainsi à séduire leurs femelles, comme les cigales mâles cherchent à le faire avec leurs chants. Mais on ne peut savoir s'il naît de là quelque vanité chez les insectes, car il est trop difficile de découvrir chez eux l'expression des sentiments. — Beaucoup de poissons mâles se livrent aussi des combats acharnés pour la possession des femelles. On signale des duels à mort chez le Gasterosteus trachurus. « Lorsque l'un d'eux est vaincu, *son air hardi l'abandonne, ses vives couleurs disparaissent*, et il va *cacher sa honte* parmi ses compagnons plus pacifiques », d'après Warington, cité par Darwin. — Voilà donc la première apparition signalée du sentiment que

---

1. Darwin, *Descendance*, trad. Barbier, p. 318. (Schleicher, éd.)

nous étudions. — Chez le Macropus, les mâles affectent des couleurs beaucoup plus brillantes que les femelles; pendant la saison des amours, ils luttent les uns contre les autres pour s'emparer des femelles; au moment où ils leur font la cour, ils étalent leurs nageoires, qui sont tachetées et ornées de raies brillamment colorées, « absolument, dit M. Charbonnier, comme le paon étale sa queue[1] ». — Nous retrouvons les mêmes faits chez les batraciens et les reptiles. Les mâles des grenouilles luttent longuement et cruellement. « Bartram prétend que l'alligator mâle cherche à captiver la femelle en poussant de véritables rugissements et en fouettant avec sa queue l'eau qui rejaillit de tous côtés au milieu de la lagune; « gonflé à crever, la tête et la queue relevées, il pivote et tourne à la surface de l'eau, en affectant pour ainsi dire la pose d'un chef indien racontant ses hauts faits guerriers[2]. » On a observé des combats analogues chez quelques espèces de lézards.

Mais nous allons trouver des faits décisifs pour notre thèse, que le sentiment de l'honneur vient de la sélection sexuelle, chez les oiseaux et les mammifères.

Selon Darwin, presque tous les oiseaux mâles sont très belliqueux. « Le coq domestique chante et l'oiseau-mouche gazouille lorsqu'ils ont triomphé d'un rival[3]. » — « Tous les naturalistes qui ont étudié avec soin les habitudes des oiseaux, soit à l'état sauvage, soit en captivité, sont unanimes à reconnaître que les mâles sont enchantés de montrer leurs ornements[4]. » Darwin cite un très grand nombre d'oiseaux qui font étalage de leurs ornements, de leurs

---

1. Darwin, *Descendance*, trad. Barbier, p. 365, 375. (Schleicher, éd.)
2. *Id.*, p. 386.
3. *Id.*, p. 395.
4. *Id.*, p. 432.

formes, de leurs mouvements, pour charmer les femelles. Puis il conclut : « Nous avons maintenant cité un grand nombre de faits pour prouver avec quel soin et avec quelle adresse les oiseaux mâles étalent leurs divers charmes. Ils ont, quand ils nettoient leurs plumes, de fréquentes occasions pour les admirer et pour étudier comment ils peuvent faire le mieux valoir leur beauté. » Et il ajoute cette remarque prudente : « Mais comme tous les mâles d'une même espèce se comportent d'une même manière, il semble que des actes, peut-être intentionnels dans le principe, ont fini par devenir instinctifs. S'il en est ainsi, nous ne devons pas accuser les oiseaux de vanité consciente; cependant, lorsque nous voyons un paon se pavaner la queue étalée et frissonnante, il semble qu'on ait devant les yeux le véritable emblème de l'orgueil et de la vanité[1]. » — Ce doute est pourtant excessif et ne tient pas devant les observations accumulées sur ce sujet.

Nous trouvons dans Brehm des faits nombreux et concordants au sujet des oiseaux.

Chez les passereaux, au printemps, la rivalité des mâles se manifeste par une lutte d'abord pacifique au moyen de leurs chants, mais qui ordinairement dégénère en lutte à coups de becs, d'ailes et de pattes. Les pinsons peuvent nous servir de types pour les oiseaux chanteurs. « Tant que dure la construction du nid, et tant que la femelle couve, le mâle ne cesse presque pas de chanter de la journée. Les voisins lui répondent, grandement surexcités par la *jalousie*, et encore par *l'amour-propre*...; mais ils s'échauffent bientôt mutuellement, et ce *tournoi pacifique* ne leur convenant plus, ils se poursuivent avec fureur au milieu des branches[2]. » — Et ajoutons ici que ce

---

1. Darwin, *Descendance*, trad. Barbier, p. 440. (Schleicher, éd.)
2. Brehm, *Oiseaux*, 1ᵉʳ volume, p. 108. (J.-B. Baillière, éd.)

sentiment, une fois développé dans l'espèce, s'étend hors de la saison des amours. On fait combattre dans le Nord des pinsons mâles, qui, réunis en grand nombre, s'excitent mutuellement à chanter, à tel point que beaucoup des concurrents meurent dans ces joutes cruelles, qui passionnent les amateurs et les parieurs.

Chez le cardinal de la Virginie, les mâles cantonnés, excités par la jalousie, livrent des combats continuels aux mâles étrangers qui pénètrent dans leur domaine, et, quand ils ont réussi à les chasser, ils reviennent « et témoignent leur joie par un *chant de triomphe*[1] ». L'euplecte franciscain se borne à des luttes de chant; les mâles « *s'excitent mutuellement*, mais leur *émulation* reste innocente[2] ». Les mâles des alouettes, tant que l'amour les possède, se livrent au contraire des combats acharnés. « Le vainqueur revient *triomphalement* auprès de sa femelle[3]. »

Ces sentiments persistent parfois en dehors de l'excitation érotique qui leur a donné naissance. Un bouvreuil apprivoisé attendait de son maître (après avoir sifflé un air) un signe de contentement et « *était tout fier lorsqu'il était complimenté. Il est tout joyeux lorsqu'il est loué, il est tout triste quand il est blâmé*[4] ».

La rivalité pacifique ne se manifeste pas seulement par le chant, mais encore par la montre du plumage chez les oiseaux ornés de brillantes couleurs. Citons d'abord chez les Coracirostres, le quiscale majeur. « Au commencement de février, les mâles revêtent leur *plumage nuptial* et s'accouplent. On les voit perchés isolément sur les

---

1. Brehm, *Oiseaux*, 1ᵉʳ volume. p. 146. (J.-B. Baillière, éd.)
2. P. 188.
3. P. 224.
4. P. 94.

arbres plus élevés. *Ils se complaisent en quelque sorte dans la contemplation de leur beauté, et sont très jaloux de leurs semblables* au moins jusqu'après l'accouplement[1]. »

L'amour-propre est permanent chez quelques-uns de ces brillants oiseaux. Les paradisiers « paraissent avoir parfaitement *conscience de leur beauté*[2] ». L'oiseau de paradis « cherche à attirer les regards et *a besoin*, semble-t-il, *d'être admiré... La vanité, l'admiration de sa propre beauté* se manifestent dans tout son être. Il se regarde, se considère, cherche à exprimer par ses cris aigus combien il est *content de lui-même*[3] ». Le manucaude royal est un charmant oiseau toujours en mouvement, « toujours occupé à *faire admirer sa beauté*[4] ».

Les rapaces ont réellement à côté de leur férocité les qualités qu'on leur prête. « Ils ont le *courage, la conscience de leur force, une certaine grandeur même*[5]. » D'après un dicton arabe, qui semble toutefois exagéré, et qui concerne le faucon : « *L'amour-propre est son seul conseiller, le seul mobile de ses actions* ».

Parmi les aquilidés, les uns témoignent quelquefois *d'une certaine grandeur*, comme fait le lion; mais c'est le contraire chez d'autres, qui « rappellent les asturidés par leurs mœurs comme par leur physionomie ». Mais « en général, les aquilidés sont réellement des *animaux nobles*[6] ». Les vulturidés contrastent aussi avec les aquilidés. Ainsi l'*intelligence* des Gyps de Ruppel est *bornée*; ils sont les plus *rusés*, les plus *colères*, les plus *violents*...; les *basses qualités*, seules, semblent être développées chez eux[7].

1. Brehm, *Oiseaux*, 1ᵉʳ volume, p. 241. (J.-B. Baillière, éd.)
2. P. 268.
3. P. 270.
4. P. 273.
5. P. 337.
6. P. 373.
7. P. 469.

Chez les chanteurs, le rupicole orangé nous montre les sentiments que nous étudions, exprimés et excités par une sorte de mimique. « Toute une bande de ces oiseaux était en train de danser sur un énorme rocher... Sur les buissons des alentours se trouvaient environ une vingtaine de spectateurs, mâles et femelles; sur le rocher même était un mâle qui le parcourait en tous sens, en exécutant les pas et les mouvements les plus surprenants... Les femelles assistent sans se lasser à ce spectacle, et, quand le mâle revient fatigué, elles poussent un cri, *une sorte d'applaudissement.* » Les humicolidés nous montrent la fierté fondée sur une qualité déjà bien spirituelle : « Ils font preuve, dans toutes les occasions, d'une grande intelligence, et l'on dirait qu'ils sont *conscients de leur valeur.* » Le rossignol, d'après Neumann que Brehm prend ici pour guide, « se meut toujours *avec dignité;* sa posture est *fière*, il diffère sous ce rapport de tous les autres oiseaux chanteurs indigènes. Il semble avoir *conscience de son mérite...* C'est lorsque la *jalousie* s'en mêle que le rossignol chante le mieux. Son chant lui devient une arme avec laquelle il veut *éclipser ses rivaux*[1] ». De même pour la grive, « cet oiseau sait, dirait-on, combien son chant est excellent; il a une certaine *vanité* à cet égard. Autant il se tient caché d'ordinaire, autant il se montre quand il se met à chanter[2] ». Enfin, les hochequeues nous montrent le chant triomphal en chœur et déjà en dehors de la rivalité sexuelle. « Lorsqu'une bande de ces oiseaux a mis en fuite un rapace, alors retentit dans les airs *un chant de triomphe;* puis elles se séparent. » — Signalons ce passage de l'honneur individuel à l'honneur en quelque sorte collectif.

En arrivant aux grimpeurs, nous trouverons les nec-

---

1. Brehm, *Oiseaux*, 1ᵉʳ volume, p. 635, 636, 637, 638. (J.-B. Baillière, éd.)
2. P. 672.

taridés, qui réunissent l'orgueil du plumage à celui des attitudes et celui du chant. « Dans la saison des amours, les mâles se montrent fiers de leur splendide parure, ils prennent les postures les plus singulières, exécutent les mouvements les plus divers et lancent une chanson assez harmonieuse[1]. »

Dans la classe des pulvérisateurs de Brehm, nos coqs domestiques comme les coqs sauvages dont ils descendent, sont bien connus pour leur rivalité : surtout les coqs de combat. Tout le monde a pu observer leur jalousie et leur fierté, qui se révèlent dans leurs allures, dans leurs effets de plumage, dans leurs chants provocateurs et dans leurs battements d'ailes, sans même parler de leurs combats. Mais les combats de coqs, en honneur dans le nord de la France et chez plusieurs autres peuples, montrent bien que le caractère moral acquis se conserve en dehors des circonstances qui l'ont produit. — J'ai moi-même constaté chez des poules ornées d'un brillant plumage, notamment chez les Hambourg argentées, une fierté d'allures qu'on ne trouve pas chez les femelles de la race commune. Il me paraît certain aussi que cette fierté est plus développée chez les races naines, qui, parmi les volailles de luxe, sont habituées à se voir le plus admirées et flattées par l'homme. Ces faits attestent qu'un caractère acquis par un sexe peut se transmettre à l'autre par hérédité bilatérale, comme l'a montré Darwin, et qu'il en est ainsi en particulier du sentiment de la vanité chez l'animal. — Mais l'orgueil est encore plus frappant chez le cupidon des prairies. « L'époque des amours arrive. A ce moment, avant que les premières lueurs de l'aurore paraissent à l'horizon, les mâles vien-

---

1. *Oiseaux*, 2ᵉ volume, p. 7. (J.-B. Baillière, éd.)

nent sur le lieu du rendez-vous, pour provoquer leurs rivaux au combat. Ils ont alors revêtu leur *parure de noces*, et la portent avec un *contentement d'eux-mêmes* qu'on ne rencontre chez aucun autre oiseau. Chaque mâle se fait valoir de son mieux; il regarde les autres mâles d'un œil plein de *mépris;* tous cherchent à *surpasser* leurs voisins en *orgueil et en fierté.* » Selon les indigènes de Sumatra, l'argus géant « *joue le galangan* », c'est-à-dire qu'il « *danse par orgueil* comme le paon[1] ». Ce dernier est d'une fatuité proverbiale. « A certains égards, dit Brehm, nous partageons encore l'opinion de Gesner; ce qui domine chez le paon, c'est *l'orgueil et la vanité*, et il le montre, non seulement vis-à-vis de sa femelle, mais encore à l'égard de l'homme[2]. » — Nouvelle preuve de la conservation et de l'extension de ce sentiment d'origine sexuelle. — Les dindons vont nous présenter d'une façon originale un fait suggestif en ce qu'il rattache nettement à son origine sexuelle le courage et la hardiesse en face d'un danger quelconque, et cela, non seulement chez les mâles, mais par hérédité unilatérale ou bilatérale, chez les femelles et les jeunes. Lorsque, en émigrant, ils rencontrent une rivière, ils s'arrêtent longtemps comme pour délibérer. « Tant que cela dure, on entend les mâles glouglouter, appeler et faire grand bruit; ils s'agitent, font la roue, comme s'ils cherchaient à élever leur courage au niveau d'une si périlleuse aventure; même les femelles et les jeunes se laissent aller parfois à ces démonstrations emphatiques : elles étalent leur queue, tournent l'une autour de l'autre, font entendre un bruit sourd, et exécutent des sauts extravagants. » Il est intéressant par suite de savoir que la rivalité sexuelle est très développée chez ces oiseaux,

---

1. Brehm, *Oiseaux*, 2º volume, p. 444. (J.-B. Baillière, éd.)
2. P. 459.

Quand les mâles en amour se rencontrent, « ils se livrent des batailles désespérées qui finissent dans le sang, et fréquemment par la perte de plusieurs vies[1] ». — On remarque la même coexistence entre la rivalité sexuelle et le courage en face d'autres dangers chez les échassiers, tels que les stididés. « Ils vivent en assez bonne harmonie avec leurs semblables, mais ils les combattent avec acharnement quand l'amour ou la jalousie est en jeu. Ils ne craignent pas d'attaquer d'autres oiseaux aussi gros et aussi forts qu'eux[2]. » Signalons encore, chez la canepetière champêtre, ces « *vainqueurs glorieux* », qui « *se promènent d'un air majestueux*[3] »; puis ce houbara qui, dit Viéra, au moment des amours, « se promène avec *fierté*, comme un paon, en gonflant la peau du cou[4] ».

Voici un cas plus curieux. Il nous est présenté par les combattants ordinaires. « L'amour exerce sur les combattants une influence plus grande que sur les autres oiseaux. » Notons ce premier point. « Ils sont fiers et comme *conscients de leur dignité.* » Jusqu'ici les faits confirment notre thèse. Mais, et ceci est déjà assez singulier, leurs combats ne sont jamais que des *duels;* jamais plus de deux ne se battent ensemble. Ces duels sont presque sans danger. Enfin, « jamais deux mâles ne se poursuivent en volant. Ils ne se battent que sur le lieu à ce destiné; hors de là, ils vivent en paix. On remarque bien vite que ce n'est pas la jalousie qui les fait ainsi se battre. Quelle en est donc la vraie raison? c'est ce qui est encore pour nous une énigme[5]. » — Ce petit problème de psychologie animale n'est peut-être pas aussi difficile qu'il en a l'air. Les ins-

---

1. Brehm, *Oiseaux*, 2ᵉ volume, p. 460-461. (J.-B. Baillière, éd.)
2. P. 534.
3. P. 543.
4. P. 545.
5. P. 594.

tincts qui ont valu leur nom aux combattants, malgré l'absence extraordinaire de jalousie, se rattachent, croyons-nous, comme leur fierté, à l'amour sexuel, si influent sur ces oiseaux. Cette absence de jalousie doit être un caractère acquis postérieurement à l'instinct de la lutte. Le fait qu'ils ne se battent que sur le terrain choisi exprès et que le combat est sans danger semble indiquer un instinct devenu sans cause actuelle, une sorte de pratique toute formelle et dont ils ont perdu le sens. Si l'on remarque enfin que ces combats sont des duels, on pourra en induire que l'instinct de la lutte a dû être acquis avant l'instinct qui les fait se réunir. L'absence de jalousie a dû se produire par la suite comme conséquence de la vie en commun, qui aurait succédé à la vie isolée ou par couples.

Nous voyons encore, chez le jabiru du Sénégal, comment l'animal comprend et recherche l'admiration d'autres espèces, c'est-à-dire de l'homme. Ses allures « témoignent combien l'oiseau a *conscience de sa dignité...* Il s'ha[bitue] rapidement à la captivité, semble prendre *plaisir à [êtr]e observé et admiré*[1] ».

Parmi les lamellirostres, le cygne est encore un oiseau que tout le monde peut observer à l'état domestique. « Dans leurs mœurs, tout respire *un sentiment de contentement d'eux-mêmes, de conscience de leur dignité, d'amour de la domination.* » C'est que « les mâles se livrent entre eux de violents combats pour la possession d'une femelle. Ils donnent souvent des témoignages de *jalousie, d'envie, de fourberie*[2] ».

Tous ces travers, petits ou grands, que nous avons vu signaler chez les oiseaux, sont, hélas! bien humains, comme leurs bons sentiments sont bien humains. — Trop

---

1. Brehm, *Oiseaux*, 2ᵉ volume, p. 643. (J.-B. Baillière, éd.)
2. P. 722.

humain, dira-t-on peut-être, pour qu'on puisse les leur attribuer sans quelques scrupules. — Cette objection paraît peu fondée, si l'on réfléchit à l'accord spontané de tant d'observateurs divers et émérites cités par Darwin et par Brehm. D'ailleurs Romanes aboutit aux mêmes résultats sous certaines réserves. « La *jalousie* des oiseaux, nous dit-il, est proverbiale, et quiconque en a vu, entendu *rivaliser* dans leur chant, leur reconnaîtra aussi volontiers *des sentiments d'émulation.* » L'auteur cite à l'appui un perroquet dont il décrit « *les manifestations de joie triomphantes* quand il avait réussi à dérouter toute imitation de la part de son maître[1] ». Il ajoute un peu plus bas : « En ce qui concerne l'orgueil, on ne pourrait guère se fier à l'étalage que le paon fait de sa queue ou à la démarche superbe du dindon comme preuve suffisante de cette passion chez les animaux; car, en dépit des apparences, ces manifestations pourraient fort bien avoir une autre raison d'être. Il n'en est pas ainsi, selon moi, du plaisir évident que les oiseaux babillards prennent à s'entendre. Ils s'exercent dans la pratique de leur art, et à chaque phrase nouvelle qu'ils apprennent à prononcer comme il faut, ils s'empressent de *faire valoir leur talent* avec une joie caractérisée[2]. » — Comme raison d'être, autre que l'orgueil, des manifestations du paon ou du dindon, nous ne voyons que le désir de plaire à leurs femelles; mais cela même suppose qu'ils se sentent et veulent être admirés d'elles; et c'est précisément là, selon nous, l'origine de l'amour-propre dans l'animalité, que l'animal devienne, ou non, ensuite capable de rechercher l'admiration de l'homme; ce qui d'ailleurs paraît manifeste dans bien des cas.

---

1. Romanes. *L'Intelligence des animaux*, tome II, p. 38-39, (F. Alcan, éd.)
2. *Id.*, p. 41.

Passons aux mammifères, qui nous intéressent le plus comme se rapprochant le plus de l'homme.

« Chez les mammifères, dit Darwin, le mâle paraît obtenir la femelle bien plus par le combat que par l'étalage de ses charmes. Les animaux les plus timides, *dépourvus de toute arme* propre à la lutte, se livrent des combats furieux pendant la saison des amours. On a vu deux lièvres se battre jusqu'à ce qu'un des deux restât sur la place[1]. » Les mammifères « éprouvent très évidemment le sentiment de l'*émulation*. Ils aiment l'*approbation et la louange* : le chien qui porte le panier de son maître s'avance tout *plein d'orgueil* et manifeste un *vif contentement*. *Il n'y a pas, je crois, à douter* que le chien n'éprouve *quelque honte, abstraction faite de toute crainte*, et quelque chose qui ressemble beaucoup à l'*humiliation*, lorsqu'il mendie trop souvent sa nourriture. Un gros chien n'a que du *mépris* pour le grognement d'un roquet, c'est ce que l'on peut appeler de la *magnanimité*. Plusieurs observateurs ont constaté que les singes n'aiment certainement pas qu'on se moque d'eux, et ils ressentent souvent des *injures imaginaires* ». — « Sir Andrew Smith, zoologiste dont chacun admet l'exactitude absolue, m'a raconté le fait suivant dont il a été témoin oculaire : un officier, au Cap de Bonne-Espérance, prenait plaisir à taquiner un babouin; un dimanche, l'animal, le voyant approcher en grand uniforme pour se rendre à la parade, se hâta de délayer de la terre, et quand il eut fait de la boue bien épaisse, il la jeta sur l'officier au moment où celui-ci passait; depuis lors, le babouin prenait un *air triomphant* dès qu'il apercevait sa victime[2]. » — Ce fait se passe de commentaires.

---

1. Darwin, *Descendance*, trad. Barbier, p. 549. (Schleicher, éd.)
2. *Id.*, p. 72.

Revenons à Brehm, pour continuer l'étude des mammifères. Les ruminants nous offrent des exemples nombreux de sentiments moraux. On signale *la fierté* chez les cervidés, et l'on sait que les mâles se battent entre eux. « Aucun autre cervidé n'a une démarche plus *fière* que le rusa hippélaphe. On dirait le pied d'un cheval de haute école. L'animal semble *pénétré d'orgueil*[1]. » Si une chèvre sait qu'elle a les bonnes grâces de son maître, elle se montre *jalouse* comme un chien gâté et donne des coups de cornes à celles que le maître fait mine de caresser. De plus, elle est prudente, elle comprend si l'homme lui fait une injustice, ou la punit avec raison... « Des boucs dressés traînent volontiers des enfants pendant des heures entières, mais s'y refusent obstinément s'ils sont maltraités ou excités inutilement. » Brehm lui-même a observé les chèvres de sa mère : « Lorsqu'elles pénètrent dans le jardin, et qu'on les chasse des parterres et des espaliers à coups de fouet, elles se taisent; mais si la servante les frappe dans l'étable, elles poussent des cris pitoyables[2]. »

Les vaches des Alpes « ne s'effraient pas facilement et combattent entre elles d'une manière plus *chevaleresque* que celles qui ne vivent pas en liberté ». — « C'est surtout sur les montagnes, dit Tschudi, que se développe dans nos troupeaux le sentiment de *l'honneur* qui doit revenir au plus fort, car ils maintiennent sévèrement dans leurs rangs une certaine *discipline connue et respectée de tous*. Ainsi ce n'est pas à la plus belle, mais à la plus forte, que revient le *droit* de porter la grande cloche du voyage, et, à chaque pérégrination, elle prend *fièrement en tête du défilé* la première place, qu'aucune bête du troupeau n'oserait lui disputer. Après elle viennent immédiatement les plus

---

1. Brehm, *Mammifères*, 2ᵉ volume, p. 506. (J.-B. Baillière, éd.)
2. *Id.*, p. 602.

fortes têtes, qui composent une espèce de garde du corps, ou d'état-major de la troupe. Quand une nouvelle vache fait son entrée dans le pâturage du chalet, elle doit subir avec chacune de ses compagnes une espèce de *duel* à cornes, d'après lequel on lui fixe *son rang* dans la procession. A force égale, le combat devient souvent singulièrement opiniâtre et long; pendant des heures entières, aucun des animaux ne veut céder *les honneurs du champ de bataille*. La première vache, en vertu de ses *privilèges*, se charge aussi du *devoir* de conduire le troupeau au pâturage et de le ramener chaque soir au chalet, et l'on a souvent remarqué que si on lui enlève ses *fonctions* pour les donner à une autre, elle se jette dans *une mélancolie presque inguérissable* et peut même tomber sérieusement malade[1]. » — Voici donc encore un exemple très manifeste que le sentiment de l'honneur, d'abord acquis par le mâle, se transfère parfois intégralement à la femelle. Remarquons aussi comment, dans la vie grégaire, le sentiment de l'honneur individuel et sexuel se transforme en celui de l'honneur social, de l'honneur du rang, et peut-être comment l'honneur du rang, de la fonction, de l'*office*, prépare le sentiment du *devoir d'honneur*.

Chez les solipèdes, le cheval domestique, surtout le cheval de course, est sensible à l'honneur. « Quel *orgueil* se développe chez le cheval de course anglais! comme le cheval du général se montre *fier! Il sent sa supériorité*. Le cheval du roi *connaît son honneur, il demande à être honoré*. » Aux courses, dit Brehm, « celui qui arrive le premier est *exalté de lui-même et loué par les autres*. Il est *très sensible à la gloire;* cependant *il n'est l'objet ni de l'envie ni de la haine du vaincu*. Plein d'ambition, il se nuit

---

1. Brehm, *Mammifères*, 2ᵉ volume, p. 696. (J.-B. Baillière, éd.)

à lui-même, il veut toujours être premier, et se tuerait si on ne le retenait. *Il en est qu'on doit laisser en avant, beaucoup ne s'élancent que quand d'autres les précèdent, mais alors ils ne veulent pas rester en arrière*[1]. » Quelques chevaux de course prêts à être vaincus mordent leurs concurrents. — Je ne crois pas que pour tous ces sentiments il y ait de différence entre les chevaux et les juments de course.

Les anciens avaient déjà signalé l'émulation chez le cheval. Rappelons le distique d'Ovide :

> *Tam bene fortis equus reserato carcere currit*
> *Quos praetereat quosque sequatur habet*[2].

En arrivant aux carnassiers, nous ne trouverons pas chez les félins des qualités fort chevaleresques. Le caractère de la plupart des espèces est un mélange de réflexion calme, de ruse pénétrante, de passion sanguinaire et de courage téméraire. « Cependant il y a aussi des félins d'une *noble fierté, courageux* comme le lion, ou doux comme le guépard[3]. » Le *port* du lion « est *fier*, sa *tête haute*, son *regard majestueux et imposant* : tout témoigne enfin la *noblesse de son caractère*[4] ». Nous ne savons jusqu'à quel point cette physionomie est véridique. En tout cas, il n'y a guère aucun sentiment moral chez le chat domestique. « La sensibilité, l'orgueil et la vanité sont presque inconnus au *chat*. Il n'est pas un être sociable, mais bien une créature solitaire. Il ne se réjouit pas plus de la victoire qu'il ne se montre honteux de la défaite. Lorsqu'il se sent coupable, il redoute simplement la punition[5]. » —

---

1. Brehm, *Mammifères*, 2ᵉ volume, p. 335. (J.-B. Baillière, éd.)
2. *Art d'aimer*, liv. III, v. 591.
3. Brehm, *Mammifères*, 1ᵉʳ volume, p. 185.
4. P. 190.
5. P. 293.

Pourtant, dira-t-on, il y a rivalité entre les mâles chez les chats; d'où vient qu'ils n'ont pas de fierté? C'est que la sympathie, la faculté de ressentir les sentiments manifestés par d'autres, manque au chat, et qu'elle est la condition de la fierté que fait naître l'estime des congénères, et d'abord de cette estime elle-même. L'honneur est un sentiment social, bien que non politique. C'est la cruauté et la ruse qui semblent avoir arrêté le développement des sentiments moraux et sociaux chez les félins et les asturidés. La cruauté, comme l'envie, intervertit la sympathie; elle jouit de la douleur d'autrui, comme l'envie souffre de son plaisir. La ruse, l'hypocrisie déconcertent et arrêtent la sympathie en la trompant.

Combien le chien est supérieur au chat à cet égard, et comme leur hostilité proverbiale symbolise bien celle de l'honnêteté et de l'hypocrisie! Lenz dit : « Comme il est *fier* lorsqu'il a fait quelque action judicieuse, *honteux* lorsqu'il en a fait une mauvaise[1]! » — « On ne peut lui refuser un certain *orgueil*, lisons-nous ailleurs, une certaine *fierté;* il ne supporte pas qu'on le néglige. » D'après le général Daumas, « le lévrier est *intelligent et plein d'amour-propre :* lorsqu'en le lançant, on lui a désigné une belle gazelle et qu'il n'en a tué qu'une de médiocre apparence, il est *très sensible aux reproches;* il s'éloigne *honteux*, sans en réclamer sa part. La *vanité* ne lui fait pas défaut; il fait beaucoup de *fantasia*[2] ». D'après Scheitlin, « il ne faut pas oublier de tenir compte de l'instinct d'imitation du caniche, de son *point d'honneur* et de sa *vanité*[3] ». — « Il essaye et réfléchit avant d'agir, il ne veut ni se tromper, ni être *tourné en dérision*. » — « Le caniche, dit enfin

---

1. Brehm, *Mammifères*, 1ᵉʳ volume, p. 346. (J.-B. Baillière, éd.)
2. P. 382.
3. P. 458.

Scheitlin, est très *humble* vis-à-vis de son maître, il en craint non les coups, mais la mauvaise humeur, les *reproches*, les simples *signes de blâme*[1]. »

Tous les singes « montrent une *certaine grandeur* dans leur *amour envers leurs enfants*, dans leur *compassion pour les faibles*, non seulement de leur race ou de leur famille, mais pour les petits *d'espèces ou même de classes différentes*. Si l'amour sexuel fait du singe un être hideux, son amour moral pourrait servir d'exemple à plus d'un homme[2] ». Dans les troupes de singes, « le *guide exerce son emploi avec beaucoup de dignité. L'estime* qu'il a su conquérir exaltant son *amour-propre*, lui donne une certaine *assurance*, qui manque à ses sujets ; ceux-ci lui font toujours *la cour*... En retour, il veille fidèlement au *salut commun*[3] ». Le cynocéphale babouin de Brehm, nommé Atile, « devenait furieux lorsqu'on riait en sa présence, et surtout lorsqu'elle remarquait qu'on se *moquait* d'elle[4] ». En domesticité, le capucin « témoigne de la joie ou de la crainte selon qu'on lui parle doucement ou rudement, et *il ne souffre pas qu'on se moque de lui*[5] ».

Nous trouvons, dans Romanes, des faits analogues au sujet des mammifères. Il nous dit que le cheval est, « comme le mulet, du reste, doué d'un sentiment très marqué de *fierté*[6] ». Et plus loin : « *L'orgueil* s'affirme nettement chez les moutons et les bestiaux, comme le prouve l'*abattement* du chef du troupeau, bélier ou vache, auquel on enlève sa clochette pour l'attacher à un autre ; l'on dit qu'en Suisse les bêtes que l'on enguirlande les

---

1. Brehm, *Mammifères*, 1ᵉʳ volume, p. 459. (J.-B. Baillière, éd.)
2. P. 6.
3. P. 9.
4. P. 89.
5. P. 113.
6. Romanes, *L'intelligence des animaux*, p. 89. (F. Alcan, éd.)

jours de fête ont tout l'air *d'apprécier les marques de distinction* qu'on leur confère. C'est ce qu'exprime Schiller avec l'exagération d'un poète, dans son *Guillaume Tell*, lorsqu'il dit :

> Voyez avec quel orgueil votre taureau porte sa guirlande ;
> Il se sait le chef du troupeau ;
> Dépouillez-le et il mourra de chagrin[1]. »

On punit l'éléphant « en modifiant, par exemple, sa nourriture, ou même en la supprimant pendant quelque temps. En pareil cas, la conduite de l'animal dénote parfois son *humiliation* aussi bien que son mécontentement[2] ». — « Chez le chien qui est bien traité, tout annonce *la fierté, la dignité et le respect de soi-même.* » Chez les chiens de qualité, « *la sensibilité froissée et la dignité offensée* peuvent devenir une source de douleur bien plus poignante que les sensations purement physiques[3] ». — « Les sentiments de *jalousie et d'émulation* sont également très marqués chez le chien. » — « J'ai toute une liasse de correspondances où l'on me communique diverses manifestations de *jalousie* par des chiens[4] ». Un terrier « aimait beaucoup à attraper les mouches contre les vitres des fenêtres, mais cela l'agaçait, qu'on *se moquât de lui* quand il manquait son coup[5] ». — « M. Darwin dit que la plupart des personnes qui ont observé des singes leur ont vu manifester le *sentiment du comique.* » — « Mais ce qui prouve peut-être de la manière la plus convaincante que les singes se rendent compte de ce qui est risible, c'est (comme nous l'avons vu dans le cas de certains chiens,

---

1. Brehm, *Mammifères*, 1ᵉʳ volume, p. 94. (J.-B. Baillière, éd.)
2. P. 162.
3. P. 194.
4. P. 197.
5. P. 199.

qu'ils *s'offensent du ridicule*[1]. » Romanes cite plus loin un exemple observé sur son célèbre capucin brun : « Une personne étrangère (une couturière) étant venue dans la chambre, je voulais qu'elle vît le singe casser une noix avec un marteau. Mais la noix que je lui donnai était mauvaise, et il fit une grimace de désappointement qui fit rire la couturière. Cela le mit en colère, et il lui jeta tout ce qui se trouvait à sa portée[2]. »

Ajoutons un dernier témoignage au sujet du cheval et du chien. « Beaucoup de chevaux, dit M. G. Le Bon, les pur sang surtout, sont doués d'une forte dose d'*émulation* et d'*amour-propre*. Ces animaux sont, pour cette raison, fort ennuyeux à monter, quand on est en compagnie d'autres chevaux; la crainte qu'ils ont d'être dépassés rend leur allure irrégulière[3]. » L'auteur ajoute une remarque qui est à rapprocher d'une observation analogue sur les chèvres que nous avons citée d'après Brehm : « Le cheval possède, dit-il, d'une façon très nette, *le sens de l'équité*. Il comprend parfaitement, lorsqu'ils sont bien clairs, la signification des *châtiments* et des *récompenses*. Il ne se révolte guère contre un châtiment *mérité*, mais regimbe vivement contre la punition donnée mal à propos[4]. » — « On peut même, dit encore M. Le Bon, arriver à créer *artificiellement* chez l'animal *des sentiments moraux très développés*. » Il avait dressé dans ce but un chien du Saint-Bernard. « Sans doute, il arrivait parfois à l'animal de manquer à ses *devoirs* et de céder aux tentations, ainsi que cela arrive d'ailleurs à des êtres placés à un degré bien plus élevé de la hiérarchie animale, mais alors

---

1. Brehm, *Mammifères*, 1ᵉʳ volume, p. 231. (J.-B. Baillière, éd.)
2. P. 240.
3. *Revue philosophique*, décembre 1894. *Les bases psychologiques du dressage*, p. 598.
4. *Id.*, p. 600.

les hurlements désespérés *après la faute* montraient à quel point *le sentiment du remords* avait été développé chez lui[1]. »

En somme, les mammifères s'élèvent moralement au-dessus des oiseaux en ce qu'on note chez eux l'ébauche du sentiment de l'honneur du rang social, et, par le dressage, de sentiments analogues à celui de la justice et du devoir. En même temps, on retrouve surtout, chez eux comme chez les oiseaux, toutes les formes de l'amour-propre et des sentiments dérivés. Le sens de l'équité, que nous avons vu attribuer aux chèvres et aux chevaux, n'est peut-être que le sentiment de l'attente trompée et de l'habitude déroutée par une punition contraire aux règles observées par le maître. Quant à l'idée du devoir, au respect de la règle, remarquons qu'ils sont chez l'animal un résultat artificiel, produit par l'autorité, par le commandement impérieux du supérieur.

En tout cas, il nous paraît établi qu'il existe chez les animaux tous les éléments du sentiment de l'honneur, ou, plus exactement, du faux honneur, de celui qui ne porte pas sur le mérite moral, sur l'usage du libre arbitre, toutes choses qu'on ne peut en effet attribuer à l'animal sans outrepasser les inductions scientifiques. Il n'est pas possible d'ailleurs d'attacher beaucoup d'importance aux diverses expressions dont se servent les observateurs pour désigner les sentiments moraux chez l'animal supérieur, ni de chercher à les distinguer avec exactitude. Ces termes de vanité, orgueil, amour-propre, fierté, contentement de soi-même, dignité, plaisir d'être admiré et loué, sentiment d'émulation, jalousie, rivalité, sentiment de l'honneur, et autres semblables, doivent être

---

1. *Revue philosophique*, décembre 1894, p. 603.

tenus pour des approximations grossières et pour à peu près synonymes. C'est que tous ces mobiles sont encore plus ou moins confus et confondus en réalité, et comme à l'état de syllepse, dans l'âme encore subconsciente des bêtes. Il ne faut donc point tenter d'imposer à ces mots une précision qu'ils ne comportent point ici, et qui n'a de valeur que lorsqu'il s'agit de l'homme.

Il suffit de constater que l'origine du sentiment de l'honneur se trouve dans l'animalité. Le contentement de soi-même et le désir d'être admiré des autres portent d'abord, naturellement, sur les qualités physiques et sur les plus frappantes, telles que la force, la beauté, la grâce, le chant. La forme primitive de l'honneur ne pouvait être que le faux honneur, celui qui est fondé sur les biens qui ne dépendent pas de nous. Cette origine, nous l'avons vu, se trouve dans la sélection sexuelle. Elle est physiologique à sa base. La beauté du mâle, tantôt passagère ou plutôt périodique, tantôt permanente, est une parure essentiellement nuptiale, comme l'a montré Darwin; son chant a la même fin que ses armes, son plumage, ses danses, etc. : celle de lutter contre les rivaux et de séduire en même temps les femelles. C'est là le fait primordial d'où dérive directement le sentiment de l'honneur, avec ses caractères essentiels. Et ce n'est pas seulement la morale qui se rattache ainsi à l'amour sexuel, c'est d'abord aussi l'esthétique. Le chant et la mimique, sans oublier l'architecture des nids, font ici leur apparition; de même que le goût des formes plastiques, des couleurs, des dessins, point de départ de la sculpture et de la peinture. Il faudrait même ajouter sans doute la naissance des sentiments du comique et du tragique. Le goût se développe plutôt chez la femelle, et l'invention chez le mâle. Il est possible même qu'il faille rattacher encore la religion à la même source. Mais, dans cette hypothèse, les phénomènes religieux auraient été par la suite modifiés plus profondément encore que les phénomènes moraux ou esthétiques par l'influence des phénomènes politiques. Il faut rattacher encore, je crois, à l'amour sexuel la première origine du langage, et peut-être même celle du sentiment de la propriété. N'avons-nous pas vu les mâles, cantonnés, défendre jalousement *leur domaine?* Nous avons vu aussi que le sentiment de l'honneur masculin peut être transmis même intégralement aux femelles par hérédité, plus même que ne le sont parfois d'un sexe quelconque à l'autre les caractères physiques, comme l'a montré Darwin. En même temps que l'orgueil se produit chez le vainqueur dans la lutte des mâles, l'humilité, sentiment contraire et corrélatif, naît chez le vaincu. Enfin nous avons vu l'honneur individuel donner naissance à l'honneur collectif et à l'honneur du rang social.

D'autres sentiments dérivent de l'amour sexuel. Tels sont l'amour des parents pour les enfants, et l'obéissance de ceux-ci à ceux-là. L'amour maternel est la source de l'amour paternel par hérédité bilatérale, et tous deux donnent naissance au sentiment de la *charité*, qui est essentiellement l'amour des faibles. La charité a donc une origine essentiellement féminine, au contraire de l'honneur. Nous avons vu qu'elle apparaît chez les singes qui montrent de la compassion pour les faibles et les petits d'autre espèce ou même d'autre classe. On trouve aussi chez la femelle vis-à-vis du mâle, avec le sentiment d'admiration, celui de la soumission et de l'humilité et peut-être de la pudeur.

II

L'ÉVOLUTION DU SENTIMENT DE L'HONNEUR DANS L'HUMANITÉ.

Darwin a étudié les effets de la sélection sexuelle chez l'homme dans sa *Descendance de l'homme*.

Il faut d'abord constater une loi générale qui porte sur tous les mammifères, y compris l'homme, et qui est très importante pour la doctrine de l'honneur : « La règle générale chez les mammifères paraît être l'égale hérédité des caractères de tous genres par les mâles et par les femelles[1]. » — Cette loi permet de répondre à ceux qui accuseraient la morale de l'honneur de ne convenir qu'à l'un des deux sexes. Toutefois cette égalité n'est peut-être pas absolue dans tous les cas, car autrement il ne subsisterait, semble-t-il, aucune différence d'aucune sorte entre les deux sexes, et Darwin lui-même insiste sur ces différences. Il serait donc plus exact de dire que cette loi n'est vraie que sous réserve des différences essentiellement sexuelles. Même ainsi rectifiée, elle garde toute son importance pour la question qui nous occupe.

---

1. Darwin, *Descendance*, p. 640. (Schleicher, éd.)

Le fait le plus important à signaler dans la sélection sexuelle chez l'homme, par comparaison avec celle qui s'exerce dans l'animalité, c'est que le choix ne porte plus seulement sur le mâle et qu'il porte même plutôt sur la femme. L'homme tient la femme « dans un assujettissement beaucoup plus complet que ne le font les mâles de tous les autres animaux à l'égard de leurs femelles; il n'est donc pas surprenant qu'il se soit emparé du pouvoir de choisir... Les femmes sont donc devenues, ainsi qu'on l'admet généralement, plus belles que les hommes ».
— Toutefois, cet asservissement de la femme paraît une conséquence de l'apparition de la guerre et du développement du militarisme, et on n'a pas le droit d'affirmer qu'il existait chez l'homme primitif ni même chez l'homme préhistorique. C'est la captive à vrai dire que l'on choisit; et, en dehors de ce cas, Brehm nous montre que là même où il semble que l'autorité des parents décide du choix, la jeune fille peut, en fait, le plus souvent, avoir le dernier mot. Ainsi, chez quelques sauvages, la jeune fille peut fuir dans les bois, et le prétendant doit arriver à l'y saisir. Or, il est évident qu'elle peut mettre plus ou moins de bonne volonté à se laisser prendre.

S'il est permis de raisonner d'après le peu que nous savons encore de la préhistoire, on peut supposer que l'homme quaternaire vivait par familles isolées, à en juger par le petit nombre de squelettes que l'on trouve réunis dans les terrains de cet âge. Nous voyons encore aujourd'hui cet isolement subsister chez les Veddahs de l'Inde. D'ailleurs, on sait que les grands singes anthropomorphes vivent par famille et que l'état grégaire ne s'est pas développé chez eux. On est donc conduit à *supposer* dans l'humanité primitive un état familial qui aurait précédé l'état militariste et politique, décrit par Spencer. Mais nous ne savons rien du sentiment de l'honneur et de la sélection sexuelle ni chez les singes anthropomorphes, ni chez l'homme préhistorique, ni chez les sauvages actuels vivant à l'état de familles isolées dans les forêts de l'île de Ceylan, ces « malheureux Veddahs, qui vont peut-être disparaître avant qu'on ait eu le temps de les étudier[1] ». On peut admettre toutefois par analogie avec ce que nous avons vu chez les animaux, et d'après les conditions mêmes de toute vie familiale, que, si l'homme primitif vivait réellement dans cet état hypothétique, les mêmes causes ont dû produire là aussi les mêmes effets, et que la sélection sexuelle produite surtout par la rivalité des mâles a dû donner naissance chez nos premiers parents à un développement nouveau du sentiment de l'honneur sexuel qu'ils avaient hérité de leurs ancêtres animaux.

Dans la mesure où il est permis de juger de l'homme préhistorique d'après les sauvages actuels, nous pouvons affirmer que nos aïeux n'étaient pas étrangers au sentiment de l'honneur. Cette inférence s'appuie sur la ressemblance de l'état industriel où l'un et l'autre étaient parvenus. Sans doute, et nous reviendrons sur ce point, on ne peut conclure absolument de l'industrie d'une race humaine à sa moralité; mais enfin nous n'avons guère ici d'autre ressource. Bossuet et Locke remarquaient déjà que c'est le sentiment de l'honneur qui excite jusqu'à l'héroïsme l'Indien attaché au poteau de torture. De Quatrefages nous dit aussi et expressément, en parlant des sauvages : « Il n'est pas difficile de retrouver chez eux ce qu'il y a de meilleur chez nous, y compris *la pudeur, le sentiment chevaleresque et le sentiment de l'honneur*, qui sont pour ainsi dire *la fleur de la moralité*[2]. »

---

1. Brehm, *Races humaines*, p. 142. (J.-B. Baillière, éd.)
2. *Introduction à l'étude des races humaines*, t. I, p. 253. (Hennuyer, éd.)

M. Letourneau signale de même une sorte de « *chevalerie* » dans les mœurs guerrières des Polynésiens et dans celles des Australiens. « On a vu, dit-il, des Australiens, dans un conflit avec des Européens, munir ceux-ci d'armes australiennes avant de les attaquer[1]. » Il en est de même, d'après cet auteur, pour les Tasmaniens. On peut voir dans tous ces faits des vestiges des mœurs de l'homme primitif, même si l'on admet que le sauvage moderne est une sorte d'homme primitif qui aurait dégénéré sous des influences défavorables. Nous ignorons d'ailleurs à quelle époque l'état grégaire a pu se substituer dans l'humanité préhistorique à l'état familial hypothétique, où n'existait aucun chef. Dès lors, l'honneur, d'abord sexuel et individuel, a dû se transformer en honneur du rang et en honneur collectif, comme nous l'avons déjà signalé chez certaines espèces animales vivant en troupes.

La cause de cette agrégation des familles en clans ou en tribus a dû être surtout l'accroissement de la population. Il faut y joindre sans doute la nécessité de se réunir pour certaines chasses ou certaines pêches et peut-être déjà pour certains travaux. Quoi qu'il en soit, la formation des sociétés préhistoriques a dû développer la sympathie et le langage, sans doute déjà formés ou ébauchés dans la période antérieure. Dès lors, le sentiment qui nous porte à désirer et à chercher l'approbation de nos semblables, à craindre et à éviter leur blâme, a dû recevoir une nouvelle et très forte impulsion, d'autant plus que ces causes sont constantes dans l'état social, tandis que la cause qui réside dans l'amour sexuel est plutôt périodique. En même temps le sentiment se transformait. L'honneur collectif s'était réduit jusque-là à l'honneur

---

1. *L'évolution de la morale*, p. 111-112. (Vigot, éd.)

familial, par hypothèse; il s'étendit au clan ou à la tribu. L'honneur du rang ne se développa sans doute que plus tard, car une certaine égalité, ainsi que la communauté des biens, a probablement régné dans la tribu préhistorique et dans « le clan républicain ». Cependant, comme toute action commune exige un chef, au moins passager, la première apparition de l'honneur du rang n'a pu tarder à se produire, pour se développer seulement avec le militarisme et les institutions qu'il a produites selon Spencer. « Dès le développement de la faculté du langage, dit Darwin, et, par conséquent, dès que les membres d'une même association peuvent clairement exprimer leurs désirs, *l'opinion commune* sur le mode suivant lequel chaque membre doit concourir au bien public, devient naturellement *le principal guide d'action*. » Et plus bas[1] : « La sympathie que l'homme possède à l'état instinctif lui fait aussi apprécier hautement *l'approbation de ses semblables*[2]. » Et Darwin, qui explique les sentiments moraux par l'instinct social, ajoute pourtant : « Alors même qu'une de nos actions n'est contraire à aucun instinct spécial, nous n'en éprouvons pas moins un vif chagrin si nous savons que nos égaux nous méprisent parce que nous l'avons commise. Qui pourrait nier qu'un homme qui, poussé par la crainte, refuse de se battre en duel, n'éprouve un vif sentiment de honte[3]? » Est-ce donc l'intérêt social ou le sentiment de l'honneur qui explique ce remords? Quand ils s'accordent, on peut hésiter; mais voici un autre fait qui, comme le précédent, constitue un « fait crucial », pour parler la langue de Bacon. En quoi la prudence est-elle moins utile que le courage à la tribu primitive? Pour-

---

1. *Descendance*, trad. Barbier, p. 105. (Schleicher, éd.)
2. *Id.*, p. 117.
3. *Id.*, p. 122.

tant Darwin constate que celle-ci n'est pas honorée comme celui-là[1]. Cela s'explique, au contraire, si l'on admet l'origine sexuelle du sentiment de l'honneur et si l'on reconnaît que ce sentiment constitue l'essence de la conscience morale et le principe des sentiments divers qui la constituent.

Darwin reconnaît qu'il serait, autant que possible, préférable « de prendre, comme critérium de la morale, le bien général ou la prospérité de la communauté, plutôt que le bonheur général[2] ». Or, par bien général, il entend « le moyen qui permet d'élever, dans les conditions existantes, le plus grand nombre possible d'individus en pleine santé, en pleine vigueur, doués de facultés aussi parfaites que possible ». Ainsi, le bien ne change pas de nature en passant de la famille isolée à la tribu, à la communauté; c'est toujours le bien tel qu'il résulte de la sélection sexuelle, tel que le sentiment de l'honneur sexuel l'inspire à la conscience. Mais le sentiment du devoir, de l'impératif catégorique, vient d'une autre source; l'opinion des femmes d'abord ou des rivaux, puis celle de la tribu produit la satisfaction ou le remords, mais non l'obligation; celle-ci provient ultérieurement des ordres des supérieurs, des chefs, puis des chefs morts et divinisés, quand, par suite du militarisme, la tribu a un chef permanent et absolu. Le sentiment du devoir n'est qu'ébauché dans la famille par les ordres des parents, tant que la famille elle-même n'est pas militarisée. L'étude des « institutions cérémonielles », qui dérivent du militarisme, va nous montrer les transformations de l'honneur, de même que l'étude des institutions politiques et des institutions ecclésiastiques, dérivées du même militarisme, mais

---

1. *Descendance*, traduction Barbier, p. 127. (Schleicher, éd.)
2. P. 130.

ultérieurement, nous expliquerait le développement, relativement tardif, du sentiment du devoir.

Quelle est l'origine de la guerre et à quelle phase s'est-elle développée? Cette double question trouve sa solution dans la loi de Malthus. C'est l'accroissement de la population, de sa densité, du nombre des individus dans la tribu ou du nombre des tribus sur un même territoire, qui a produit la famine. C'est la famine qui produit la guerre dans les sociétés animales, telles que celles des abeilles et des fourmis. C'est la famine qui a dû la produire dans les sociétés humaines primitives, lorsqu'elles furent trop développées et trop multipliées. Les conséquences de la guerre, devenue l'état permanent des sociétés humaines, furent immenses. Elles furent désastreuses au point de vue moral, mais elles développèrent les qualités intellectuelles et industrielles, et furent l'origine des grandes *institutions* sociales. La femme fut asservie bien plus que ne l'avait été la femelle d'aucun animal; l'autorité maritale et paternelle devint absolue; la femme fut conquise et traitée en captive; et la polygamie se répandit chez les chefs. L'esclavage apparut et se développa universellement. Les races victorieuses et envahissantes se superposèrent successivement dans le même pays et produisirent les castes. L'inégalité sociale et la hiérarchie militaire, politique, ecclésiastique, se compliquèrent de plus en plus. Les sociétés *composées* commencèrent leur évolution spéciale. Le culte exigé du vaincu par le chef vainqueur passa du chef vivant au chef mort. La volonté du chef vivant donna naissance à la loi et au devoir absolu, que le culte du mort rendit sacré. Quant à l'honneur, il devint aristocratique, ce fut l'honneur de la caste, l'opinion des égaux, des pairs, non plus celle de la tribu. Et l'on exigea des vaincus, des subordonnés, des marques serviles d'adulation. L'amour de la gloire, c'est-à-dire de la gloire militaire, s'ajouta à celui de l'honneur. L'étiquette et le cérémonial devinrent des obligations étroites et impératives qui ajoutèrent un premier sentiment du devoir absolu à celui de l'honneur. La définition de Hobbes s'applique à cet état : l'homme fut un loup pour l'homme. L'homme de la nature, tels que le rêvèrent Rousseau et ses disciples, avait eu jusque-là une réalité relative; mais il disparut presque partout. Toutefois, ce loup humain, sans armes naturelles, dut s'en fabriquer; toute son intelligence et son industrie se portèrent de ce côté et reçurent une nouvelle impulsion. Dans la lutte des tribus et des races, ce furent ces qualités qui produisirent la victoire, autant que le courage transformé en fureur féroce et cruelle; mais aussi les sentiments serviles se développèrent chez les vaincus, chez les femmes asservies, et par hérédité jusque chez les enfants des vainqueurs. Le despotisme fleurit dès lors sans entraves. Ces quelques remarques étaient nécessaires pour nous faire comprendre les caractères anormaux et parfois monstrueux des institutions cérémonielles décrites par Spencer, et que nous allons résumer très succinctement en notant seulement quelques traits qui nous permettront d'induire les lois de l'évolution de l'honneur, et en renvoyant pour les détails à l'admirable ouvrage de l'auteur, *Les Principes de sociologie*[1].

Spencer constate tout d'abord que : « le genre de gouvernement le plus primitif, celui dont l'existence est la plus générale, et qui se reconstitue toujours spontanément, c'est le gouvernement des observances cérémonielles. Ce n'est pas dire assez, continue-t-il. Non seule-

---

1. Trad. franç., F. Alcan, éditeur.

ment cette espèce de gouvernement précède tous les autres, et non seulement elle a en tout temps joui d'une influence à peu près universelle, mais elle a toujours possédé et elle garde encore la plus grande part de l'autorité qui règle la vie des hommes[1] ».

Les marques d'asservissement de la part du vaincu s'observent déjà chez le chien vis-à-vis d'un chien beaucoup plus fort ou vis-à-vis de son maître, remarque Spencer, et beaucoup de signes analogues se retrouvent chez l'homme asservi. Telle est la première origine des actes propitiatoires et du sentiment de l'humilité dont on ne trouve guère de trace chez le vaincu des tournois sexuels, et à peine chez la femelle des animaux.

Avec le développement du cérémonial apparaît la susceptibilité, dès qu'on manque aux observances consacrées. Telle me paraît être la vraie et primitive origine du « point d'honneur », qui remonte ainsi bien au delà du moyen âge, quoiqu'on ait répété si souvent le contraire. Ainsi nous lisons dans Spencer : « Le sauvage Comanche impose l'observance de ses règles d'étiquette aux étrangers et se montre profondément « blessé » quand on y manque[2]. »

Spencer passe en revue les diverses formes du cérémonial.

Les *présents* « sont des actes qui témoignent de la subordination envers un chef dans les temps primitifs[3]. »

Les *salutations* de diverses espèces « servent à exprimer le respect à des degrés divers, aux dieux, aux chefs, aux particuliers ». Il en est de même des *titres*, des louanges, des professions d'infériorité et de subordination.

L'honneur est alors unilatéral et hiérarchique. Chez les

---

1. Spencer. *Principes de sociologie*, IVᵉ partie, Institutions cérémonielles, tome III, par. 343, p. 1, trad. Cazelles, 2ᵉ édition. (F. Alcan, éd.)
2. P. 3.
3. P. 14.

Japonais, « depuis l'empereur jusqu'au plus humble de ses sujets, c'est une succession sans fin de prosternations. Le premier, faute d'un homme qui lui soit supérieur par le rang, s'incline humblement devant une idole, et chacun de ses sujets, du prince au paysan, a quelque personne devant laquelle il est tenu de faire des courbettes et de s'allonger dans la boue de la rue[1] ».

Les *trophées*, qui attestent les exploits guerriers « contribuent beaucoup à donner de l'honneur et de l'influence[2] ». C'est ainsi que le brave rapporte une partie du corps de son ennemi, surtout une partie qui ne soit pas double sur le corps, telle que la tête, la chevelure, la bouche, etc. Par suite, les traces de la mutilation deviennent des marques de la subjugation. Ainsi au Japon, on tranche les mains d'un homme pour le marquer d'infamie. Une loi des Mistèques prescrivait de couper les oreilles, le nez et les lèvres de l'adultère, dans la même intention. Les faits de ce genre sont très nombreux. L'esclave porte souvent les cheveux courts. Au moyen âge, en Europe, on infligeait la tonsure comme un châtiment.

Spencer dérive l'usage des visites de celui des présents ; elles sont primitivement des marques d'hommages obligatoires.

Les marques de respect exigées de l'esclave le sont aussi de la femme. Ainsi Drury raconte qu'un chef malgache « était à peine assis sur sa porte, que sa femme s'avança en rampant sur les mains et sur les genoux et se mit à lui lécher les pieds... Toutes les femmes de la ville saluaient leurs maris de la même manière. Les esclaves en usaient de même avec leurs maîtres[3] ». On retrouve ici les mar-

---

1. *Ibid.*, p. 16.
2. P. 48.
3. P. 168.

ques de la soumission canine. Dès lors, l'humilité est tenue pour vertu obligatoire de la femme et de l'esclave.

Les insignes dérivent des trophées; les costumes aussi. Les décorations, d'abord trophées réels, sont ensuite des représentations de trophées, puis cessent d'y ressembler, tout en restant des marques d'honneur.

L'auteur a prouvé surabondamment que toutes les institutions cérémonielles ont pour origine le développement du militarisme. Il remarque aussi que la décroissance du militarisme et le développement de l'industrialisme produisent d'abord une diffusion des marques de respect, qui, primitivement réservées aux grands chefs, s'étendent par degré aux supérieurs moins élevés dans la hiérarchie, puis à tous les supérieurs et enfin aux égaux et même aux inférieurs. En même temps, ces usages perdent leur caractère exclusivement guerrier et les marques d'honneur s'appliquent à toutes sortes de supériorité. Ainsi, en Chine, où l'intellectualisme domine, les savants sont honorés et les soldats méprisés, mais les marques de respect subsistent plus ou moins modifiées. En dernier lieu, les progrès de l'égalité politique et sociale et de l'industrialisme tendent à faire disparaître peu à peu toutes les institutions cérémonielles, dont les derniers vestiges s'effacent de plus en plus aujourd'hui chez les peuples et dans les classes les plus avancées dans la voie de l'industrialisme et de l'égalité politique. Ces conclusions montrent bien l'évolution du sentiment de l'honneur, mais il ne faudrait en inférer ni sa disparition, ni sa diminution. Ce n'est qu'une forme qui disparaît. Si l'honneur était un sentiment issu du militarisme, il y aurait lieu de penser que l'effet disparaîtrait avec la cause; mais nous avons vu que tout autre est l'origine de ce sentiment; et la disparition des institutions cérémonielles, qui l'ont plutôt faussé et dégradé, ne peut que lui rendre peu à peu sa vérité et sa pureté. Il faut cependant admettre qu'il continuera à se transformer plutôt qu'il ne reviendra simplement à sa forme originelle; car telle est la loi générale d'évolution.

Avec le développement de la civilisation et des arts, nous allons pouvoir étudier le sentiment de l'honneur dans son expression plus directe. Les institutions cérémonielles nous l'ont montré comme extériorisé et matérialisé : la linguistique, l'histoire, la littérature vont nous permettre d'étudier son évolution dans les temps historiques d'une manière plus pénétrante, et dans sa nature intime, et avec plus de certitude. On pouvait, en effet, se demander jusqu'à quel point le sauvage actuel représente l'homme préhistorique et jusqu'à quel point il en est dégénéré.

Si l'on réfléchit que l'homme préhistorique est l'ancêtre de l'homme barbare dont est issu l'homme civilisé, que cet homme préhistorique a inventé le langage, où se trouve impliquée toute une métaphysique inconsciente, qu'il a inventé les arts, dont la race de Cro-Magnon nous offre un spécimen si remarquable dans le dessin, qu'il a créé la légende et la religion polythéiste, tandis que le sauvage est resté à l'âge de la pierre, à un langage rudimentaire, à une religion grossière et fétichiste, on arrive à penser que l'homme préhistorique, ancêtre du civilisé, était peut-être fort supérieur à l'image dégradée que nous en offre le sauvage actuel et plus voisin à certains égards de la barbarie que de la sauvagerie. En d'autres termes, il y a dû avoir, dès une époque préhistorique reculée, des races nobles en voie de progrès, auxquelles je réserverais le nom de barbares, et des races arrêtées de très bonne heure dans leur développement ou même rétrogradées, auxquelles je réserverais le nom de sauvages, sans trop me faire illusion d'ailleurs sur la précision rigoureuse de cette distinction commode. Or, le sentiment de l'honneur est bien plus noble et plus puissant chez le barbare que chez le sauvage.

Mais, avant de dire adieu aux sauvages, il faut ajouter que, même en les considérant comme des dégénérés dans une certaine mesure, leur étude peut encore nous servir à comprendre nos civilisés dégénérés, les criminels. Les criminalistes jugent ces dégénérés, comme Spencer juge les sauvages ; ils ne découvrent d'ordinaire chez eux aucune trace de conscience morale. Pour nous, qui avons trouvé l'origine de la conscience dans le sentiment de l'honneur, nous en jugeons différemment. La vanité, le cabotinage, tant reprochés aux criminels modernes, nous paraissent attester chez eux une conscience faussée plutôt que la disparition de la conscience. Et peut-être y a-t-il là l'indication du remède. Au lieu de les abreuver d'humiliations sans issue, il serait plus intelligent et plus généreux de travailler à redresser leur conscience en attachant leur amour-propre à un autre but que le crime. On a vu des forçats accomplir des actes d'héroïsme. Il faudrait leur montrer la réhabilitation comme glorieuse. Ce sont des représentants par atavisme de ces sauvages que Spencer nous a dépeints avides de louanges et d'honneurs. C'est par ce faible qu'il faudrait les prendre. Je leur appliquerais le système d'Owen, je veux dire son système de distinctions honorifiques.

Si nous passons à l'aurore des temps historiques, nous pouvons, par la linguistique d'abord, nous assurer que les notions d'honneur et des sentiments connexes préexistaient chez tous les peuples qui sont devenus civilisés. Nietzche, qui a fondé la généalogie de la morale plus spécialement sur la linguistique, nous dit que les désignations du mot *bon* dans les diverses langues « dérivent toutes d'une même transformation d'idées », que partout l'idée de « distinction », de « noblesse », au sens de rang social, est l'idée mère d'où naît et se développe nécessairement l'idée de « bon » au sens « distingué quant à l'âme », et celle de « noble » au sens « ayant une âme d'essence supérieure », « privilégié quant à l'âme ». Et le développement est toujours parallèle à celui qui finit par transformer les notions de « vulgaire », « plébéien », « bas », en celle de « mauvais »[1]. Mais la légende est aussi la preuve que les sentiments qu'elle exprime existaient, sinon chez ses héros, du moins chez ses inventeurs, ne fût-ce qu'à l'état d'aspiration idéale. Or, toutes les histoires débutent par des légendes qui nous dépeignent des temps héroïques, où le sentiment dominant est celui de l'honneur chevaleresque. Un Hercule, par exemple, n'est-il pas une sorte de chevalier errant, redresseur de torts et dompteur de monstres, animaux ou hommes? Qui sait si le héros préhistorique ne lui ressemblait pas, parfois, en dépit du militarisme, autant qu'au sauvage actuel? M. Delbœuf se représente l'arbre généalogique des espèces formé d'un tronc central d'où se détachent en s'abaissant des branches qui constituent à leurs extrémités les animaux actuels, puis plus haut, les races humaines dégénérées actuelles; tandis que le sommet de la tige centrale représente les civilisés modernes. Il concilie ainsi la thèse du progrès et celle de la déchéance. L'homme civilisé n'est pas descendu du singe ni même des sauvages; mais ceux-ci sont descendus de l'ancêtre de l'homme et du civilisé, placés sur cette tige centrale qui continue tou-

---

1. *Généalogie de la morale*, trad. Henri Albert, 3ᵉ édit., p. 34. (*Mercure de France*, éd.)

jours de monter. Les espèces et les races qui se détachent du tronc se dégradent et se fixent; mais, au centre, le progrès, l'invention, la transformation féconde restent continus, et, là, l'ascension vers l'idéal inaccessible et la lumière du ciel ne s'arrêtent pas. De même que dans les organismes supérieurs, certaines cellules se spécialisent et périssent, il semble que, dans le monde organique, les espèces ou les races qui se fixent ne doivent pas faire oublier ou méconnaître cette réserve de races qui ne se fixent pas. Le barbare, d'où est descendu le sauvage, et d'où est monté le civilisé, devait tenir du premier par son industrie, mais du second par sa puissance d'invention, du premier par son ignorance, du second par son désir de savoir, du premier enfin par ses goûts belliqueux, mais aussi du second par un sentiment plus pur du véritable honneur.

Quoi qu'il en soit, nous trouvons dans l'histoire et la littérature antiques la preuve que le sentiment de l'honneur était très développé chez les Grecs et les Romains, dont la civilisation est mère de la nôtre. On a fort insisté sur la différence entre l'honneur des anciens et l'honneur des modernes, jusqu'à nier que le mot honneur pût s'appliquer au sentiment moral antique. Il importe donc à la connaissance de l'évolution de ce sentiment de préciser les ressemblances et les différences sur ce point. Nous avons vu à ce sujet l'opinion de Renouvier et de Montesquieu, suivant qui, rien ne répond chez les anciens à la conception moderne de l'honneur.

Il est vrai que les anciens n'ont pas connu le duel, le point d'honneur, et aussi que le sentiment de l'honneur n'était pas en contradiction chez eux avec leur religion, comme il l'est, semble-t-il, chez nous avec notre religion importée de l'Orient. Cependant nous avons vu que leurs moralistes rejetaient le souci de la réputation, et nous allons voir qu'il était très vif chez les peuples anciens comme chez nous. De plus, ils avaient leur honneur et un grand amour de la gloire. Il ne s'agit donc que de différences accidentelles.

Nous devons d'abord relier l'honneur antique à celui que nous avons précédemment étudié avec Spencer, car toute évolution dans les mœurs se fait par transitions insensibles en règle générale.

Les institutions cérémonielles ont laissé plus de traces chez les peuples anciens et modernes les plus belliqueux, selon la remarque de Spencer. C'est ainsi qu'elles étaient plus développées chez les Romains que chez les Grecs, car ces derniers étaient beaucoup plus intellectuels en général. Dans la Rome républicaine, d'après Momsen, cité par Spencer[1], « les remerciements de la République, donnés une fois pour toutes, étaient une récompense suffisante des services rendus à l'État »; plus tard, on institua les triomphes pour les généraux vainqueurs; puis ces récompenses éclatantes et exceptionnelles se multiplièrent abusivement; tout général voulait triompher. « Pour en finir avec ces triomphateurs pacifiques..., il fut décidé que, pour obtenir le triomphe, il fallait faire la preuve d'une victoire par une bataille qui aurait coûté la vie au moins à cinq mille ennemis; mais on esquivait souvent cette preuve par de faux bulletins. » Sous l'Empire « tout acte méritoire semblait réclamer une distinction permanente. Il fut de mode que le vainqueur et ses descendants portassent un surnom tiré des victoires qu'il avait remportées... L'exemple donné par les classes supérieures fut suivi par les autres. Par une cause analogue,

---

1. *Principes de sociologie*, p. 235. (F. Alcan, éd.)

les mots *dominus* et *rex* finirent par devenir des titres en usage pour les personnes ordinaires. » Nous assistons ici, en résumé, à la formation, au développement, puis à la diffusion des titres, qui, distinctifs du mérite à l'origine, finissent par exprimer le sentiment du respect pour toutes les personnes et aboutissent à l'égalité de la dignité. Chez les modernes, les titres ont suivi la même évolution.

Les historiens, les orateurs et les poètes latins fournissent à chaque page de leurs écrits des preuves de l'influence prépondérante du sentiment de l'honneur et de celui de la gloire chez ce peuple. Mais le militarisme fut si développé chez les Romains que ce n'est pas là, à vrai dire, une transformation du sentiment étudié par Spencer; on peut seulement rappeler à quelle hauteur et à quelle noblesse le sentiment de l'honneur guerrier s'est élevé à Rome. La gloire s'applique aussi chez ce peuple aux œuvres intellectuelles. Cicéron se plaît à comparer la gloire des combats et celle des vertus civiles ou de l'éloquence. Mais c'est à la littérature grecque que nous demanderons l'expression de ce sentiment antique de l'honneur, et nous l'y trouverons sous ses formes les plus pures et les plus véritablement morales. Quelques exemples nous suffiront.

La colère d'Achille, au début de l'*Iliade*, vient surtout d'une question d'honneur, j'allais dire de point d'honneur. Agamemnon l'a cruellement froissé dans son amour-propre en lui enlevant sa captive. Achille termine son discours à Agamemnon, en faisant le serment de se retirer sous sa tente, et de livrer les Grecs à l'homicide Hector. « Ton cœur, dit-il au roi, sera intérieurement déchiré et tu seras irrité contre toi-même pour n'avoir pas honoré le plus vaillant des Grecs[1]. » Ce trait ne rappelle-t-il pas

---

1. Croiset, *littérature grecque* (Masson et Cⁱᵉ, édit.). Nous empruntons à ce petit volume les citations qui vont suivre, traduites des auteurs grecs.

ce que Montesquieu nous a dit sur le courtisan offensé dans son honneur par le prince qui se retire aussitôt chez lui?

Au discours si touchant que lui adresse Andromaque en le suppliant de ne pas aller attaquer les Grecs hors des murs de Troie, Hector répond : « Et moi aussi, femme, toutes ces pensées m'occupent, mais je rougirais étrangement devant les Troyens et les Troyennes au voile trainant, si, comme un lâche, je restais à l'écart et évitais le combat. Ce n'est pas là ce que mon cœur me conseille : car j'ai appris à être brave toujours et à combattre aux premiers rangs des Troyens, pour soutenir la grande gloire de mon père et la mienne propre. » Et, embrassant son fils que lui présente la nourrice, il adresse pour lui cette prière : « Zeus, et vous tous, dieux, faites que mon fils devienne, comme je le suis, illustre parmi les Troyens; qu'il soit ainsi que moi distingué par sa force et qu'il règne puissamment sur Ilion! Qu'on dise un jour, à son retour du combat : — Il est beaucoup plus vaillant que son père! — Qu'il rapporte les dépouilles sanglantes de l'ennemi tué par son bras, et que sa mère se réjouisse dans son cœur. » Voilà de l'honneur familial.

Mais, à l'honneur guerrier nous voyons bientôt succéder ce qu'on pourrait nommer, en réponse à la théorie de Spencer qui semble lier l'honneur au militarisme, l'honneur industriel. Hésiode va nous le faire connaître. « Travailler n'a jamais rien de honteux; la honte n'est que pour la paresse. Si tu travailles, tu seras bientôt aux yeux du paresseux un objet d'envie lorsqu'il te verra t'enrichir. La richesse a pour compagne la prééminence et la gloire... L'indigent est en proie à la honte mauvaise, à la honte qui fait aux hommes tant de mal, comme tant de bien. La honte accompagne la pauvreté, l'honneur la richesse. » Ne croirait-on pas déjà entendre Franklin nous dire qu'un sac vide ne peut se tenir debout? Voilà une nouvelle forme de l'honneur, qui n'est peut-être pas bien pure encore, mais qui prouve au moins la faculté d'adaptation de ce profond sentiment à toutes les formes sociales.

Nous retrouvons l'honneur guerrier dans la poésie lyrique. « Il est beau, dit Callinus d'Éphèse, il est glorieux pour un brave de défendre sa patrie, ses enfants, sa femme. » Tyrtée, contemporain de Callinus, ne parle pas autrement dans ses hymnes belliqueux : « Arès fait couler les larmes, mais il donne la gloire... Honte au fuyard, dont le cadavre couché dans la poussière montre une blessure reçue par derrière! » Voilà encore un point d'honneur.

Le sage et religieux Solon se guide également par le sentiment de l'honneur, comme en témoigne cette prière : « Filles illustres de Mnémosyne et de Zeus Olympien, Muses de Piérie, écoutez ma prière : faites que les dieux immortels me donnent le bonheur, et que j'obtienne toujours l'estime des hommes! »

Voici comment le poète Simonide célèbre les héros des Thermopyles : « De ceux qui périrent aux Thermopyles illustre est le sort et glorieux le trépas. Pour eux point de tombeaux, mais des autels; point de larmes, mais des hymnes, point de lamentations, mais des éloges. C'est là un monument que ni la rouille ni le temps dévastateur n'ébranleront jamais. L'urne qui contient les cendres de ces braves a pris à la Grèce son lustre le plus éclatant : témoin Léonidas, le roi de Sparte, dont la vertu glorieuse brille d'un éclat impérissable. » Nous voyons ici apparaître la conception de l'honneur national. L'honneur collectif s'étend en effet de la famille au clan, à la tribu, à la cité, à la nation, et s'adapte à toutes les formes politiques.

L'historien Hérodote va nous confirmer que le sentiment de l'honneur inspira l'héroïsme de Léonidas : On dit que Léonidas « pensa qu'il n'était ni de son honneur ni de celui des Spartiates présents d'abandonner le poste qu'ils étaient venus garder ». Hérodote insiste pour prouver que Léonidas renvoya les alliés et ne garda que les Spartiates pour leur réserver la gloire de cette action. Il s'agit donc ici encore de l'honneur national.

En passant à la poésie dramatique, nous relevons des traits non moins caractéristiques. Dans Eschyle, Clytemnestre se vante du meurtre de son mari et conclut avec impudence : « Louange ou blâme, tout ce que tu diras de moi m'est indifférent. » Le contraste avec l'amour de la gloire chez les héros n'est-il pas ici bien suggestif? Le criminel a toute honte bue.

Considérons une autre femme, une jeune fille, une héroïne, la pieuse Antigone, et demandons à Sophocle quel mobile inspire son dévouement. Le poète la fait répondre elle-même lorsqu'elle conclut une discussion avec Ismène qui veut la détourner de son projet audacieux : « Abandonne-moi au sort terrible dont ma témérité me menace. Quel que soit mon supplice, je périrai du moins d'une mort glorieuse. » C'est un exemple entre mille qui prouve combien le sentiment de l'honneur dans l'antiquité est commun aux femmes et aux hommes, en Grèce comme à Rome. Ce sentiment unisexuel à l'origine est donc devenu chez les civilisés presque aussi développé dans les deux sexes. Antigone fait son *devoir*, elle obéit à *la loi non écrite, à la loi des dieux*, mais elle trouve la force de lui obéir dans le sentiment de *la gloire*. Dans la même tragédie, Hémon, épris d'Antigone, plaide devant son père la cause de la jeune fille et fait appel au sentiment de l'honneur familial : « Y a-t-il, en effet, un honneur plus désirable pour un fils que la gloire d'un père, et pour un père que celle de ses enfants? »

Iphigénie, à qui Racine donne une résignation trop chrétienne, commence, chez Sophocle, par regretter « la sainte lumière » et par se désespérer. Elle pleure, comme Jeanne sur le bûcher; mais, comme celle-ci, elle retrouve bientôt son héroïsme. Elle interdit à Achille de prendre sa défense, car elle ne veut pas être la cause d'un massacre entre les Grecs, et elle dit à sa mère : « Écoute donc, ma mère, ce que j'ai conçu après y avoir réfléchi : j'ai résolu de mourir; mais je veux rendre ma mort glorieuse, rejetant loin de moi les sentiments indignes. Considère avec moi, ma mère, combien j'ai raison : la Grèce tout entière a maintenant les yeux sur moi; de moi seule dépend le départ de la flotte et la ruine de Troie; de moi il dépend d'empêcher à l'avenir les barbares de ravir les femmes de la Grèce fortunée, en vengeant sur eux le déshonneur d'Hélène, enlevée par Pâris. Je les sauverai toutes en mourant, et, libératrice de la Grèce, ma gloire sera digne d'envie. » Antigone et Iphigénie sont des héroïnes, mais combien féminines! Les poètes qui ont créé ces types immortels avaient certes dû trouver des modèles sous leurs yeux.

En arrivant aux orateurs, nous constaterons chez le plus grand d'entre eux un sentiment de l'honneur national qui éclate à chaque page de ses œuvres. Nous n'aurions que l'embarras du choix. Dans le *Discours sur la Couronne*, citons ce passage éloquent : « Quand même la défaite eût été certaine d'avance, quand même Eschine l'eût prédite à coup sûr, il eût fallu l'affronter. Il y a une chose qu'Athènes a toujours mise au-dessus du succès, c'est l'honneur, c'est le sentiment élevé de ce qu'elle doit à ses traditions dans le passé et à sa bonne renommée dans l'avenir. Jadis, au temps de l'invasion des Perses, Athènes a tout sacrifié à ce sentiment héroïque de l'honneur et du devoir. » Lisez du devoir d'honneur.

Ces quelques citations suffisent pour nous montrer d'abord comment, chez le plus admirable des peuples, le sentiment de l'honneur était le guide moral de tous, hommes ou femmes, et s'adaptait aux diverses tendances si mélangées du militarisme, de l'industrialisme et de l'intellectualisme dans la civilisation antique; et aussi à quel point la littérature, qui réfléchit les mœurs, est en désaccord avec les doctrines de certains moralistes de l'époque. Nous verrons qu'il en est de même au moyen âge et dans les temps modernes, où la religion et la philosophie sont contredites sans cesse par l'opinion publique, et par les orateurs, les historiens et les poètes, au sujet de l'honneur. C'est que les philosophes vivent surtout par la raison, et les autres hommes surtout par le sentiment; de là ce désaccord entre la morale des moralistes et la morale qui guide le reste de l'humanité, et peut-être ces moralistes eux-mêmes, comme le suggère Pascal. En fut-il de même à l'apogée du christianisme, où un autre sentiment fut opposé à celui de l'honneur?

Au moyen âge, nous devons en effet chercher si le dogme de l'humilité chrétienne a triomphé de l'honneur du monde, et, tout d'abord, quel effet il produisit sur les Celtes et les Germains. Renan va nous l'apprendre. « Je ne connais pas, dit-il, de plus curieux spectacle que celui de cette révolte des mâles sentiments de l'héroïsme contre le sentiment féminin qui coulait à plein bord dans le culte nouveau. Ce qui exaspère, en effet, les vieux représentants de la société celtique, c'est le triomphe exclusif de l'esprit pacifique, ce sont ces hommes vêtus de lin et chantant des psaumes, dont la voix est triste,

qui prêchent le jeûne, et ne connaissent plus les héros[1]. »
Ces héros vont-ils disparaître devant les saints? La résignation, l'humiliation, le servilisme, le fatalisme, le pessimisme, l'ascétisme, toute cette mysticité orientale va-t-elle réussir à émasculer l'âme indomptable de l'Occident?

La littérature du moyen âge contraste avec la religion chrétienne, au sujet de l'honneur, plus encore que la littérature des anciens avec la morale de leurs philosophes. Renouvier a seulement exagéré ce fait lorsqu'il va jusqu'à nier l'écart entre la philosophie antique et l'honneur antique. Les chansons de gestes s'inspirent surtout de 'honneur. Celles du cycle de Charlemagne expriment l'honneur exclusivement guerrier. La *Chanson de Roland*, si souvent comparée à l'*Iliade*, nous montre ce héros se faisant un point d'honneur de ne pas sonner du cor pour appeler Charlemagne à son aide contre les Sarrazins, puis essayant de briser son épée de peur qu'elle ne tombe aux mains de l'ennemi, pour éviter cette honte à la France. L'amour ne joue ici qu'un rôle bien effacé. Mais dans le cycle d'Arthur, l'élément celtique prédomine, l'amour se mêle à l'honneur et de leur union naît le sentiment chevaleresque, qui remplit le moyen âge et influe encore sur nous. On trouve déjà chez les Germains de Tacite l'ébauche de l'institution de la chevalerie; on a même voulu en chercher l'origine chez les Arabes; mais c'est à la race celtique, selon Renan, qu'il faut en rapporter la véritable source. On a souvent considéré la chevalerie comme une institution de l'Église. Il est vrai que celle-ci l'a favorisée d'abord, parce qu'elle pensait pouvoir l'accaparer. Elle a su lui imposer les formes de ses cérémonies et les règles

---

1. *Essais de critique et de morale*, p. 432. (Calmann-Lévy, éd.)

de sa hiérarchie. Le chevalier recevait un baptême spécial, et il avait rang d'évêque. Mais cette chevalerie devint bientôt hostile à l'Église, qui dut lui opposer ses moines guerriers, sorte de chevalerie cléricale. En réalité, l'esprit chevaleresque, par ses origines, ses tendances, son développement, est une révolte de l'esprit germanique et surtout celtique contre la morale chrétienne, la revanche du génie de l'Occident sur celui de l'Orient. Le christianisme prêche l'humilité et la chasteté; l'honneur chevaleresque s'inspire de la fierté et de l'amour.

Cette union de l'amour et de l'honneur, dans le celtisme, est un phénomène bien remarquable, si on le rapproche des origines de l'honneur chez l'animal. Les traditions celtiques nous font remonter à une période plus éloignée encore de la civilisation que les poèmes homériques. Et la race celtique, telle que nous la dépeint Renan, reposant exclusivement sur la vie familiale, douée de peu d'aptitude pour la vie politique, nous rapproche beaucoup plus qu'il ne semble de l'homme préhistorique, beaucoup plus peut-être que les Hottentots ou les Fuégiens.

Sans doute il faut considérer la chevalerie à son origine, avant qu'elle se fût combinée avec les formes du christianisme et qu'elle se fût raffinée sous l'influence des traditions de la décadence romaine, pour la trouver dans sa pureté. Mais, si l'on consent à faire abstraction de ces mélanges, on peut, dans tout son développement ultérieur, reconnaître ce que son principe avait de primitif et de profondément naturel. Le rapprochement, pour être bien imprévu, n'en est pas moins nécessaire et logique. Le principe de la chevalerie est que « l'amour rend les guerriers plus vertueux et plus fameux ». Les tournois furent les cérémonies qui exprimèrent le mieux cette idée mère de l'institution. Les dames en sont les inspiratrices. « L'émulation qu'excite leur présence, dit un historien, imprime à ces jeux belliqueux un caractère sans exemple dans le passé : leurs applaudissements et leurs sourires sont la plus précieuse récompense des mieux faisants... La gloire n'est plus que le chemin de l'amour, et les femmes sont, d'ailleurs, les arbitres de la gloire. C'est de la main d'une dame, de la reine du tournoi, que le vainqueur reçoit solennellement le prix conquis dans la lice[1]. » Nous jugeons tout cela fort artificiel; mais c'est au fond la nature même. N'avons-nous pas vu en effet des tournois du même genre, des joutes ayant le même principe et le même caractère dans les luttes des animaux mâles pour séduire les femelles. « Ce n'est pas, en effet, une bataille véritable, dit un évolutionniste, que les cervidés se livrent d'ordinaire : le nom de tournoi convient beaucoup mieux à leurs luttes. La place en est en quelque sorte fixée d'avance; ils y viennent chaque année[2]. » L'auteur, après d'autres exemples, conclut un peu plus bas : « Nous pensons, après un examen attentif, que les luttes en l'honneur des femelles sont généralement des démonstrations d'ordre esthétique où se déploie la fière beauté des mâles plutôt que des duels décisifs où le vaincu perd nécessairement la vie. » Dans ces « arènes d'honneur », ce sont donc bien, ces mâles, des chevaliers qui s'escriment sous les yeux de leurs belles. Ainsi les mêmes faits se reproduisent à la naissance de l'honneur moderne et à celle de l'honneur dans l'animalité; ne peut-on en induire qu'ils se produisirent aussi à la naissance de ce sentiment chez l'homme primitif; qu'il y eut alors une sorte d'âge d'or ou d'état d'innocence; et que la faute, le péché originel, la chute véritable du genre humain,

---

1. Henri Martin, *Histoire de France*, liv. XX. (Furne, éd.)
2. Espinas. *Sociétés animales*, section III, chap. 1ᵉʳ, Combat de noces.

ce fut le développement de la guerre avec ses conséquences monstrueuses?

Mais quel jugement l'histoire porte-t-elle sur cette folie de l'honneur qui s'opposa à la folie de la croix? La morale de l'honneur peut-elle revendiquer cette origine chevaleresque comme une lettre de noblesse, ou bien faut-il, avec Schopenhauer, n'y voir qu'une morale de bretteurs? Si l'on envisage l'idée que la chevalerie se fait de l'honneur, on peut dire, d'après Henri Martin : « Fidélité, obéissance à sa dame, libéralité, hospitalité, bonté secourable envers tous, sont les devoirs du chevalier; il est tenu de servir sa dame, de défendre la justice, et de redresser *les torts*, à quelque prix et à travers quelques périls que ce soit, sans tenir compte ni de sa fortune ni de sa vie. » Et l'historien conclut que nous devons à l'empreinte ineffaçable laissée par la poésie chevaleresque l'originalité de nos sentiments et de notre littérature modernes, et enfin que cette tradition « aura une part très considérable dans tout progrès ultérieur qui tendra à relever les âmes ».

Ce n'est pas seulement chez les trouvères et les troubadours, mais aussi chez les vieux chroniqueurs qu'on rencontre à chaque page l'expression enthousiaste du sentiment chevaleresque. Tous les personnages de Froissard vivent et meurent sous son inspiration. Mais, depuis, les historiens chrétiens ont plus ou moins défiguré le moyen âge en attribuant dans leurs récits la prédominance au sentiment religieux. Lit-on, par exemple, l'histoire de Bayard écrite par le Loyal Serviteur, on est quelque peu déconcerté. Sans doute Bayard est croyant, mais son respect pour l'Église ne le gêne guère. On sait que Jeanne d'Arc est morte pour ne pas en avoir reconnu l'absolue autorité; et Bayard la traite assez cavalièrement. Ni la grande héroïne, que l'Église a brûlée comme hérétique, schismatique, apostate et relapse, et qu'elle prétend sanctifier aujourd'hui, ni le Chevalier sans peur et sans reproche ne seraient ce qu'on nomme à présent des cléricaux en France, des papistes en Angleterre. Bayard, encore jeune, joue un bon tour à un sien oncle; il lui subtilise une certaine somme d'écus, avec l'aide d'un franc compagnon qui lui persuade aisément que prendre de l'argent à un moine ce n'est jamais un péché! Plus tard, Bayard guerroie contre le pape; et peu s'en fallut, certain jour, qu'il ne fît prisonnier le Saint-Père avec tous ses cardinaux. Le pape ne s'en tira que par une fuite précipitée et en laissant quelques prélats aux mains du bon chevalier. Une autre anecdote nous montre sa délicatesse envers les femmes, mais en même temps prouve que sa continence était relative. Selon son désir, en effet, on lui amena un soir une jeune fille qu'on avait choisie pour lui, et que sa mère, poussée par la misère, avait vendue. La jeune fille s'étant mise à pleurer, Bayard l'interrogea, la respecta, et assura son avenir. Il est le modèle de l'honneur comme le conçoit son siècle; mais enfin il ne faudrait pas nous en faire un Éliacin. Chez Jeanne d'Arc elle-même, à côté de la grande mystique, du Messie de la France, de celle que les voix proclamèrent la *Fille de Dieu*, n'y avait-il pas l'héroïne celtique, bercée en son enfance par le murmure de la *Fontaine aux fées*, la guerrière chevaleresque, qui dressait son étendard au sacre du roi, en donnant pour raison, que, puisqu'il avait été à la peine, c'était bien justice qu'il fût à l'honneur? Cet étendard n'était pas seulement le symbole de sa mission divine, mais aussi celui du patriotisme populaire et de l'honneur national.

Faut-il rappeler aussi le mot de François Ier, le roi chevalier, à Pavie : « Tout est perdu, fors l'honneur »? — ou celui d'Henri IV : « Ralliez-vous à mon panache blanc; vous le trouverez toujours sur le chemin de l'honneur et de la victoire »? Ainsi, pour nos triomphes et pour nos défaites, c'est le mot qui, dans l'ancienne France, revient à chaque page de l'histoire.

En somme, la morale de l'honneur fut celle de la noblesse, comme la morale chrétienne fut celle du clergé. Seuls, ces deux ordres comptaient alors. Mais déjà la bourgeoisie s'efforçait de se faire sa place qui deviendra la première plus tard. Quelle fut la morale de la bourgeoisie? Ce fut la morale utilitaire. Les fabliaux du moyen âge nous révèlent déjà cette doctrine; mais nous la retrouverons dans sa parfaite expression chez La Fontaine, comme la morale de l'honneur chez Corneille.

Avec les temps modernes, la situation de la noblesse avait beaucoup changé, et, par suite, aussi le sentiment de l'honneur. Aux seigneurs féodaux avaient succédé les courtisans de la monarchie devenue absolue. La corruption de la noblesse amena celle de sa morale. Les seigneurs trichaient au jeu, se faisaient entretenir par les nobles dames, sans croire forfaire à l'honneur en la moindre façon. Par contre, la folie du point d'honneur avait conduit à une véritable passion du duel.

Corneille dans *Le Cid* et Molière dans *Le Misanthrope*, prennent la défense du duel contre le terrible cardinal. Nous n'avons pas à discuter pour le moment cette coutume au point de vue de la science morale, mais il convient de la faire comprendre en son principe au point de vue de l'histoire. Dans une société guerrière, comme celle de la noblesse au moyen âge, le courage devant la mort est la vertu par excellence. Le duel prouve le courage des deux champions, et, par là, dans les affaires d'honneur, il disculpe ou réhabilite l'offensé, c'est-à-dire l'accusé, car l'outrage implique une accusation infamante. L'accusateur lui-même, l'offenseur, prouve sa sincérité et se disculpe du soupçon de calomnie, en soutenant son accusation au risque de sa vie. Les témoins doivent égaliser les chances du combat, et proportionner le danger à la gravité de l'affaire. Ni les tribunaux ordinaires, ni même les tribunaux d'honneur, que *Le Misanthrope* attaque, ne peuvent, en effet, avoir ce résultat; ils ne peuvent que justifier plus ou moins mal ou flétrir plus ou moins justement, mais non fournir le moyen, en cas de doute ou même de culpabilité avérée, de se réhabiliter en montrant qu'on tient plus à l'honneur qu'à la vie elle-même. Quant au mari trompé, dont parle Renouvier, s'il se croit atteint dans son honneur, c'est que l'honneur individuel n'est pas tout, c'est qu'il y a l'honneur familial, la solidarité morale des époux; c'est aussi que les tribunaux, comme le montrent nos procès en divorce, ne sont aptes qu'à couvrir les deux époux, grâce aux plaidoiries des avocats spécialistes, de ridicule et d'opprobre. Le duel réhabilite le mari du soupçon d'être un mari complaisant, il réhabilite la femme dont un honnête homme prend la défense à ses périls; il peut enfin ramener la femme à estimer et à aimer celui qui a risqué sa vie à cause d'elle. Mais tout cela suppose que les mœurs du temps voient en effet dans le duel la preuve de ce qu'il prétend prouver. S'il n'en est plus tout à fait ainsi de nos jours, ne jugeons pas le passé avec les yeux du présent.

Il est vrai que l'abus des duels devint intolérable et dégénéra en manie sanguinaire et absurde. Mais si nous voulions apprécier la morale de l'honneur à travers l'histoire, il serait juste de la comparer aux autres morales à la même époque. La morale chrétienne n'a-t-elle pas dévié plus gravement encore avec l'Inquisition, avec les enseignements des Jésuites, attaqués dans *Les Provinciales* de Pascal, ou avec le Jansénisme lui-même et chez Pascal lui-même, rebutant sa sœur qui le soignait dans sa maladie, pour réprimer en lui les affections terrestres? Le *Tartuffe* de Molière étale des erreurs de morale chrétienne qu'on peut rapprocher de celles auxquelles a pu conduire le sentiment de l'honneur, et il nous paraît évident que la comparaison n'est pas favorable dans tout cela à la morale de l'humilité et de la charité qui conduit de Torquemada à Escobar. De même, à notre époque, Dreyfus, auquel fait allusion Renouvier, a été condamné au nom de l'honneur de l'armée, mais aussi au nom de l'antisémitisme catholique, sans parler de l'utilitarisme des politiques qui s'est efforcé d'empêcher la revision.

Les déviations du concept de l'honneur ne tiennent pas plus à son principe que les déviations des autres concepts moraux. La cruauté sanguinaire de l'honneur marital, telle que nous la dépeint le théâtre espagnol, s'explique, comme l'Inquisition espagnole, par les caractères de la race. De même la forme que l'honneur familial prend en Corse dans la coutume de la vendetta s'explique par une survivance, due à l'isolement insulaire, de coutumes devenues des anachronismes. Suivant donc les temps et les lieux, tous les principes de conduite reçoivent des transformations ou des déformations fort imprévisibles et illogiques. Jésus est-il responsable du bûcher de Jeanne d'Arc parce qu'elle mourut par un évêque qui parlait en son nom?

Même chez les poètes qui idéalisent toute chose, les applications des principes ne sont pas toujours exemptes des préjugés ambiants, car l'observation de la nature humaine se fait par eux sous la forme locale et contemporaine. Ainsi la morale de l'honneur, dans Corneille, est en général très pure et très noble; mais il tombe parfois dans l'erreur du vieil Ennius, et croit que la grandeur de l'ambition autorise l'emploi des moyens criminels. On peut lui opposer cette maxime de La Rochefoucauld, que les véritables grands hommes ne se reconnaissent pas moins à la noblesse des moyens qu'à celle de la fin. Mais de nos jours ne s'est-il pas trouvé un docteur en Sorbonne pour justifier le coup d'État du 2 décembre par la célèbre distinction des deux morales!

La morale religieuse d'*Esther* et d'*Athalie* est bien certainement suspecte. Un autre professeur en Sorbonne montrait dans son cours comment la tragédie d'*Esther* étalait aux yeux des jeunes filles de Saint-Cyr les amours de Louis XIV, ce sultan occidental, et les rivalités de son sérail; comment la tragédie d'*Athalie* sanctifiait une conjuration légitimiste, avec trahison du général en chef d'Athalie, guet-apens du grand prêtre dressé à la reine, le tout pour mettre sur le trône un nouveau tyran qui assassinera le successeur de Joas. N'est-ce pas édifiant?

Quant à la morale utilitaire de la bourgeoisie, nous la découvrons, avons-nous dit, dans les fables de La Fontaine, pour ne rien dire de ses contes. La force, ou, à son défaut, la ruse, l'absence de charité poussée jusqu'à la raillerie quand la misère vient de l'imprévoyance, la bienfaisance utilisée exclusivement en vue de la réciprocité, la bassesse qui fait « courber le dos » préférée à l'orgueil qui veut résister à la tempête, la moquerie pour l'honneur d'être père de famille, l'admiration pour la méthode de l'écrevisse « surtout au métier de Bellone », en un mot, le mépris de l'honneur du devoir et de la charité, voilà ce qu'on moissonne dans les moralités du bonhomme.

Et sa vie peut être un exemple offert à l'imitation de ses adeptes.

Ce n'est là, est-il besoin de le dire? ni la vraie morale chrétienne, ni le véritable utilitarisme, ni le pur honneur. Pourtant, si l'on compare les erreurs de Corneille à celles de Racine ou de La Fontaine, il est trop manifeste que le premier nous présente un idéal beaucoup plus pur que les deux autres.

Faisons mieux, comparons chez le même auteur, chez Corneille, la doctrine de l'honneur et la morale chrétienne, *Le Cid* et *Polyeucte*. La colère du comte et même le duel de Rodrigue peuvent être imputées à une fausse notion de l'honneur. D'autre part, cette Grâce qui frappe Félix, âme vile et courtisanesque, et qui est refusée à Sévère, n'est-elle pas le renversement même de toute conscience morale? et faut-il admirer l'intolérance de Polyeucte? Que dirait-on d'un athée qui l'imiterait dans une église?

Au siècle suivant, nous signalerons un véritable code de l'honneur, tel qu'on l'a compris alors, dans les *Avis* de Mme Lambert à son fils et à sa fille. Elle n'est pas un philosophe, ni même un moraliste se piquant de tout ramener à un même principe. Elle énonce pêle-mêle des conseils inspirés les uns de l'honneur, les autres de la religion, les autres de l'intérêt. Nous nous en tiendrons à ce qu'elle dit de l'honneur, dont nous avons à fixer la conception à la fin de l'ancien régime.

Dans ses *Avis d'une mère à son fils et à sa fille*, Mme Lambert s'est montrée l'interprète délicate et sûre des règles de l'honneur en son siècle et dans l'élite de la société; et ces règles nous semblent définitives.

Elle commence par écarter sans hésitation ni réticence l'humilité. « Rien ne convient moins à un jeune homme, écrit-elle, qu'une certaine modestie qui fait croire qu'il n'est pas capable de grandes choses. Cette modestie est une langueur de l'âme qui l'empêche de prendre l'essor, et de se porter avec rapidité vers la gloire. » A l'encontre d'un certain préjugé de gentilhomme, elle a soin de dire que « il ne suffit pas d'avoir l'honneur de la valeur, il faut aussi avoir l'*honneur de la probité*». Elle ne croit pas, comme la femme de l'aristocrate chez Platon, que l'honneur pousse à chercher les honneurs : « Votre père, dit-elle à son fils, crut que la véritable ambition consistait bien plus à se rendre supérieur *en mérite qu'en dignités*. »

Elle montre combien cette noblesse de sentiment est, quoi qu'on en dise, éloignée de l'orgueil, car « ceux qui possèdent la véritable grandeur sont à leur aise et y mettent les autres »; et même « *l'aveu des fautes* ne coûte guère à ceux qui sentent en eux de quoi les réparer ». Contre l'orgueil elle emploie l'arme la plus sûre : « Il est aussi honnête d'être glorieux avec soi-même que *ridicule de l'être avec les autres*[1]. » L'honneur n'est pas moins éloigné de la vanité : « Quel rapport entre la grandeur de l'homme et la petitesse des choses dont il se glorifie!... Les personnes qui ont une véritable grandeur ne sont pas sujettes aux illusions de la *vaine gloire*. » L'honneur est le meilleur remède contre la bassesse : « Ce sont vos services qui doivent parler pour vous et non des soumissions déplacées. — Défendez-vous de l'envie, c'est la passion du monde la plus basse et la plus honteuse. — Dès qu'on s'abandonne à l'avarice, on renonce à la gloire. » C'est aussi le plus efficace préservatif contre la mollesse et l'amour des voluptés : « La sagesse se sert de l'amour de la gloire pour défendre des bassesses où jette

---

[1]. C'est textuellement une maxime de La Rochefoucauld (la CCCVII^e) que nous avons citée plus haut.

la volupté. — N'espérez donc jamais pouvoir allier la volupté avec la gloire...; mais en abandonnant les plaisirs vous trouverez d'ailleurs de quoi vous dédommager... La gloire et la vérité ont leurs délices, elles sont la volupté de l'âme et du cœur. »

En s'adressant à sa fille, après avoir invoqué la religion, elle commence par alléguer en faveur de la morale de l'honneur un argument que les pédagogues feraient bien de méditer : « Il faut travailler à fortifier ce sentiment puisqu'il doit régler votre conduite et que rien n'est plus contraire au repos et ne donne une conduite plus incertaine que de penser d'une façon et d'agir d'une autre. » Avec quelle justesse et quelle mesure elle marque les rapports entre le témoignage de notre conscience et celui des jugements que les autres portent sur nous! « Vous avez *deux tribunaux inévitables*, devant lesquels vous devez passer : la conscience et le monde. Vous vous devez à vous-même le témoignage que vous êtes une honnête personne. Il ne faut pourtant pas abandonner l'approbation publique, parce que *du mépris de la réputation naît le mépris de la vertu.* » Mme Lambert reconnaît que la crainte du déshonneur « est quelquefois le plus fidèle gardien de la vertu des femmes »; et elle ajoute même : « Très peu sont vertueuses pour la vertu même. » Cependant, dit-elle, la gloire doit être plutôt la récompense que le but de nos actions. Voici encore un conseil dont quelques femmes pourraient, il me semble, faire leur profit : « Ne croyez pourtant pas que votre seule vertu soit la pudeur... Anne de Bretagne, princesse impérieuse et superbe, faisait souffrir Louis XII, et ce bon prince disait souvent en lui cédant : *Il faut bien payer la chasteté des femmes. Ne faites point payer la vôtre.* » Et plus loin elle conclut par ce mot si fin et si profond : « Il faut avoir *une pudeur tendre.* » Et ce que Cicéron nous a dit du décorum, qu'il s'étend à toutes les sources de l'honnête, Mme Lambert le dit spécialement de la pudeur chez la femme.

Au milieu d'une foule d'autres considérations, surtout tirées de l'utile, je détache ce passage où elle justifie si bien le sentiment de l'honneur, fondé à la fois sur la conscience et sur l'approbation d'autrui, contre ceux qui veulent nous réduire à notre appréciation de nous-mêmes (passage qui contredit nettement certaines phrases du même ouvrage où la conscience est donnée comme un juge suffisant) : « Notre amour-propre nous dérobe à nous-mêmes et nous diminue nos défauts. Nous vivons avec eux comme avec les odeurs que nous portons; nous ne les sentons plus; elles n'incommodent que les autres : pour les voir dans leur vrai point de vue, il faut les voir dans autrui. » Et plus bas : « Songez... que, sur ce qui vous regarde, votre ennemi est plus près que vous de la vérité[1]; que vous ne devez avoir de mérite à vos yeux que celui que vous avez aux yeux des autres. L'on a trop de penchant à se flatter, et les hommes sont trop près d'eux-mêmes pour se juger. »

Ces avis d'une mère forment un précieux abrégé des devoirs envers soi-même; mais Mme Lambert entrevoit quelque chose de l'importance sociale de l'honneur lorsqu'elle dit à son fils : « L'amour de l'estime est aussi l'âme de la société; il nous unit les uns aux autres. J'ai besoin de votre approbation, vous avez besoin de la mienne. » Mais, nous l'avons vu, Bossuet est plus profond sur ce point; il a compris que l'affection véritable a besoin elle-même de l'estime.

---

1. Cf. La Rochefoucauld, M.CCCCLVIII, citée plus haut.

La Révolution n'a rien tué qui ne fût moribond. Elle a créé le Droit, la Justice, c'est-à-dire l'égalité des libertés, qui suppose l'égalité des dignités, la dignité de toute personne humaine. Rien de plus conforme à la doctrine de l'honneur, à la morale cartésienne. Il serait donc étrange que l'honneur fût au nombre des morts après la tourmente révolutionnaire. Elle fut la revanche du vaincu sur le vainqueur, des Gallo-Romains en minorité et en majorité des races préhistoriques ou mégalithiques, sur les barbares Francs, Burgondes ou Wisigoths. L'honneur ne put que se transformer et devenir démocratique. Oui, il serait bien étrange qu'un sentiment qui date de la sélection sexuelle, qui s'est plié tour à tour aux nécessités du militarisme, comme nous le montrent les institutions cérémonielles, et aux nécessités du christianisme, comme le montre l'institution de la Chevalerie, ne pût se plier maintenant aux nécessités de l'idée révolutionnaire, d'autant plus que l'amour sexuel ou conjugal continue d'évoluer et de se perfectionner, puisque la famille démocratique lui est infiniment plus favorable que la famille féodale ou monarchique. Quand la cause refleurit, l'effet ne peut disparaître.

Pour étudier l'honneur contemporain, nous devons négliger, dans l'histoire et la littérature, les faits et les œuvres qui ont un caractère réactionnaire ou rétrospectif, et qui ne pourraient que nous ramener à l'étude de l'honneur d'autrefois. Ce n'est donc pas chez le gentilhomme contemporain, du moins en tant qu'il s'efforce de reproduire l'image des nobles de l'ancien régime, qu'il faut porter nos investigations. Ce n'est pas non plus dans des œuvres telles que celles de Dumas père, qui nous peignent si bien le gentilhomme d'antan, ou telles que l'*Hernani* et la *Légende des siècles* de Victor Hugo, imités de la littérature chevaleresque, espagnole ou française, que nous chercherons la forme nouvelle de l'honneur. Ce sont les faits d'un caractère démocratique, ce sont les œuvres littéraires dont les personnages ont été observés chez nos contemporains qui peuvent nous intéresser maintenant.

Des théoriciens du socialisme, comme Charles Fourier, Owen, Blanqui, etc., ont accordé au sentiment de l'honneur un rôle tout à fait prépondérant dans la société future qu'ils rêvaient; tandis que d'autres, comme les Saint-Simoniens, cherchaient leur principe moral et social dans le sentiment religieux, mystique et érotique; et que d'autres enfin, comme l'école allemande, se sont inspirés du principe de l'intérêt et de la force. Ces contradictions entre théoriciens ne font donc que poser le problème sous la forme socialiste sans le résoudre. Elles ne nous permettent pas de prévoir ce que sera la morale du peuple dans la Cité future, même en admettant que cette cité sera collectiviste. Si l'industrialisme futur doit être au contraire individualiste, comme l'enseigne, entre autres, Spencer, la morale sera, d'après ce philosophe, une conciliation de l'égoïsme et de l'altruisme. Mais la morale de Spencer n'arrive pas à dégager avec précision le principe de cet égo-altruisme. Faisons donc remarquer, en passant, que Spencer a vu dans l'honneur un sentiment égo-altruiste par excellence. Ne semble-t-il pas dès lors que, s'il avait pu se soustraire aux traditions utilitaires de l'école anglaise, et s'il avait attaché plus d'importance à la grande théorie de Darwin sur la sélection sexuelle, il aurait pu chercher dans l'honneur la conciliation qu'il rêvait et prophétisait?

Mais, revenons aux mœurs réelles et à la littérature qui les dépeint.

Notons d'abord une œuvre qui nous montre le sentiment de l'honneur subsistant dans les *Grandes armées modernes*. A. de Vigny, dans la conclusion de *Servitude et grandeur militaire*[1], a écrit des pages célèbres, dont il suffit de rappeler quelques phrases éloquentes. « Que nous reste-t-il de sacré ? Dans le naufrage universel des croyances, quels débris où se puissent attacher encore des mains généreuses ? Hors l'amour du bien-être et du luxe d'un jour, rien ne se voit à la surface de l'abîme... J'ai cru voir sur cette sombre mer un point qui m'a paru solide... Ce n'est pas une foi neuve, un culte de nouvelle invention, une pensée confuse ; c'est un sentiment né avec nous, indépendant des temps, des lieux, et même des religions... Cette foi qui me semble rester à tous encore et régner en souveraine dans les armées, c'est celle de l'honneur... La chute de tous les temples n'a pas ébranlé sa statue... Tandis que toutes les vertus semblent descendre du ciel pour nous donner la main et nous élever, celle-ci paraît venir de nous-mêmes et tendre à monter jusqu'au ciel... c'est la vertu de la vie... *L'honneur, c'est la conscience, mais la conscience exaltée*... C'est peut-être le plus grand mérite de l'honneur d'être si puissant et toujours beau, quelle que soit sa source... L'honneur, c'est la pudeur virile. »

Mais nous pouvons demander la peinture de l'honneur actuel aux écrivains qui l'ont représenté le plus fidèlement, alors même qu'ils n'auraient pas eu le plus de génie. Le théâtre d'Émile Augier peut nous montrer l'honneur dans la bourgeoisie. Le thème favori de cet écrivain est le conflit de l'honneur et de l'argent, la peinture de l'honneur bourgeois, de l'honneur de probité, dans un milieu de financiers ou d'industriels. Il a également traité la question qui domine tout le théâtre contemporain, celle

1. Calmann-Lévy, éd.

de l'honneur conjugal. L'intérêt des pièces d'Augier est dans le triomphe de l'honneur bourgeois sur l'honneur professionnel. Renouvier a oublié le premier en flétrissant le second. Mais il ne faut demander à l'honneur professionnel que ce qu'il comporte, la fidélité à accomplir l'*office* spécial de chaque profession. Ce précieux sentiment qui constitue l'honneur militaire, l'honneur du fonctionnaire, celui du médecin, celui du commerçant, celui du marin, celui de l'ouvrier, consiste à assurer la bonne foi et le crédit dans les limites de certaines règles et formalités indispensables à l'exercice de la profession. Mais il ne dispense pas de l'honneur commun, ou bourgeois, comme l'appelle Schopenhauer, bien que l'égoïsme puisse porter au sophisme qui les oppose parfois. L'honneur contemporain s'est en somme épuré au point de vue de la probité; il a rejeté les préjugés de jadis qui permettaient au gentilhomme de tricher au jeu et de se faire entretenir par ses maîtresses, ou de berner ses créanciers comme le Don Juan de Molière. Sur ces points nos mœurs sont formelles. Pour l'honneur conjugal, on peut juger également du progrès accompli en comparant le théâtre d'Augier à l'ancien théâtre espagnol. Dans *Gabrielle*, le mari pardonne par le sentiment de sa solidarité dans la faute de la femme, c'est-à-dire au nom même du principe de l'honneur familial. Octave Feuillet, qui, notamment dans *Monsieur de Camors*, considère l'honneur comme une ressource suprême pour le matérialisme et l'athéisme, trouve d'admirables accents pour exciter dans les âmes ce sentiment généreux. Vigny peint surtout l'honneur militaire, Feuillet l'honneur mondain, Augier l'honneur bourgeois. Dumas fils met en scène aussi l'honneur conjugal et plaide en faveur du divorce comme remède légal, et, en l'attendant, conclut par son célèbre : « Tue-la! »

Mais le divorce n'a pas résolu toute la question morale.

Malgré les progrès de notre conception de l'honneur, bien des problèmes subsistent encore. L'affaire du Panama, l'affaire Dreyfus, qui ont suscité les critiques de Renouvier, et plus récemment l'affaire des fiches militaires ont montré que la démocratie ne peut se désintéresser de ces questions morales qui renaissent à chaque instant pour ébranler la conscience des peuples.

Ce qui nous intéresse surtout dans la littérature contemporaine, ce sont les « penseurs », c'est-à-dire des écrivains qui se tiennent à des distances variables entre les purs littérateurs et les moralistes systématiques. Parmi ces penseurs, nous choisirons un aristocrate, Nietzsche, un démocrate, de Tocqueville, et un esprit impartial jusqu'à la contradiction, Renan.

Nietzsche nomme lui-même ses ouvrages des exercices de calligraphie philosophique, et cette manière rend difficile l'intelligence de sa doctrine. Puisque nous parlons ici de l'évolution de la morale, nous choisirons son ouvrage sur la *Généalogie de la morale* pour noter quelques-unes de ses idées favorites. Il voit l'origine de la distinction du bien et du mal dans la distinction des qualités des maîtres et de celles des esclaves. Par là même, il se place au point de vue du militarisme, qui prédominait de son temps en Allemagne, après la guerre de 1870, à laquelle il avait assisté. La linguistique a appris à Nietzsche que bon est synonyme de noble, et mauvais de vilain. Puis le bon est le véridique, et le mauvais est le menteur, autres caractères du maître et de l'esclave. De même le mot bon désigne ensuite le brave et le blond, et le mauvais signifie le lâche et le brun, les conquérants aryens étant blonds et les vaincus ou pré-aryens étant bruns. Enfin le bon est le pur ou le propre, et le mauvais est l'impur ou le malpropre. Puis, avec l'appui des prêtres, jaloux des nobles, et grâce à un peuple de prêtres, les Juifs, est venu « le soulèvement des esclaves dans la morale », qui a renversé l'échelle des valeurs. — C'est l'humilité chrétienne opposée à l'orgueil militariste. — Les vertus du « troupeau » ont été mises à la place de celles des maîtres. Dès lors « tout se judaïse, ou se christianise ou se voyoucratise à vue d'œil[1] ». Rappelons aussi l'origine de la notion du devoir d'après Nietzsche : c'est la promesse, l'obligation de l'acheteur ou de l'emprunteur vis-à-vis du vendeur ou du créancier. C'est au prix de longues tortures que le sentiment de cette obligation a été gravé dans la mémoire de l'homme, ou plutôt a constitué à l'homme une mémoire, comme l'ascétisme lui a constitué une volonté. « Et ne faudrait-il pas ajouter que ce mot n'a jamais perdu tout à fait une certaine odeur de sang et de tortures? (pas même chez le vieux Kant : l'impératif catégorique a un relent de cruauté[2].) » D'ailleurs, c'est le faux honneur que préconise le moraliste allemand, l'orgueil de la race, de la force, de la santé, de l'intelligence, mais non la fierté du mérite moral. Pourtant l'Église, si répugnante qu'elle lui semble, peut encore servir, selon l'auteur. A quoi? il ne faut pas le dire... Mais on devine sa pensée : c'est à abrutir et à museler le troupeau, à lui verser le poison moral dont la libre pensée garantit l'aristocratie. Nietzsche n'a pas prévu que le peuple pouvait devenir libre penseur, tandis que les nobles resteraient infestés d'humilité chrétienne, que le sentiment de l'honneur pouvait se démocratiser, tandis que l'aristocratie achèverait de se christianiser, comme nous le voyons aujourd'hui en France. C'est que la démocratie est une

---

1. *Généalogie de la morale*, trad. Albert, 3ᵉ éd., p. 48. (*Mercure de France*, éd.)
2. *Id.*, p. 101.

ascension des vaincus après la déchéance des vainqueurs, et que les rôles sont renversés depuis la Révolution. « La république, disait Gambetta, est le gouvernement de la dignité humaine. » La prise de la Bastille a donné des lettres de noblesse au « troupeau ».

Renan n'est pas plus tendre que Nietzsche pour l'humilité chrétienne, et, au fond, il n'est guère moins aristocrate, mais seulement plus intellectualiste, et il attribue à peu près le même rôle au prêtre. Voici ce qu'il pense de l'humilité : « La libérale antiquité voyait un vice dans le sentiment que le christianisme a érigé en vertu sous le nom d'humilité; elle croyait qu'il n'est pas bon de faire peu de cas de soi-même, et d'abdiquer volontairement sa fierté[1]. » Et encore : « Le mot d'orgueil, dans le langage des moralistes chrétiens, est... fort suspect; souvent il sert à stigmatiser des qualités précieuses et même des vertus[2]. »

Enfin, l'auteur de *La Démocratie en Amérique* nous dit : « Les moralistes se plaignent sans cesse que le vice favori de notre époque est l'orgueil. Cela est vrai dans un certain sens : il n'y a personne en effet qui ne croie valoir mieux que son voisin, et qui consente à obéir à son supérieur; mais cela est très faux dans un autre; car le même homme qui ne peut supporter ni la subordination, ni l'égalité se méprise néanmoins lui-même à ce point qu'il ne se croit fait que pour goûter les plaisirs vulgaires. Il s'arrête volontiers dans de médiocres désirs, sans oser aborder les grandes entreprises; il les imagine à peine. Loin donc de croire qu'il faille recommander à nos contemporains l'humilité, je voudrais qu'on s'efforçât de leur donner une idée plus vaste d'eux-mêmes et de leur espèce; l'humilité ne leur est point saine; ce qui leur manque le

---

1. *Essais de morale et de critique*, p. 53. (Calmann-Lévy, éd.)
2. *Id.*, p. 174.

plus, c'est l'orgueil. Je céderais volontiers plusieurs de nos vertus pour ce vice. »

Voici donc trois penseurs qui ont observé de nos jours, l'un l'Allemagne, l'autre la France, et l'autre l'Amérique, et qui s'accordent sur ce point. Le sentiment de l'honneur guide au fond dans leur conduite ceux mêmes qui font profession de principes contraires, aujourd'hui comme dans tous les temps. C'est ce que constate un moraliste contemporain, qui se donne lui-même comme utilitaire de sorte que sa remarque pourrait s'appliquer à lui-même, car on ne voit pas qu'il réduise l'opinion à l'utilité : « Parmi ceux, dit cet auteur, qui adhèrent le plus apparemment aux doctrines de la morale religieuse ou métaphysique, combien croyez-vous qu'il y en ait dont les actes se déterminent par les considérations de l'enseignement sacerdotal ou de la justice immanente, et qui dédaignent l'opinion de leurs semblables? La plupart de ceux même qui croient obéir à la voix de leur Dieu ou de leur raison obéissent surtout à la considération de l'estime ou du mépris public. C'est là qu'est en réalité la vraie puissance pour la grande majorité des hommes, en dépit des efforts qu'on fait pour la combattre[1]. »

L'expression du sentiment de l'honneur se retrouve dans les autres littératures modernes[2]. Il n'y est pas seulement un écho des littératures grecque, latine et française, imitées par tous les étrangers; il revêt dans les diverses littératures le caractère propre à chacun des peuples qui les ont produites.

L'Italie moderne est aussi religieuse et sacerdotale que l'Italie antique fut guerrière et militaire. Aussi le senti-

---

1. E. Véron, *La Morale*, p. 470. (Schleicher, éd.)
2. Voir l'ouvrage de M. H. Dietz sur les littératures étrangères (Armand Colin, éd.) dont nous nous sommes surtout inspiré dans cette étude.

ment de l'honneur y joue-t-il un rôle moindre que l'amour humain ou divin. Elle ressemble par là à la Provence, dont la littérature suscita la sienne au xive siècle. Cependant l'honneur y est inséparable de l'amour chevaleresque, et il se retrouve même dans l'inspiration des purs mystiques.

Les poètes italiens, à toutes les époques, ont pris soin de rappeler à leur moderne patrie sa gloire dans l'antiquité. L'honneur national est en effet plus cher encore aux Italiens que l'honneur personnel. Mais cet honneur apparaît, surtout aux poètes, comme une vision du passé.

La littérature espagnole, plus virile, comme le peuple qui l'a produite, nous présente à chaque page la peinture de l'honneur. Mais, comme on le sait, chez ce peuple naturellement cruel, le sentiment de l'honneur porte souvent l'empreinte de ce vice national. L'honneur, qui pour l'Italien est surtout un souvenir et un regret ou une aspiration, est pour l'Espagnol toujours une passion, parfois une folie furieuse. Il est répandu en Espagne, plus qu'ailleurs, dans toutes les classes sociales, et il y garde la même allure altière chez le bandit que chez l'hidalgo.

Dès le début de la littérature espagnole, le poème du *Cid* respire un sentiment héroïque de l'honneur. Il en est de même, comme on sait, dans le *Romancero*.

Les personnages historiques n'ont guère d'autre mobile que celui des héros de la légende, et la foi même leur fait parfois défaut. Mais le sentiment de l'honneur chevaleresque est en lutte chez l'Espagnol avec un sens très positif de la réalité; et c'est cette lutte que Cervantès a retracée dans son *Don Quichotte*, comme la lutte même de l'âme et du corps.

Le théâtre, comme le roman, est tout rempli par la peinture de l'honneur. On sait que le *Cid* de Corneille est imité d'une pièce de Guilhem de Castro. Les deux sentiments qui animent le théâtre de Lope de Vega sont la galanterie et le point d'honneur. Calderon traduit le fanatisme de l'honneur et de la foi qui est la vie même de l'Espagne. Dans *Le médecin de son honneur*, Calderon met en scène un héros dont l'honneur est plein de raffinements et de scrupules tout espagnols; et dans *L'Alcade de Zalamea*, il nous montre l'honneur castillan égal dans toutes les classes de la société, chez le paysan comme chez le soldat. Alarcon, plus classique, a donné parmi ses pièces les plus fameuses, *La Cruauté par honneur*, dont le titre est à lui seul bien caractéristique. Corneille a imité, dans *Le Menteur*, *La vérité suspecte* d'Alarcon, et notamment la scène où le père demande à son fils s'il se croit gentilhomme. Francisco de Rojas, dans sa pièce célèbre *Hormis le roi personne*, nous montre l'honneur espagnol contraignant le mari à immoler sa femme déshonorée mais innocente, ce qui est plus inacceptable encore que le suicide de Lucrèce. On peut rapprocher de cet acte un geste non moins typique. Quintana nous raconte, dans ses *Vies des Espagnols illustres*, l'héroïsme de Guzman le Bon, qui, sommé de rendre une ville assiégée, sous peine de voir tuer son fils pris comme otage par l'ennemi, refuse de capituler, et jette son couteau à l'assiégeant pour qu'il s'en serve contre son fils.

En Angleterre, comme en France, on voit éclore, à l'origine de la littérature, une foule de romans chevaleresques sur le roi Arthur et la Table ronde, Charlemagne, Alexandre et la guerre de Troie. Ces récits héroïques et légendaires d'origine celtique ou normande et française respirent avant tout le sentiment de l'honneur. Les *Chroniques* de Froissard nous peignent la chevalerie anglaise sous les mêmes traits que la chevalerie française. Mais si nous étudions les œuvres vraiment nationales de l'Angleterre, celles où l'imitation étrangère disparaît, il semblera que ce sentiment y joue un rôle moindre qu'en France ou en Espagne. Cependant ce n'est là, croyons-nous, qu'une apparence. Il est certain, en effet, que ce sentiment est profond chez les Anglais; mais il s'y montre plus renfermé, plus discret. Le tempérament flegmatique des Anglais les fait paraître plus froids qu'ils ne le sont en réalité. Pour comprendre cette nuance de l'honneur, on peut comparer l'*Othello* de Shakespeare, par exemple, aux pièces espagnoles sur le même sujet. On sera frappé d'un contraste apparent, puis on découvrira le fond commun. Dans cette pièce, on ne trouve point, il est vrai, de subtiles dissertations ni de déclamations sonores sur l'honneur. Néanmoins, on y entend presque à chaque scène, de brèves affirmations de ce sentiment universel. C'est bien lui qui constitue ici le seul mobile considéré comme moral par tous les personnages et celui dont s'inspire partout Othello. Quelques citations vont en faire foi.

Iago avertit le père de Desdémone de l'enlèvement de sa fille au milieu de la nuit : « Au nom de l'honneur, passez votre robe[1] ! » Quand le vieillard s'est assuré du fait, il s'écrie : « Ce qui me reste de jours d'une vieillesse déshonorée n'est plus qu'amertume et douleur. » Iago prévient Othello que le vieillard a vomi des propos révoltants, injurieux à son honneur. Desdémone s'est éprise d'Othello au récit de ses exploits : « Je ne vis que son âme, et j'ai consacré la mienne à ses vertus guerrières et mon sort à sa gloire. » Othello, pour obtenir des sénateurs d'emmener sa femme à la guerre, leur dit : « Non, quand les jeux du folâtre amour corrompront mes devoirs..., je consens qu'alors vos femmes rangent parmi leurs ustensiles de

---

1. *Othello*, Bibliothèque nationale. (Berthier, éd.)

ménage mon casque dégradé, et puissent tous les affronts avilissants s'élever ensemble contre ma renommée! » Il recommande Iago en disant : « C'est un homme plein d'honneur et de fidélité. » Iago excite Rodrigo contre le Maure : « Si vous pouvez le déshonorer, vous vous procucurerez un plaisir. » Ces brèves indications du sentiment de l'honneur se continuent ainsi pendant toute la pièce avec la même concision. Voici une des plus longues. Après son ivresse et sa querelle, Cassio s'écrie : « Mon honneur! ma réputation! Ah! j'ai perdu ma réputation! J'ai perdu la portion de moi-même qui était immortelle; celle qui me reste m'est commune avec la brute. Oh! mon honneur, Iago, mon honneur! » Et le traître lui répond : « La réputation, vain nom plein d'imposture, souvent acquis sans mérite et perdu sans qu'on l'ait mérité! » Mais Cassio réplique que sa faute le force à se mépriser sincèrement lui-même. Othello écoute les insinuations perfides de Iago parce qu'il le croit « plein d'honneur ». Mais voyons quel motif pousse Othello au meurtre et comment il s'exprime à ce sujet. Iago vient de le persuader du crime de Desdémone, Othello s'écrie : « Je veux la mettre en pièces. Me déshonorer! » Et Iago approuve : « Oh! cela est infâme de sa part. » A la fin de la pièce, Othello n'a pas d'autre excuse : « Dites, si vous voulez, que je suis un assassin, mais par honneur; car je fis tout pour l'honneur, et rien par haine. » A part deux ou trois passages insignifiants, voilà tout ce qui se dit dans la pièce au sujet de l'honneur. Ce sentiment y éclate chez tous et partout, mais en cris qui s'échappent du cœur comme par force, pour être aussitôt comprimés. Telle nous semble être la caractéristique de l'honneur anglais.

Nous retrouverions chez les grands orateurs anglais, comme chez Démosthènes, ces brefs appels au sentiment de l'honneur individuel ou national, si différents des développements que ce mobile inspire à Cicéron, chez les Latins, mais non moins éloquents.

Dans la littérature allemande, nous ne serons pas étonnés de retrouver l'expression du sentiment de l'honneur; car, pour peu qu'il y ait de vrai dans la peinture que Tacite nous a laissée des mœurs antiques des Germains, leurs sentiments devaient se manifester chez leurs descendants. En effet, sans vouloir remonter plus haut que l'époque des Croisades, où fleurit le premier âge classique de l'Allemagne, nous voyons apparaître dans les lettres l'expression des mœurs et des institutions chevaleresques.

Walter von der Vogelweide, le plus grand des *Minnesinger*, nous explique ingénument comment l'idéal serait de pouvoir réunir l'honneur, la richesse et la foi : « Il m'était impossible d'accorder trois objets de telle sorte qu'aucun des trois ne fît de tort aux autres. Deux de ces objets sont l'honneur et les biens de ce monde; ces deux choses ont beaucoup de peine déjà à s'accorder; le troisième est la grâce de Dieu, préférable de beaucoup aux deux autres. J'aurais bien voulu renfermer ces trois trésors dans un coffret. Malheureusement il n'arrive pas que les richesses et l'honneur terrestre et enfin la grâce de Dieu entrent ensemble dans un cœur[1]. »

Plus près de nous, Frédéric de Schlegel fait appel à *l'Ame allemande* pour secouer le joug des influences étrangères et conclut : « Puissions-nous, loin de ces influences du dehors, suivre toujours l'honneur et la liberté, nos étoiles[2] ! » Dans l'Allemagne contemporaine, la littérature est en grande partie l'écho de la nôtre, et l'honneur y est traduit sous ses divers aspects. Parmi les classiques, on

---

1. H. Dietz, ouvrage cité. (Armand Colin, éd.)
2. *Ibidem.*

peut citer Lessing qui, dans *Emilia Galotti*, met en scène un sujet analogue à celui de *Virginie* raconté par Tite-Live; et qui, dans *Minna von Barnhelm*, nous montre un officier prussien mettant son point d'honneur, après avoir été ruiné, à ne pas épouser sa riche fiancée. Parmi les auteurs plus récents, citons Sudermann qui, dans sa pièce de *L'Honneur*, montre que chaque classe sociale a son honneur, oppose l'honneur industriel à l'honneur militaire, et l'honneur personnel à l'honneur familial, mais dans un cas où la famille morale n'existe pas. Il montre aussi qu'on ne doit pas se tuer en cas de déshonneur. Il a raison encore de s'attaquer au formalisme de l'honneur, dont le code doit être compris non dans sa lettre mais dans son esprit.

Comme l'Italie, l'Allemagne a surtout compris et célébré l'honneur national, l'honneur collectif, et elle n'a peut-être pas un aussi vif sentiment de l'honneur individuel. Cela nous expliquerait cette docilité de l'Allemand à ses princes, que raillait Henri Heine, et qui ne s'est pas démentie depuis lors, et le sentiment populaire qui a abouti à faire l'unité allemande de nos jours, mais qui l'incarne encore dans un empereur. Nous avons vu le sentiment de l'honneur, combattu par l'école de Kant et celle de Schopenhauer, reprendre vigueur avec Nietzsche, quoique sous une forme brutale. Sous ce dernier rapport, il diffère de l'honneur italien contemporain qui se personnifie dans la figure héroïque de Garibaldi, ce chevalier du droit des peuples. Mais l'Allemagne, qui a passé subitement de l'idéalisme traditionnel au matérialisme, s'en relèvera; et la notion de l'honneur s'épurera chez elle sans s'affaiblir. Il nous suffit d'avoir constaté la renaissance de ce sentiment, il ne peut plus que s'industrialiser et se démocratiser.

Pour résumer ce chapitre, essayons de formuler les lois qui ont régi l'évolution de l'honneur dans l'humanité.

L'honneur se transforme sous les diverses influences sociales, politiques, religieuses, scientifiques, économiques. Il se militarise sous le militarisme; il s'aristocratise et se christianise sous la féodalité médiévale; il devient le principe de la monarchie au temps de Montesquieu; il s'embourgeoise dans la bourgeoisie naissante, et il se démocratise avec la Révolution. Mais à travers ses métamorphoses, on peut discerner une marche progressive d'abord vers l'égalité; d'unilatéral il tend à devenir réciproque, comme l'indique la diffusion des titres, salutations, etc.; il tend donc vers l'égalité de dignité des personnes; puis il progresse en extension, de l'honneur individuel à l'honneur familial, à l'honneur du clan ou de la tribu, à celui de la cité, puis de la nation. En même temps il se spécialise avec la division du travail social, et, au-dessous de l'honneur commun à tous, apparaissent les divers honneurs professionnels. Il passe également des formes extérieures et matérielles à la simple dignité de la conduite, il se spiritualise. Il s'attache tour à tour à tout ce qui excite l'admiration ou donne l'idée de la valeur de l'homme, d'abord à la force et à la beauté ou aux ornements, puis au courage militaire, au courage civique, aux vertus religieuses elles-mêmes; il se dégage des préjugés et il finit par ne plus s'appliquer qu'aux seules choses qui dépendent de notre libre arbitre, comme dit Descartes, ou du moins il s'approche graduellement de cet idéal. Il se distingue peu à peu de la vanité et de l'orgueil, et, sans tomber dans l'humilité, il aboutit à la fierté égo-altruiste qui s'estime et estime les autres au plus haut point possible, comme le veut encore notre philosophe.

III

ANALYSE DE LA CONSCIENCE MORALE.
DISTINCTION DES ÉLÉMENTS MORAUX, THÉOCRATIQUES ET JURIDIQUES.
LE SENTIMENT DE L'HONNEUR COMME SYNTHÈSE DE LA PURE CONSCIENCE MORALE. LA LIBERTÉ MORALE

Le militarisme ou la tyrannie du chef militaire vivant, puis la théocratie ou tyrannie exercée par le prêtre au nom du chef militaire et plus tard du chef religieux divinisés après leur mort, ont altéré et avili tous les sentiments moraux naturels à l'humanité. Tout le mal moral vient de la guerre et de l'esclavage. Voyons l'influence de la théocratie médiévale sur la conscience moderne, après avoir vu celle du militarisme sur la conscience primitive.

Gargantua, dans une lettre à son fils Pantagruel, lui dit, en parlant de la vie qu'il a passée avec lui : « Elle a esté, moyennant l'aide et grâce divine, *non sans péché*, je le confesse (car nous péchons tous et continuellement requerrons à Dieu qu'il efface nos péchés), mais *sans reproche* ». On peut donc être non sans péché, mais pourtant sans reproche? C'est qu'en effet il y a dans l'homme moderne au moins deux consciences, la conscience morale et la conscience religieuse. Certains moralistes, comme Descartes, n'ont vu que la première; d'autres, comme Kant, n'ont vu que la seconde. La pratique chrétienne de l'*examen de conscience* au point de vue religieux a surajouté à la conscience morale une autre conscience qui peut aller jusqu'à nous cacher la première. L'expression de *liberté de conscience* atteste cette confusion entre les pratiques du culte et la conscience morale. Dans le confessionnal du catholique ou dans la confession à Dieu du protestant, la règle morale s'identifie à la règle religieuse; et la première se trouve ainsi peu à peu profondément modifiée. Comment aurait-il pu en être autrement? D'ailleurs, il suffit pour s'en convaincre de comparer la morale antique fondée sur les *vertus* et la morale moderne fondée sur les *devoirs*. Pour les anciens philosophes, la morale et la religion sont bien plus distinctes que pour les philosophes chrétiens; mais parmi les philosophes modernes beaucoup ont résisté à cette influence religieuse. Selon que l'on considère avec l'antiquité, la nature comme divine et la vertu comme l'acte propre de l'homme normal, le développement et l'épanouissement de notre nature, ou bien, au contraire, que l'on pense, avec le christianisme, notre nature déchue et incapable d'elle-même, sans la grâce, de faire le bien, la règle morale apparaît nécessairement à la conscience sous un aspect tout opposé. C'est, pour les socratiques et pour les stoïciens, dans la vertu que se trouve le bonheur, et la vertu nous est naturelle; mais pour les théologiens et pour Kant, la règle est un impératif qui dépasse et contrarie la nature humaine, qui l'humilie et la contraint au respect, et nos meilleurs sentiments sont des faits sans aucune valeur morale par eux-mêmes : « la chair » est l'ennemie de l'esprit; la nature est l'antithèse de la grâce ou de la liberté; il faut opter. L'alternative pour le païen ne peut être qu'entre ses passions inférieures et ses passions supérieures qui participent de la raison; pour le chrétien, elle est entre son moi haïssable, sa personnalité méprisable et la loi divine. Le stoïcien prétend imiter Dieu et s'égaler à lui par sa sagesse en voulant ce que Dieu veut; le chrétien dit à Dieu : « Que votre volonté soit faite, et non la mienne ! »

Analysons successivement à ce double point de vue notre conscience actuelle, et nous verrons combien l'aspect en est changé; nous retrouverons en opposition les analyses de Descartes et de Kant; et il suffira, pour les concilier, de distinguer en nous la conscience morale et la conscience religieuse. Nous comprendrons mieux dès lors l'opposition moderne de l'honneur et du devoir, de la générosité et de l'humilité. Après les avoir étudiées, du dehors dans le passé, par la méthode psychologique d'observation extérieure et comparée, il nous reste en effet à les étudier, du dedans et dans leur état présent, chez l'homme civilisé par la méthode psychologique d'observation intérieure et individuelle. Cette méthode a ses illusions comme l'autre. L'observation extérieure peut nous conduire à de fausses analogies, et d'autant plus que nous observons des êtres plus différents de nous; mais l'introspection peut nous faire prendre un mode personnel pour un mode général. En comparant les données de toutes deux, on les contrôle mutuellement. Descartes s'observe, Kant s'observe; ils ne sont pas d'accord; mais chacun d'eux croit avoir observé l'homme en général, la conscience humaine. La psychologie comparée de l'homme antique, du païen, et de l'homme moderne, du chrétien, nous expliquera le désaccord du gentilhomme Descartes et du piétiste Kant. Dans l'antiquité, la conscience morale s'est élevée à une haute perfection chez les Grecs, qui nous ont donné des exemples des plus nobles vertus; mais, chez les chrétiens, la conscience théocratique est parvenue à sa perfection. Selon que les philosophes modernes ont été enclins ou soumis à une discipline plus ou moins « séculière », ou plus ou moins « régulière », leur conscience a revêtu l'aspect proprement moral ou l'aspect religieux.

La conscience morale est le système des phénomènes éthiques qui forment un groupe spécial dans l'ensemble des phénomènes psychologiques. Les principaux phénomènes éthiques sont : le sentiment de satisfaction ou de remords, le respect ou le mépris des autres, le sentiment du mérite ou du démérite, celui de la responsabilité avec la notion de sanction morale, et le sentiment d'obligation morale ou de devoir. Il faut en outre dégager de tous ces sentiments deux éléments qui leur sont communs et les caractérisent : ce sont, d'une part, l'idée du bien ou du mal, et, de l'autre, le sentiment du libre arbitre. Ces divers sentiments existent dans la conscience morale et dans la conscience religieuse, car, bien entendu, c'est toujours la même faculté sous deux formes différentes.

La conscience religieuse n'est en somme qu'une déviation de la conscience morale sous l'influence des terreurs de l'enfer, dont la prédication chrétienne, au moyen âge surtout, épouvantait constamment les imaginations crédules d'hommes misérables. Beaucoup d'entre nous en ont gardé l'empreinte héréditaire, que l'éducation peut réveiller ou effacer selon qu'elle agit dans le même sens ou en sens opposé. De là les formes discordantes de la conscience chez les modernes. Décrivons les deux aspects, et commençons par la conscience à forme religieuse.

Au premier rang, dans celle-ci, se place le sentiment du

devoir, de la loi morale. Kant l'analyse admirablement dans sa théorie de l'impératif catégorique. C'est le commandement d'un Dieu despote, qui ne donne pas ses raisons, et dit, comme le Jupiter d'Ovide : « Je le veux, je l'ordonne ainsi! » C'est la formule du bon plaisir des rois.

L'idée du bien et du mal est effacée ici par celle du devoir, puisque le bien est la raison du devoir, et que la loi morale commande sans donner de raison. Le bien, c'est ce que Dieu veut, ce qu'il nous commande par la voix de la conscience. Ce commandement catégorique a derrière lui l'héritage accumulé des ordres impérieux des chefs religieux parlant au nom des dieux (des chefs morts), et plus loin encore ceux des chefs vivants, des chefs guerriers de l'état militariste, qui imposent des consignes, et enfin ceux du maître à l'esclave. La loi, non motivée, paraît à Kant respectable par elle-même. Elle a un caractère d'absolu qui impressionne profondément. Selon Kant, ce sentiment du respect est d'ailleurs tout intellectuel, et s'adresse au pur concept de la loi, de la règle universelle, conforme à la raison ou faculté de l'universel dans son rôle pratique. Mais derrière ce respect intellectuel, on sent peser l'effroi des bûchers de l'Inquisition pour qui s'éloigne de la formule catholique, c'est-à-dire universelle, du devoir orthodoxe. Nietzsche nous le fait remarquer après Schopenhauer. La loi universelle, c'est celle qui courbe tous les fronts sous son joug.

Dès lors, le sentiment moral de satisfaction tend à s'effacer pour laisser subsister celui de l'humilité; car personne ne peut éviter entièrement de transgresser la règle. Le saint lui-même, dit un proverbe, pèche sept fois par jour. C'est pourquoi, comme dit saint Paul, « l'homme se tient lui-même pour vil ». Selon Kant et selon tous les théologiens, en effet, se connaître véritablement c'est se mépriser. Les angoisses d'un remords perpétuel s'accroissent avec les efforts pour obéir à la loi; car les scrupules se multiplient et se raffinent à mesure qu'on s'élève vers la sainteté, comme la conscience s'émousse à mesure que l'on s'endurcit dans le mal, et c'est ainsi que l'on se damne. Tout est embûche du Malin Esprit qui rôde, cherchant une proie à dévorer; et, la nature entière est suspecte : « Et l'œuvre des sept jours n'est que tentation », comme dit Musset.

L'estime pour les autres n'est plus qu'un artifice de contrition, d'humiliation de soi-même. L'estime des autres pour nous n'est plus qu'un danger redoutable, et l'humilité doit tout faire pour l'éviter. Bossuet nous en donne les recettes. Ce que nous faisons de bien doit être rapporté à Dieu. Mais le mal n'est pas attribué à Satan; il nous est pleinement imputable à nous-mêmes, responsables du péché d'Adam qui a produit notre déchéance.

Tels les sujets d'un despote oriental doivent se prosterner devant lui et se faire humbles d'autant plus qu'ils sont plus élevés, car ils ont à craindre alors sa jalousie. « Les dieux sont jaloux »; « l'Éternel est jaloux »: Le grand doit se faire petit; car le despote se plaît à abaisser le grand et à élever le petit; pour mieux faire éclater sa puissance, et pour mieux l'affermir. Ainsi le serviteur doit rapporter à son seigneur les louanges qu'on lui donne; mais son seigneur le désavoue et le rend responsable s'il fait mal, sacrifiant l'instrument de sa gloire. Punis pour la révolte de leurs ancêtres, excités par l'Ennemi, ils sont à la merci du Roi des rois, qui seul peut les affranchir arbitrairement même après que son Fils les a « rachetés ». — Humain, trop humain! — dirait Nietzsche. Trop oriental surtout, dirons-nous.

Kant admet cependant le mérite moral; il atténue et

rationalise autant qu'il peut la doctrine scholastique. Cependant ses prémisses ne peuvent logiquement le conduire qu'à un mérite en quelque sorte négatif, celui de n'avoir pas toujours transgressé la loi sévère et sublime. Avec ce mérite-là, on est un serviteur à peu près fidèle. Mais c'est encore un idéal inaccessible. Aucun acte vraiment moral n'a peut-être été fait encore dans le monde. Plus l'individu est naturellement mauvais, plus il a de mérite lorsqu'il ne pèche pas, car le mérite se mesure à l'effort fait sur soi-même et contre soi-même. Le devoir, dit Schopenhauer, est ce qui contrarie la nature.

La loi morale a pour sanction le plaisir ou la douleur. C'est la justice morale, selon Kant; et, comme les sanctions terrestres ne suffisent pas à assurer cette justice, Kant postule l'immortalité de l'âme et l'existence d'un Dieu justicier. En prêtant l'oreille, on entend derrière ce postulat de la raison pratique les trompettes du jugement dernier; en regardant bien, on aperçoit les flammes de l'enfer éternel. Le rideau tiré par le criticisme cache insuffisamment la scène tragique. C'est que le despotisme n'a pas d'autres moyens d'action que la menace de la torture ou de la mort, et que l'enfer combine ces deux maux incompatibles. Même dans les monarchies occidentales, le mobile est d'un ordre plus élevé : on y fait appel à l'honneur. Mais la conscience chrétienne laisse ce sentiment dans la pénombre; la gloire des élus n'y est qu'une pâle vision auprès de celle de l'Enfer. N'est-ce pas, Dante?

La responsabilité attestée ainsi par la conscience conduit Kant au postulat du libre arbitre, indémontrable et intemporel. D'après Schopenhauer, la liberté nouménale est le choix fait, en dehors du temps, de notre caractère bon ou mauvais. Si cette interprétation est juste, ce choix ne va-t-il pas se perdre jusque dans le « décret absolu », par lequel Dieu de toute éternité accorde ou refuse arbitrairement sa grâce, suivant le prédestinationisme? Janet les compare; et Renouvier, nous dit-on, se demandait parfois si dans Kant il ne fallait pas substituer partout aux noumènes le noumène. En pratique, du moins, les deux théories reviennent au même : nous ne pouvons changer notre caractère une fois choisi. C'est donc toujours le fatalisme chrétien. Derrière le fatalisme religieux, il y a encore le despotisme primitif.

Telle est donc cette conscience chrétienne qui nous explique celle de Kant. Mais, pour aller au bout de notre pensée, il faudrait ici sortir de notre sujet; il faudrait établir que la religion a elle-même été déviée de sa véritable direction; que cette conscience religieuse dont je viens de parler n'est au fond qu'une conscience civique ou politique en voie d'élaboration. La théocratie nous fait illusion, étant elle-même la transposition du principe politique dans la religion; elle confond dans la notion biblique du Seigneur l'amour divin et le respect de la loi générale. Kant a sécularisé le devoir, et n'a fait par là que reprendre à la religion ce qu'elle avait pris à la politique, mais il a eu tort de rendre à la morale ce qui revenait à la politique : le principe du respect de la loi pour elle-même. Du devoir théocratique, il a fait le devoir démocratique; de la crainte de Dieu il a fait la volonté autonome; c'est en effet ce qu'entendait la Révolution française; c'est ce qu'avait dit Rousseau. Mais il fallait laisser tout cela à sa place, en politique. La morale de l'Ancien Testament est théocratique; celle de l'Évangile est plus religieuse; mais l'amour y reste entaché d'humilité.

Nous avons lu, entre les lignes, dans la conscience de l'homme de devoir, jetons un coup d'œil semblable dans celle de l'homme d'honneur. Descartes va nous servir de guide dans cette analyse.

Ici, le sentiment moral proprement dit, c'est-à-dire de satisfaction ou de remords, est au premier plan de la conscience. Quand nous croyons, à tort ou à raison, avoir bien agi, nous sommes contents de nous. Ce sentiment est agréable, mais le plaisir, qui lui est commun avec toute espèce de sensations affectives ou d'émotions, ne le caractérise pas; ce qui le caractérise, c'est le sentiment de fierté. Nous nous sentons grandis, ennoblis à nos propres yeux. L'assurance qui accompagne la satisfaction n'est pas seulement ni directement fondée sur l'idée que les autres nous seront sympathiques et bienveillants, elle semble, tout au moins pour la conscience, jaillir du sentiment de notre puissance morale, de notre valeur, de notre mérite positif. Au contraire, nous éprouvons du remords, quand nous croyons avoir mal agi. Ce qui caractérise le remords, ce n'est pas la douleur ni la peur du châtiment, car elles peuvent exister sans qu'il y ait remords. L'innocent, condamné injustement à ses yeux, comme Socrate ou Jeanne d'Arc, et tant d'autres, n'a pas de remords. Ce qui caractérise cette émotion, c'est la honte, le mépris de soi-même, l'humiliation à ses propres yeux, le sentiment d'une dégradation, d'un avilissement de notre moi moral. Les poètes et les dramaturges ont décrit le remords en faisant ressortir la peur du châtiment humain ou surnaturel; c'est que la peur, qui peut aller en ce cas jusqu'à l'hallucination, est l'élément dramatique du remords. Pour l'homme d'honneur, l'humiliation de la faute ne porte guère que sur l'acte; l'avilissement du moi n'est que passager et accidentel. L'homme d'honneur, nous l'avons vu, n'hésite pas à reconnaître sa faute, et à s'humilier; mais c'est qu'il trouve de la grandeur morale dans cet aveu; c'est qu'il sent en lui la force d'âme nécessaire pour réparer ou racheter sa faute et se réhabiliter. Il sait que péché avoué est à demi pardonné. Son remords est un repentir. Il ne désespère jamais, non pas de la grâce, mais de lui-même. Il a la foi, l'espérance, vertus théologales, mais il les a en lui-même, en son amour de la vertu, en son sentiment de l'honneur. Il ne désespère pas non plus de l'estime de ses semblables; si ses contemporains la lui refusaient, il l'attendrait de la postérité; il sent au moins que des juges impartiaux la lui accorderaient. Il travaillera à se réhabiliter à ses yeux et à ceux des autres. Il a en lui les ressources de la générosité, de la grandeur d'âme.

L'estime, ou le mépris, pour les autres vient de ce que nous jugeons, à tort ou à raison, qu'ils ont bien ou mal agi. Mais, outre le sentiment qui s'attache à tel ou tel acte des autres, il y a le sentiment qui s'attache à leur moi. Or, nous jugeons les autres par analogie avec nous-mêmes; c'est une nécessité qui découle de l'impénétrabilité des consciences. L'homme qui croit en sa ferme résolution de bien faire, croit aussi, par analogie, à celle des autres, comme le remarque Descartes. Il a donc une aussi haute estime que possible de lui et des autres, de la personne humaine en général. Tandis que le dévot, malgré son humilité, ou plutôt à cause de cette humilité qui lui fait mépriser les autres par analogie avec lui-même, est souvent porté à la médisance, qui glisse aisément dans la calomnie, l'homme d'honneur ne tient à l'estime des autres que parce qu'il estime en principe les autres comme lui-même.

A l'estime et au mépris d'autrui s'associent souvent l'amour et la bienveillance ou la haine et la malveillance. La foule porte le héros en triomphe ou lynche le criminel. A. Smith, confond tout cela dans la sympathie et l'antipathie. Mais je puis estimer, admirer l'ennemi que je hais; je puis aimer mon enfant, même vicieux, ou une femme que je méprise.

Derrière cette conscience cartésienne, il suffit de rappeler ici qu'il y a une lente évolution; l'analyse actuelle ne doit pas nous faire oublier la synthèse, la genèse antérieure. L'estime de soi a, dans son passé, l'orgueil du gentilhomme qui méprise le vilain, ou de l'homme riche qui méprise le pauvre, ou du savant qui méprise l'ignorant, puis l'orgueil de l'homme libre qui méprise l'esclave, puis celui du vainqueur qui triomphe du vaincu, et plus loin encore la vanité de l'animal mâle qui l'emporte sur ses rivaux.

Le désir de l'estime des autres a derrière lui l'orgueil d'être admiré de ses inférieurs, d'être flatté par ses esclaves, de recevoir l'hommage du vaincu, d'avoir des titres, des trophées, etc., et enfin celui du mâle vainqueur de ses rivaux qui voit les femelles se soumettre à lui avec admiration et amour.

Le sentiment du libre arbitre est nécessairement plus vif chez l'homme d'honneur que chez l'homme de devoir. Il n'admet ni la fatalité ni la grâce divine; il croit en lui d'abord, dans sa volonté, dans son courage. Les Celtes lançaient des flèches vers le ciel, lorsqu'il s'illuminait d'éclairs; et, si on les menaçait de sa chute, ils répondaient qu'ils le soutiendraient avec leurs piques. Michelet remarque, en son *Histoire de France*, que les philosophes d'origine celtique ont toujours soutenu le libre arbitre. Or, nous l'avons vu, ce fut le celtisme qui enfanta la chevalerie moderne; tandis que le fatalisme est l'apanage de l'Orient, berceau du christianisme comme du bouddhisme dont les morales reposent sur le même principe d'humilité. Le libre arbitre scolastique n'est que la liberté de pécher; le libre arbitre moderne est la faculté de faire le bien ou le mal. Kant lui-même l'entend ainsi, mais il le relègue dans le noumène.

Être libre, c'est essentiellement ne relever que de soi-même; c'est avoir la force d'âme, le courage moral, la volonté de vouloir ce que Dieu veut, selon Épictète, la faculté qui seule en nous est infinie comme en Dieu, selon Descartes. Le libre arbitre, c'est quelque chose d'absolu. La croyance au libre arbitre positif est inséparable de la croyance dans la grandeur d'âme de l'homme, et s'oppose à l'humilité, au sentiment d'écrasement en face de la nature et de la divinité, qui est d'origine orientale. C'est une question de latitude, a-t-on dit avec quelque raison; on pourrait ajouter et d'indice céphalique; les Orientaux étant plus dolichocéphales, et les Occidentaux plus brachycéphales; or, la même différence existe entre les femmes et les hommes de même race : l'Occidental est donc plus viril.

La responsabilité morale, qui implique le libre arbitre, implique aussi l'idée d'une sanction morale. Mais il y a deux sortes de sanctions, utilitaires ou honorifiques, afflictives ou infamantes. Le plaisir ou la douleur ne peuvent que rendre la vertu mercenaire et usurière. On ne peut même faire consister le mérite dans le risque, il est la condition de l'usure. Dieu, s'il existe, nous rendra tout au centuple, à l'infini; le pari de Pascal repose sur l'intérêt qu'il y a à parier, à doute égal, pour l'infini contre le fini, pour l'éternité contre la vie éphémère des mortels. Mais l'estime de soi d'abord, puis celle des autres pour nous sont des sanctions dignes du mérite moral. Si elles ne suffisent pas, on pourrait, comme au nom du devoir, postuler Dieu. Si j'ai fait quelque sacrifice au bien, disait

Renan, je ne demande pas précisément pour cela l'immortalité; mais je voudrais deux choses : la première, c'est que mon sacrifice fût utile à quelque chose; la seconde, c'est « l'estime de Dieu ». Mais il y a aussi une autre ressource dans l'hypothèse de la palingénésie de Leibniz. Nous renaîtrons en ce monde avec quelque héritage de nos mérites antérieurs ou de nos démérites; et, dans une société toujours en progrès, nous trouverons, à chaque renaissance successive, une sanction morale plus équitable. La justice viendra de nos efforts communs pour faire progresser l'humanité.

Il faut distinguer plusieurs espèces de bien et de mal. Le plaisir, l'amour, la beauté, la science, etc., sont des biens. Pour la doctrine de l'honneur, comme pour celle du devoir, le bien moral est seul absolu. Il n'y a rien d'absolument bon que la bonne volonté, dit Kant; il n'y a rien d'absolument bon que la grandeur morale, que la générosité, selon Descartes, si nous l'avons bien compris. Le bien moral, c'est l'honnête, c'est la vertu elle-même. Mais la volonté de Kant est bonne par son respect de la loi que la raison lui impose; et la volonté de Descartes est bonne par l'amour de sa propre grandeur, de sa beauté morale. Descartes est moins rationaliste. L'homme de devoir songe à la règle idéale; l'homme d'honneur à la personnalité idéale.

Le mérite ou le démérite ne sont pas seulement ce qui est digne d'une récompense ou d'un châtiment. Ce n'est là qu'une conséquence, même en réduisant la récompense à l'approbation et le châtiment au blâme. L'honneur n'est sous sa forme la plus pure que l'appréciation du mérite moral, de la valeur morale. Comme les mathématiciens traitent de la quantité, chose matérielle, et des grandeurs mesurables par superposition, les moralistes traitent de la qualité, chose toute mentale, et des grandeurs ou valeurs morales, appréciables par comparaison entre elles. Le mérite n'est donc pas seulement dans l'effort, comme le veut Kant, dans le sacrifice, comme le veut le christianisme; le mérite du sacrifice est un préjugé qui remonte aux temps des chefs et des dieux cruels, et sanguinaires, ainsi que l'a montré Spencer, à l'époque des sacrifices humains. Non, le mérite est dans le perfectionnement de soi-même, dans la perfection relative acquise, dans cette vertu dont parle Aristote et qui est une habitude, une habitude aboutissant au besoin de bien faire. Pour Kant, le mérite est dans la vertu militante; pour Aristote, il est dans la vertu triomphante, selon une remarque de Paul Janet, dans sa *Morale*. C'est que, pour le chrétien, il n'y a ici-bas que vertu militante, et que la vertu triomphante n'existera qu'au ciel; et par suite l'honneur du monde est folie; il n'y a de vrai que l'honneur des Élus. Si nos efforts peuvent dès ici-bas nous corriger et nous améliorer; si nos bonnes habitudes ont une force réelle, comme les mauvaises, si elles sont une seconde nature; (si surtout, d'après l'hypothèse de la palingénésie, notre première nature est une habitude antérieure, bonne ou mauvaise selon nos mérites antérieurs; si la vertu originelle est un fait comme le péché originel, mais venant de nous-mêmes); il peut y avoir triomphe graduel de la vertu en ce monde. La vertu triomphante est le souverain bien, le but et la récompense de la vertu militante.

Cette conscience est celle des maîtres, des vainqueurs, des nobles, des purs, des braves, comme l'autre est celle des esclaves, des vaincus, des manants, des impurs et des lâches, dirait Nietzsche. Et il aurait cent fois raison, s'il ne reculait son idéal dans le militarisme, où l'on ne peut voir qu'une forme grossière de l'honneur, la plus grossière de toutes celles que ce sentiment a revêtues dans son évolution. C'est dans la conscience moderne, dans celle d'un Descartes, qu'il faut chercher l'idéal de la conscience morale; comme dans celle d'un Kant on trouvera l'idéal de la conscience civique, politique, issue de la conscience théocratique, et devenue autonome.

Qu'est-ce enfin que l'obligation morale, le devoir, pour la conscience morale? Faut-il rejeter ce concept de la morale laïque, comme le veulent Guyau et M. Darlu? Il suffit de l'interpréter. Il n'y a pas de science idéale qui n'ait pour objet des règles, et les règles de la morale portent à juste titre le nom de devoirs, car elles ont un caractère obligatoire, qui distingue l'honnête du vrai ou du beau ou de l'amour ou de l'utile, en un mot des autres catégories éthiques, des autres formes du bien en général. Les devoirs sont des impératifs, et même les seuls impératifs scientifiques; mais ils ne sont que des impératifs hypothétiques, qui supposent une fin dont ils seraient la condition. Observons en nous-mêmes ce sentiment et, si nous pouvons faire abstraction de toute pensée mystique, voyons ce que nous y trouverons. Comprenons que nous n'avons aucun droit, même en supposant que nous puissions logiquement personnifier l'absolu, d'attribuer à Dieu les règles de morale que notre raison s'efforce de dégager de notre conscience, car l'une et l'autre nous trompent souvent. La voix de la conscience a fait commettre trop de crimes pour être la voix de Dieu.

La loi morale oblige en ce sens que je ne puis m'empêcher de la respecter, et que, si je la viole, je suis contraint de me mépriser. C'est là une remarque de Kant. Il suffit d'une addition logique pour rétablir le fait normal : si je mets le devoir en pratique, je ne puis m'empêcher de m'estimer. Ce n'est pas le caractère de la loi comme impératif qui la rend respectable; un ordre peut être méprisable. Est-ce son caractère universel et rationnel? La raison, par elle-même, décide du vrai, non du bien ou du beau; une loi naturelle est universelle. La forme universelle de la règle s'applique à toute espèce de bien général, commun. Universalisez l'utile, il deviendra l'intérêt général; universalisez l'amour, il deviendra la charité; universalisez le plaisir, il deviendra le beau, ce qui plaît universellement; universalisez la croyance, elle deviendra la vérité. Le bien, c'est donc une fin de l'humanité, de tout homme, et non de tel individu. Il n'y a pas de science du particulier. La logique, l'esthétique, la morale, etc., en tant que sciences, ont pour objet une fin universalisable, comme les sciences du réel ont pour objet des lois, des faits universels. Qu'y a-t-il là de respectable en soi, d'obligatoire?

L'obligation vient-elle de la réunion de ces deux caractères dans l'impératif universel? Si nous omettons l'idée d'un Dieu législateur, pour ne considérer que la volonté autonome de l'agent moral, en quoi s'imposer une règle comme à tous les autres, la rendrait-il respectable? Tous les jours on fait des lois sociales, votées par les représentants d'un peuple, puis on les corrige ou on les change. Sont-elles respectables pour cela en elles-mêmes? Il faut sans doute se résigner à leur obéir, non par crainte, mais parce que c'est la condition d'une société d'hommes libres; cela n'empêche pas ces lois d'être souvent fort imparfaites. Et le respect qu'on leur doit s'adresse en dernier ressort à la liberté des citoyens qui l'ont voulue, à la dignité des personnes, si l'on ne veut tomber dans le mysticisme de la *volonté générale*, infaillible selon Rousseau, de *la volonté commune*, qui vient de Dieu selon la scolastique, de la *voix du peuple*, qui serait la voix de Dieu. Le précepte n'est obligatoire que si et parce que et dans la mesure où il est conforme au respect de moi-même et des autres. Kant tire la dignité de la personne de sa raison qui saisit la loi morale, seule respectable par soi. Il faut renverser cet ordre, et tirer la valeur de la loi de celle de la personne libre. Il faut intervertir l'ordre de ses célèbres maximes. La non-contradiction de la loi n'a qu'une valeur logique; sa nécessité pour le maintien de la société n'a que la valeur attribuable à la société, même à la société idéale; et quelle est cette valeur? La valeur du « règne des fins » se ramène à celle des personnes, et celle-ci à celle de la raison qui conçoit la loi. Ce n'est pas là l'objet du respect moral, ni de la morale, mais celui des sciences politiques. La conscience ne me parle que de moi, qu'elle soit la conscience morale ou la conscience psychologique; je ne puis avoir conscience que de moi ou de ce qui me touche immédiatement, tout au plus. La conscience morale fait partie de la conscience psychologique; il ne suffit pas de la nommer raison pratique pour lui enlever ses caractères naturels. La conscience me révèle mon bien; et la raison logique en induit le bien de tous. Mon bien, c'est ici ma valeur morale, ma grandeur morale. La conscience n'en conçoit pas d'autre. C'est l'estime de moi ou d'autrui qui seule m'oblige.

En résumé, la conscience kantienne ne nous révèle que le principe à la fois mystique et politique d'une république où le peuple est inspiré de Dieu, le principe d'un droit divin du peuple. La pure conscience morale repose sur un principe propre, tout différent, l'estime du mérite moral de la personne; c'est la conscience cartésienne.

La pure conscience morale est identique au sentiment de l'honneur. L'honneur est la synthèse des phénomènes moraux normaux. L'analyse de cette conscience est donc celle de l'honneur. L'honneur comprend en effet la conscience de notre mérite moral et l'induction du mérite moral d'autrui par analogie avec le nôtre. Ce mérite implique la croyance en une certaine liberté morale, qui nous permet de choisir entre le moi réel et le moi idéal que le moi réel est tenu de réaliser sous peine de se sentir méprisable, de se honnir lui-même. L'obligation morale résulte du remords anticipé, de la honte éprouvée à la seule idée de forfaire à l'honneur et de mériter l'infamie. Ce moi idéal que chacun se construit selon ses aspirations et sous l'influence des appréciations morales ambiantes, est le modèle, le juge, le témoin, l'ange gardien ou le démon socratique ou le bon génie de l'individu. Le moi réel est « la chair », le malin génie, le tentateur, l' « autre », la « bête », la « carcasse ». Mais ils sont liés. L'un est le greffon, et l'autre le porte-greffe. Pour laisser là les symboles et les métaphores, le libre arbitre a pour fondement l'alternative entre le réel, dans la mesure où il est encore mauvais, et l'idéal dans la mesure où il devient réalisable. La liberté est la faculté de transformation spontanée, d'évolution active, venant du sujet, qu'il faut distinguer de l'adaptation au milieu, déterminée par les influences externes. Le réel et l'idéal, tous deux possibles, mais en partie incompatibles, en s'opposant dans la conscience, imposent la délibération à la volonté, entre l'honnête et l'utile, entre l'intérêt du moi idéal et l'intérêt du moi réel. Ces intérêts n'ont pas de commune mesure ; aucun n'est donc le plus grand ; ils ne diffèrent qu'en qualité. L'honneur et le bonheur sont irréductibles. Autre chose est de s'aimer, autre chose de s'estimer. Autre chose est l'amour de soi, autre chose est l'amour-propre.

Tous nos actes involontaires sont déterminés ; mais tous nos actes volontaires ne sont pas libres, Entre l'utile et l'utile, il y a commune mesure, comme entre l'honnête et l'honnête, pour employer le langage objectif usuel; donc il y a déterminisme de la volonté dans ces deux cas de délibération. L'utile et l'honnête peuvent être d'accord, et, dans ce troisième cas de délibération, il y a doublement déterminisme. Pour qu'il y ait indétermination, il faut et il suffit que l'alternative se pose entre l'utile et l'honnête, entre le bien réalisable et le réel en partie contraire à cette réalisation. Mais l'indétermination n'est pas encore la liberté; elle n'en est que la condition.

Si j'ai à choisir entre deux intérêts positifs, le plus grand, celui que je jugerai tel, me déterminera. Bentham a donné les règles de cette détermination dans son *Arithmétique morale*. — Si j'ai à choisir entre deux intérêts moraux, celui qui me paraîtra le plus grand me déterminera. Les casuistes ont donné les règles des conflits de devoirs : — hiérarchie des biens, extension des devoirs, probabilités. — Si mon honneur et mon bonheur positif me semblent d'accord après délibération, je suis déterminé dans le même sens pour tous deux. Mais si l'honneur exige un sacrifice positif, que ferai-je? Le raisonnement ne peut en décider; c'est à la volonté qu'incombe toute la décision. La morale ne se démontre pas; elle se propose à notre liberté. Pas de morale sans liberté; pas de liberté sans morale.

Il se produit dans ce dernier cas une crise morale; c'est « une tempête sous un crâne ». C'est qu'il s'agit pour l'agent moral de choisir, dans l'évolution, entre la déchéance et le progrès de l'individu d'abord, de l'espèce ensuite par l'hérédité et par l'influence de l'exemple. Il s'agit d'évoluer, de poursuivre son auto-création dans un sens ou dans l'autre, d'opter entre deux fins hétérogènes. Il faut, pour se décider, devenir libre.

Comment devenir libre, libre d'agir par soi, d'être

cause de soi, d'être cause sans cause, cause absolue, cause première? Car le libre arbitre n'est pas moins en vérité, comme le remarque M. Dunan; ou bien il n'est qu'un mot. Toute la valeur métaphysique de la personne est là. Là est le dernier fondement de l'honneur.

Recourons d'abord à une comparaison naturelle. Pour qu'un peuple s'affranchisse de la tyrannie, il suffit, nous dit La Boétie dans son *Contre Un*, qu'il dise ce petit mot : Non! Tuer le tyran? qu'importe si le peuple est disposé à en subir un autre; le poignard ne tue rien. Il faut et il suffit que le peuple veuille être libre; car il est le nombre, et il est la force, pourvu qu'il vibre avec ensemble, qu'il ait une âme. De même en nous il y a un tyran; c'est le désir naturel du bonheur sensible. Que faut-il pour que nous devenions libres, pour que nous soyons affranchis de ce déterminisme sensible? Il faut d'abord que la volonté se libère; il faut vouloir vouloir. La liberté, c'est de la volonté à la seconde puissance. La liberté ne peut venir du dehors; elle ne peut que jaillir du dedans. On ne peut nous forcer à être libres, nous déterminer au libre arbitre. C'est par un acte de foi en soi-même, et par un acte de volonté sur sa propre volonté, que la liberté se pose et se crée elle-même. Et c'est ce sentiment de pouvoir user de libre arbitre, d'être armé d'un pouvoir infini en un sens, qui fonde la vraie estime de soi-même si l'on est résolu à l'employer au bien. Kant postule le libre arbitre dans son moi nouménal, et agit en conséquence. Ce n'est pas assez d'y croire. L'agent moral doit dire : Je veux vouloir, je veux être libre, je veux m'affranchir de l'esclavage des sens; je sens en moi la puissance de passer à l'acte pur, à l'acte libre, à l'acte créateur de moi-même; que mon idéal moral soit! Et l'idéal se réalise.

Mais, disent les mécanistes, l'énergie est constante dans l'univers; elle est la somme des forces qui se transforment suivant des équivalents. Cependant ils ajoutent que ces transformations se font dans le sens de l'équilibre universel. Or, cet équilibre, remarque Taine, devrait être atteint, car l'univers existe depuis un temps infini (mathématiquement); et Spencer, de son côté, remarque qu'il suffirait d'une force aussi faible qu'on voudra, mais agissant à de certains intervalles, pour retarder indéfiniment cet équilibre, cette mort de Pan. — A toutes ces hypothèses déterministes, nous ajouterons comme conclusion logique notre hypothèse : cette force, c'est le libre arbitre, principe idéal, l'idée-force de la grandeur de l'homme[1]; c'est la liberté de se perfectionner, d'accroître son être, par auto-création, par participation à la puissance *naturelle et divine*, comme dit Schelling. Quelle autre force pourrait s'élever au-dessus de la conservation de la force, au-dessus de l'inertie, et sauver le monde?

Le libre arbitre restreint au cas unique d'un choix entre l'utile et l'honnête, comme on dit, suffit à sauver la morale, et laisse à la science l'immense champ du déterminisme qui subsiste même dans le monde moral; et cela d'autant plus que l'influence de ce libre arbitre, au milieu de tant de forces inertes, diminue à mesure qu'on s'élève de l'individu aux « grands nombres », qui sont seuls objet de statistique et de science.

Mais nous ne pouvons clore ce chapitre sur la conscience morale sans revenir sur des éléments très importants que nous avons mis de côté, et dont il nous faut indiquer l'origine et la nature; ce sont les éléments plaisir ou peine, espérance ou crainte, amour ou haine, qui

---

1. Ou de tout autre être analogue dans l'univers.

accompagnent partout les éléments proprement moraux ou même les éléments théocratiques. Les utilitaires ont même soutenu que toute la conscience dérive des éléments plaisir ou peine, espérance ou crainte. Et Nietzsche de son côté, explique la formation de la mémoire et de la fidélité dans les promesses, enfin de la conscience de la dette et du devoir, par les cruautés et les tortures juridiques. Nous avons vu que tout autre est l'origine de la conscience en ce qu'elle a de vraiment moral; mais ces explications rendent fort bien compte des éléments utilitaires qui sont les concomitants des éléments moraux. La loi pénale a toujours plus ou moins coïncidé avec la règle morale admise au même lieu et dans le même temps. L'association ne pouvait manquer de s'établir profondément entre ces éléments, quelle que fût leur hétérogénéité réelle. L'amour ou la haine ne s'associait pas moins naturellement avec l'estime ou le mépris et cela d'autant mieux qu'ils s'étaient développés à l'origine dans l'animalité et plus tard encore dans la famille humaine par les relations sexuelles, longtemps avant les institutions politiques et juridiques.

En résumé, la conscience morale, telle que nous l'observons aujourd'hui en nous, résulte d'une longue et complexe formation héréditaire. Les éléments purement moraux s'y trouvent étroitement associés à d'autres éléments très divers eux-mêmes. Une analyse rigoureuse doit séparer ces divers éléments, et la genèse de chacun d'eux diffère plus ou moins de celle des autres. L'association des idées, par laquelle l'école anglaise a voulu tout expliquer, est, au contraire, une cause constante et puissante de graves confusions pour le psychologue; et c'est là une des plus grandes difficultés en même temps qu'une des sources les plus fécondes en illusions et en erreurs de toutes sortes pour toutes les sciences philosophiques, qui dépendent si étroitement de la psychologie.

Remarquons enfin que le sentiment du libre arbitre, comme choix entre deux mobiles irréductibles, nous révèle en nous, et par suite dans la nature dont nous sommes partie intégrante, un dualisme profond. Il n'est autre que celui que Darwin a révélé en biologie et que tout le monde aperçoit en sociologie; c'est l'opposition de la tendance à persévérer dans l'être, comme dit Spinosa, de l'hérédité biologique, du principe conservateur en politique, avec, d'autre part, la tendance à accroître son être, la variation spontanée, le principe du progrès. Et c'est dans la sexualité que ce dualisme est peut-être le plus clair; car dans la femelle prédomine la force de conservation, et dans le mâle la force de variation, comme l'a montré Darwin. C'est la même opposition qu'entre le moi réel et le moi idéal.

IV

DISCUSSION THÉORIQUE.
CONCLUSIONS SUR LES CONTROVERSES AU SUJET DE L'HONNEUR ET SUR D'AUTRES OBJECTIONS QU'IL SUGGÈRE

Nous avons vu, dans la première partie, que les moralistes ne sont d'accord ni sur la définition, ni sur l'origine, ni sur l'efficacité, ni sur la valeur théorique, ni sur la valeur pratique comme guide de la conduite du sentiment de l'honneur. Réservant cette dernière question pour le chapitre de la morale pratique, nous allons essayer de répondre ici aux autres, en nous appuyant sur les faits établis dans cette seconde partie. Nous y joindrons la discussion d'autres questions théoriques, que soulève une morale empirique et fondée sur le sentiment et qui réduit le bien en soi au bien pour soi, le bien naturel au bien moral.

Sur la question de l'origine, nous avons distingué chez les philosophes quatre opinions différentes; ils la ramènent soit à l'utilité, soit à la sympathie, soit à l'amour-propre, soit à la liberté morale. La psychologie comparée nous a montré l'origine du sentiment de l'honneur dans la sélection sexuelle. Par conséquent, l'hypothèse qui contenait le moins de vérité est celle qui le rattachait à l'intérêt; car Darwin a montré que la sélection sexuelle est d'ordinaire en désaccord avec la sélection naturelle, et que la première correspond à l'intérêt de l'espèce et par suite au sacrifice de l'individu, tandis que la sélection naturelle répond à l'intérêt individuel. L'amour, nous dit aussi Schopenhauer, est un piège tendu à l'individu par le Génie de l'espèce; et ce n'est pas l'attrait du plaisir sensible; c'est le rêve d'un état idéal et divin qui séduit les amants. L'idéalisation érotique se manifeste déjà chez l'animal sous forme d'admiration esthétique. — La sympathie pour la vertu n'est pas, comme le pense Smith, un fait explicable seulement par la providence divine. L'explication générale de la sympathie réside dans la loi d'association des idées par contiguïté. Le langage émotionnel qui produit la sympathie repose sur l'association mentale établie entre l'émotion et son expression spontanée. Je me suis senti triste et j'ai pleuré; je vois pleurer un autre et je me sens triste. Cette sympathie est la condition de tous les sentiments altruistes ou impersonnels, mais non la cause spécifique de chacun d'eux en tant qu'il diffère des autres. Du reste, Adam Smith ne l'entend pas autrement. Remarquons aussi que, dans la sympathie, nous jugeons des autres par nous, au moyen de l'analogie, et non pas de nous d'après les autres. Ce sentiment de l'honneur en général a pour cause spécifique l'amour-propre, c'est-à-dire l'estime de soi, que La Rochefoucauld confond avec l'amour de soi, qui en est très différent. Mais l'estime s'applique à toute espèce de biens; et l'estime du mérite moral ne se dégage que lentement. Commençons-nous par nous estimer nous-mêmes, ou bien par estimer les autres? La psychologie animale nous a montré l'admiration du mâle pour lui-même bien plus manifeste que celle des femelles pour le mâle. Il semble donc que le mâle commence par s'admirer, puis réussit à se faire admirer des femelles. En est-il de même chez les femelles? Oui, sans doute, par hérédité. — Le véritable honneur a pour cause, comme le montre Descartes, la conscience de notre mérite moral, qui lui-même est fondé sur notre libre arbitre. Mais le lien entre le faux et le vrai honneur n'en est pas moins profond ; car bien des qualités morales, intellectuelles et physiques dépendent indirectement de notre moralité. Il faut bien placer son amour-propre et ne s'estimer que pour ce qui est vraiment nôtre et ne dépend que de nous. Pour cela, il était nécessaire que la réflexion s'élevât, chez l'homme, à la connaissance du fondement de son propre moi dans sa volonté libre. Mais la force d'âme qui, en devenant consciente d'elle-même, produit l'empire sur soi, préexiste déjà dans le courage que les mâles déploient pour rivaliser par le chant comme par la lutte. Le sentiment de l'honneur est un à travers ses métamorphoses et ses perfectionnements.

Disons un mot, en passant, d'une question connexe, celle de l'origine de l'honneur féminin proprement dit, de la pudeur. L'origine de ce sentiment n'a rien de mystérieux. On a d'abord protégé des organes délicats et vitaux en les couvrant d'un vêtement défensif. Cette habitude a permis à la femme d'exciter ou non, à volonté, les désirs de l'homme, et de rester plus maîtresse de ses faveurs. Puis, ce qui est contre l'habitude nous paraissant ridicule ou défendu, la honte s'est attachée à l'absence de ces vêtements primitifs, et même de tout autre vêtement employé contre les coups ou les intempéries. Une autre cause a concouru à former la pudeur de la femme, sans même parler de ses particularités physiques, c'est la jalousie du mari, du maître. On sait qu'en Orient, cette jalousie contraint les femmes à se voiler même le visage lorsqu'elles sortent de leur maison. Il faut en rapprocher l'usage du voile des religieuses qui ont fait vœu de chasteté et qui sont dévouées au céleste époux. On exige aussi plus de modestie chez la femme que chez l'homme; et Bossuet compare la modestie à la pudeur; c'est la pudeur de l'âme, et elle consiste à fuir les louanges et à en rougir « comme s'il y avait du déshonneur dans l'honneur même ». Les louanges adressées à une femme par un homme sont, en effet, d'ordinaire une manière de déclarer ses sentiments amoureux; et la modestie dérive sans doute directement de la pudeur. La pudeur devient, avec le progrès moral, une obligation d'honneur pour la femme mariée qui a pris l'engagement d'être fidèle à son mari. Et pour la même raison, elle doit tendre à devenir une obligation pour l'homme marié. La pudeur chez la jeune fille et le jeune homme se confond aussi, en dernière analyse, avec l'honneur, avec le respect de soi et le désir d'être respecté. L'impudicité et même la coquetterie n'est que dans l'intention, non dans le degré de la nudité permise, qui varie selon le climat et l'usage. Tendre à faire naître l'amour vrai et honnête est un droit; en dehors de là, c'est le vice. Il faut donc développer la pudeur chez les jeunes gens des deux sexes. Mais les causes de la pudeur ayant été à l'origine plus nombreuses et plus importantes pour la femme, cette vertu s'est plus vite et plus délicatement développée chez elle. Elle compense donc ce qu'on peut reprocher d'autre part à la femme au point de vue du sentiment de l'honneur. C'est le préjugé, que la pudeur importe exclusivement aux femmes, qui explique sans doute l'opinion de Rousseau, que l'honneur est le trône de la vertu des femmes, bien qu'il soit le tombeau de celle des hommes, honneur signifiant ici souci de la réputation. Les femmes, dit-il, dépendent entièrement de l'opinion des hommes; c'est encore trop vrai; mais il faut espérer qu'elles arriveront à l'indépendance, sans perdre la pudeur, et que celle-ci se développera au contraire de plus en plus chez les hommes. Schopenhauer voit dans la pudeur le résultat d'un complot tacite des femmes, comme Nietzsche voit dans l'humilité et la pitié érigées en vertus le résultat d'un complot entre les humbles et les faibles contre les fiers et les forts. Nous ne nous arrêterons pas à ces soupçons étranges. L'explication que nous avons donnée nous paraît plus simple et plus naturelle qu'un pareil machiavélisme collectif. Il y a d'ailleurs une cause plus primitive et plus profonde de la pudeur féminine; c'est la différence psychologique essentielle des sexes, telle que Schopenhauer lui-même l'a formulée, et que la science l'a confirmée. La femme a pour essence la prédominance de l'idée, de l'intelligence intuitive, principe passif; et l'homme est caractérisé par la prédominance de la volonté, de l'activité, de la motricité. Il est donc plus ardent, plus entreprenant en amour, et la femme, comme toutes les femelles, se tient d'abord sur la défensive. « Le mâle est brutal », dit Michelet. Il y a donc là au fond une opposition irréductible des deux sexes; car ils sont des contraires. Le moraliste n'a pas le droit de l'oublier.

Sur la définition de l'honneur, les moralistes ne sont pas moins en désaccord. Ils le réduisent soit à l'estime des autres pour nous, soit au désir ou à la crainte de cette estime, soit à cette estime et par imitation à l'estime de soi, soit à l'estime de soi et par analogie à celle pour autrui, soit enfin à l'estime de soi. L'empirisme dérive nos sentiments de ceux des autres pour nous, mais la sympathie va au contraire du moi aux autres moi, par analogie. L'amour-propre paraît aussi naturel, aussi inné, dans le sens d'estime de soi que d'affection pour soi; et l'altruisme, sous toutes ses formes, paraît ultérieur et dérivé par sympathie. Le sentiment de l'honneur, en tout cas, n'est complet que s'il réunit ces deux termes : c'est un sentiment égo-altruiste, comme le nomme Spencer. Nous pouvons conclure qu'il part de l'estime de soi, pour passer par analogie à l'estime des autres, et, par suite, au désir de leur estime, et trouver sa synthèse dans l'estime de l'estime des autres qui corrobore l'estime de soi. Enfin l'honneur véritable ou bien fondé peut se définir : l'estime de notre mérite moral corroborée par l'estime des autres pour notre mérite moral, à condition d'estimer aussi les autres par analogie. Cette estime de soi et des autres doit même être portée au plus haut point possible par la conception de ce qu'il y a d'absolu dans la liberté morale. Pour pouvoir mépriser un autre homme, il faudrait pouvoir se croire certain qu'il a pris une ferme résolution d'user en tout de son libre arbitre pour s'avilir et se dégrader lui-même. Il ne suffirait pas de croire que tout amour-propre lui fait défaut, car ce serait un monstre à plaindre et non à blâmer. Il suffirait encore moins de croire que son sens de l'honneur est complètement faussé; car ce serait un malade à guérir, comme dirait Platon, un ignorant à éclairer.

Comment faut-il apprécier la puissance de ce mobile sur la conduite humaine, par comparaison avec les autres mobiles réputés moraux, tels que la charité chrétienne ou le sentiment du devoir? « L'amour est plus fort que la mort »; mais le devoir et l'honneur le sont aussi; ou du moins, chacun de ces sentiments triomphe parfois de la crainte de la mort. *A priori*, la supériorité de puissance de l'honneur tient à ce qu'il est égo-altruiste, à ce qu'il unit l'intérêt personnel, idéalisé, transfiguré, avec le sentiment sympathique qui nous porte à chercher l'estime des autres. L'homme est un individu social; et l'honneur le prend « par les deux anses ». Kant lui reproche de n'être qu'un enthousiasme passager, comme tous les sentiments pathologiques, tandis que le sentiment intellectuel du respect pour le devoir est immuable; Descartes et Renouvier affirment au contraire l'efficacité permanente, la constance de ce sentiment. La vérité est que le devoir, tel que le conçoit Kant, est le même dans tous les cas, quel que soit le sacrifice exigé; il reste absolu. L'honneur varie avec le mérite, avec la difficulté de la tâche morale, il grandit jusqu'à l'héroïsme, ou diminue jusqu'à la convenance. Dans l'exemple pris par Kant à Juvénal, c'est le mérite qui grandit. Quant à la charité, c'est un don, une grâce; elle varie beaucoup d'une race à l'autre, d'un sexe à l'autre, d'un individu à l'autre; mais elle varie surtout selon ses objets; impartiale en principe, comme amour des autres en Dieu ou pour Dieu, elle varie en fait selon les affinités et les sympathies de races, de sexes, d'individus. Il y a des hommes de charité, ou de devoir, ou d'honneur, selon que l'un de ces sentiments est choisi comme guide moral à l'exclusion des autres; mais les partisans de la charité et ceux du devoir se plaignent à peu près tous que les hommes soient plus sensibles à l'honneur qu'à la vraie morale, c'est-à-dire à la leur; nous pouvons les en croire. Le sentiment de l'honneur précède le sentiment du devoir, puisque seul des deux il existe développé chez l'animal; on peut en déduire qu'il a des racines plus profondes, qu'il est plus invétéré dans la mentalité héréditaire de l'homme. L'état social développe tous ces sentiments; la charité est plus exercée dans la famille, et le respect de la loi dans l'État; tandis que l'honneur, individuel ou collectif, part du moi pour rayonner sur tous les degrés d'association. Les autres inclinations supérieures, telles que le sentiment du beau et l'amour de la vérité, ont évidemment en eux-mêmes moins d'efficacité que les trois premiers sur la majorité des hommes; et ne sont très influents que chez les artistes ou les savants. Mais il faut bien entendre, en ce qui concerne le devoir, qu'il s'agit du respect attaché à la loi morale pour elle-même, en tant que loi rationnelle mais sans raison, et non du devoir en tant qu'obligation d'honneur. Si l'on fait cette distinction nécessaire, il sera, je crois, manifeste que Kant s'est fait illusion sur l'efficacité comme mobile de conduite du respect pour une loi formelle, qui *postule* l'existence d'une liberté, d'une immortalité et d'un Dieu indémontrables. Le mobile de l'honneur est constant et s'applique à tout, précisément aussi parce qu'il se rapporte d'abord à nous-mêmes, au sujet permanent en relations variables avec les autres êtres. On peut estimer même ses adversaires; mais on fait par respect pour soi ce qu'on ne ferait pas toujours par respect d'un autre, si l'on se laisse aller à le mépriser, comme on peut se laisser aller à le haïr.

Mais, si la morale est une science pratique, elle est aussi une science idéale, et, si son idéal doit être un mobile efficace, il doit en même temps être assez haut et assez pur pour que rien ne puisse le surpasser à nos yeux. Or, l'objection la plus fréquente et la plus spécieuse qu'on ait faite au sentiment de l'honneur, c'est, sinon d'être immoral, du moins de constituer une sorte de moralité inférieure, de préparer tout au plus à la vertu. Platon y voyait un principe inférieur à la raison, supérieur à la passion. Montesquieu pense de même; La Rochefoucauld aussi. Locke et Paul Janet y voient un principe pédagogique plutôt que moral, une voie pour s'élever à la vertu et au sentiment du devoir. Renouvier considère la morale de l'honneur comme un écart de la pure morale pour s'accommoder aux nécessités de la vie. Les mystiques chrétiens vont jusqu'à taxer l'honneur du monde d'immoralité radicale. On lui fait d'ordinaire deux principaux reproches qui correspondent à ses deux éléments constitutifs : le reproche d'orgueil, puis le reproche de subordonner la conscience à l'opinion publique et par suite de chercher à paraître plutôt qu'à être. Les moralistes chrétiens et Kant insistent sur le premier grief; Platon, La Rochefoucauld, Rousseau, Schopenhauer sur le second. On pourrait répondre d'abord que tout moraliste accuse d'immoralité les principes autres que le sien ou y voit une moralité inférieure, de même que tout théologien accuse d'athéisme ou d'hérésie les théologies opposées à la sienne, les autres religions. Cela est logique; et il est toujours permis de se renvoyer la balle d'un camp à l'autre. Et d'ailleurs, il y a une part de vérité qu'il faut commencer par reconnaître dans ces objections qu'on peut faire à toutes les doctrines. Le reproche d'orgueil, et celui de subordonner sa conscience à la coutume sont mérités par bien des personnes d'honneur; et leur principe peut s'y prêter, s'il est mal compris. D'une part, l'estime de soi ou des autres peut s'attacher à des biens extérieurs; et même si elle s'attache à notre mérite moral, l'amour-propre nous portera naturellement à nous croire supérieurs aux autres et à nous enorgueillir. « On voit une paille dans l'œil du voisin, on ne voit pas une poutre dans le sien. » Nous sommes « lynx envers nos pareils et taupes envers nous » lorsqu'il s'agit du mal; car Jupiter « nous créa besaciers tous de même nature : il fit pour nos défauts la poche de derrière, et celle de devant pour les défauts d'autrui ». L'orgueil résulte donc naturellement de l'estime de soi, en tant qu'elle repose sur notre conscience. Mais le principe porte son remède en lui-même. Puisque chacun de nous est aussi sévère pour les autres qu'il est indulgent pour lui-même, il suffit de contrôler l'estime de soi par l'estime que les autres en font. Le monde se chargera de rabattre nos illusions; sa méchanceté ou sa malice nous découvriront nos défauts ou nos ridicules. Les « bons camarades » ou les « bonnes amies », en un mot toutes les « bonnes langues » nous forceront à plus de modestie. Notre orgueil se heurtera à l'orgueil des autres, nos prétentions à leurs prétentions. Nous recevrons de rudes leçons qui nous humilieront bien assez, souvent trop. Si nos inférieurs ou nos amis nous flattent, nos égaux, nos rivaux, nos supérieurs et nos ennemis ne se priveront pas de médire sur notre compte et même de nous calomnier, ou de nous ridiculiser. Si, au contraire, nous nous attachons exclusivement à l'opinion, nous tomberons dans d'autres vices. Chercher à tromper l'opinion, à usurper la réputation, à paraître plutôt qu'à être, c'est de l'hypocrisie. Mais c'est ici que l'élément subjectif de l'honneur corrige à son tour le danger de son élément objectif. L'hypocrisie n'est pas moins contraire à l'honneur complet que l'orgueil. La vanité, qui cherche à être louée plutôt qu'à être digne de louanges, peut conduire à la flatterie, à l'hypocrisie; et c'est par manque de fierté, par manque de conscience que l'on pèche alors. Le principe de l'honneur contient en lui le remède à tous ses inconvénients.

L'opinion publique n'est pas infaillible; la coutume est souvent arriérée; la foule, le peuple représentent une conscience moyenne, et grossière par rapport à celle de l'élite. Il appartient donc au sage, au moraliste, au philosophe de ne pas se soumettre à l'opinion publique; il a le droit de braver les préjugés de son temps, d'être novateur et révolutionnaire en morale. C'est à lui de donner l'exemple, et non de subir la servitude de la routine. Mais quoi! la morale n'est pas faite pour ces privilégiés de la conscience; elle est, de toutes les sciences, la plus nécessaire à tous. On ne peut sans se contredire, demander à la majorité des individus d'être au-dessus de la moyenne. C'est d'ailleurs aux moralistes à légiférer sur ces coutumes. Qu'ils s'en prennent à eux s'ils ont négligé ou méconnu une morale qui dirige effectivement l'humanité dans le domaine propre de la moralité. L'imitation est un instinct nécessaire à toute société, et qui l'est même déjà à la vie grégaire. Au-dessus du « servile troupeau des imitateurs », dont parle Horace, il doit y avoir les inventeurs. M. Tarde nous a montré l'importance de cette distinction, qu'il exagère même, car tout le monde imite et tout le monde invente, plus ou moins. Qu'un Socrate, un Jésus, un Descartes, un Kant dédaignent l'opinion; ils sont dans leur rôle, du moins en une certaine mesure, et pourvu qu'ils aient observé d'abord, qu'ils aient su lire dans « le grand livre du monde », avant de « chercher la vérité en eux-mêmes ». Mais le commun des hommes ne peut guère que suivre l'opinion commune. Le doute méthodique, surtout en morale, n'est fait que pour les esprits philosophiques. Tâchons toutefois, en enseignant la philosophie d'élever le plus d'âmes possible à la réflexion personnelle. Mais que l'on obéisse aux préceptes de ses maîtres, aux décrets des Conciles, aux commandements de la Bible, à son directeur de conscience, ou à l'opinion publique, on ne pense pas davantage par soi-même. Et même le libre examen d'un texte qu'on tient pour sacré n'est pas le libre examen.

La conscience non plus n'est pas infaillible. Si elle

l'était, l'opinion publique, en morale, le serait aussi. « L'oracle infaillible » de Rousseau se contredit selon les temps et selon les lieux et selon les individus et dans le même individu selon les circonstances. Les grands moralistes ne sont pas d'accord sur les principes ni parfois même sur la pratique. Il n'y a d'infaillible que la science, et la science n'a d'autre signe pour les profanes que l'accord des spécialistes. Travaillons à préparer cet accord, et laissons le vulgaire, en attendant, tenir compte de l'opinion ; nous n'avons pas le droit d'imposer des opinions personnelles, variables selon les sectes philosophiques ou religieuses, et encore moins de mépriser ce que nous appelons la vile multitude ; laissons cette arrogance aux stoïciens, à Platon et à Nietzsche. « L'opinion est la reine du monde, dit Pascal, mais la force en est le tyran » ; il serait plus exact de dire que l'opinion publique est le principe de la démocratie. Une morale démocratique doit lui faire sa part.

Allons plus au fond de l'objection. L'honneur rapporte tout à sa propre grandeur, nous dit Paul Janet ; « la véritable vertu est grande sans le savoir ». Et quoi ? l'homme est un être conscient de lui-même, donc conscient de son mérite ; c'est un roseau pensant ; et toute l'essence de l'âme est de penser. On ne peut le ramener à l'état d'innocence, d'ignorance morale, qui n'est que la vie animale, et encore ! Un mérite inconscient ne peut être l'état d'une personne qui pratique l'examen de conscience, sans lequel il n'y a pas de progrès moral méthodique. Aristote explique avec la dernière précision, dans sa *Morale à Nicomaque*, que la vraie grandeur d'âme consiste dans la conscience de sa grandeur réelle, l'orgueil à se croire plus grand et l'humilité à se croire plus petit qu'on ne l'est réellement. Mais, nous disent les théologiens et Kant, plus on se connaît, plus on se méprise et l'on se sent humble, puisqu'on est toujours si loin d'avoir satisfait à la loi morale. Sans doute, répondrons-nous, on en reste toujours loin, car ce serait la perfection dans la doctrine kantienne, la perfection complète. Il n'y a de mérite, pour Kant, que dans l'obéissance à la loi; mais alors toute obéissance fonde du mérite; ce mérite est positif, quoique incomplet. Plus on obéit à la loi, plus on approche de la perfection; n'y a-t-il pas de quoi être fier? Dira-t-on que l'on désobéit plus souvent qu'on n'obéit, et que l'humilité doit l'emporter sur l'orgueil? Mais l'humilité suppose l'absence de mérite, et c'est seulement la modestie, la modération dans l'estime de soi qui suivrait de notre imperfection relative. Ce qui fonde en principe l'estime de soi, c'est la bonne volonté, c'est la ferme résolution de bien faire. Cette volonté, échouant souvent, doit être modeste, mais elle ne peut être humble, se mépriser elle-même puisqu'elle est « absolument bonne », elle doit même, pour cette raison, s'estimer absolument, en son principe, s'estimer, comme dit Descartes, au plus haut point qu'il sera légitime. Nous devons être modestes, c'est-à-dire sans orgueil, d'abord à cause des défaillances de cette ferme résolution, puis en nous comparant aux autres, que la raison doit nous porter à juger comme nos égaux en moyenne. En effet, les motifs pour lesquels chacun s'imagine valoir mieux que les autres ne persuadent que lui-même; ils doivent donc être rejetés comme sans valeur objective. Ce n'est pas à nous de décider de notre supériorité; nous pouvons seulement y croire lorsque, notre conscience nous l'attestant, l'admiration des autres la confirme. Le héros a le droit de ne pas se méconnaître; lui demander le contraire est une exigence déraisonnable, un pur préjugé de la morale humilitaire ou d'un égalitarisme mal compris. Inversement, l'humiliation relative s'impose à celui qui est méprisé de tous, si sa propre conscience, sévèrement examinée, ne lui atteste pas que l'opinion se trompe sur ses véritables intentions ou sur ses actes. C'est toujours pour un être sociable, fût-il un philosophe, un cas désespéré que d'avoir à renoncer à l'estime des autres. Mais enfin la conscience doit primer l'opinion, quand nous sommes certains d'être accusés d'actes ou d'intentions dont nous sommes innocents, ou quand nous sommes certains de mieux connaître la vérité morale que nos accusateurs. Ce sont là des exceptions. Et même, dans ce cas, nous devons pouvoir nous dire que des juges plus éclairés sur la loi ou mieux renseignés sur notre conduite ou notre volonté nous absoudraient, que nous sommes dignes de l'estime publique qui nous est refusée. Inversement, si nous savons qu'on nous honore sur des apparences trompeuses, nous devons être plus sévères pour nous que les autres. L'opinion publique tant sur le bien que sur notre mérite n'est pas plus infaillible que notre conscience. C'est pour cela même qu'elles doivent se contrôler, comme se contrôlent les observations et les raisonnements de tous sur tous les faits ou les lois d'ordre mental ou physique. C'est chimère de vouloir penser exclusivement par soi-même, à moins d'être un Descartes, et encore celui-ci soumettait-il ensuite ses idées à ses lecteurs, craignant d'avoir pris pour de l'or ce qui n'était peut-être que du clinquant. — On accuse enfin parfois l'honneur d'être un mobile intéressé; on lui oppose la charité à cet égard. Mais, si l'on admet le pur amour de Dieu ou du prochain, pourquoi ne pas admettre qu'on puisse agir aussi bien par pur respect, par pure estime d'autrui?

La question de savoir ce que vaut moralement la nature

humaine est liée à une autre question non moins importante ici, celle de savoir ce que peut valoir une morale naturelle, une morale empirique. L'humanité plonge sa racine dans la nature animale. Que vaut cette nature? Y a-t-il une antinomie insoluble entre la nature en général et la moralité?

Pour la morale monothéiste et rationaliste d'un Platon, le monde intelligible est situé en dehors du monde sensible, qui n'en est que l'ombre. Pour la morale panthéiste et rationaliste d'un Spinosa, le monde est parfaitement intelligible. La science nous prouve, en effet, que tout fait a sa loi, et que les lois des faits constituent un système rationnel. Pour le savant, le monde est vrai, intelligible, rationnel. Le monde satisfait pleinement la logique.

Pour la morale esthétique, le monde est beau, la nature est belle. Ce monde est parfaitement beau selon le panthéisme naturaliste des stoïciens. Kant lui-même, dans sa *Critique du jugement esthétique*, reconnaît dans la beauté de la nature une sorte de conformité du monde phénoménal et du monde moral; mais il s'arrête et hésite au moment de démentir ses deux autres Critiques. Il faut, en effet, distinguer les catégories éthiques. Tout dans la nature est esthétique, quoique sans doute tout ne soit pas beau. Le laid sous toutes ses formes, le mal sous toutes ses formes, sont parties nécessaires du drame universel, et servent à son intérêt, à sa variété. L'artiste est celui qui sent et dégage l'émotion esthétique de toute chose, comme le savant est celui qui dégage la loi de tout phénomène. La nature satisfait d'autant plus l'artiste que l'artiste est plus grand. L'optimisme esthétique se justifie comme l'optimisme logique, celui du stoïcien comme celui de Spinosa. Et cela s'étend à la nature morale comme à la nature physique. Le libre arbitre lui-même ne produit pas d'acte sans motif, ce qui serait incompréhensible ; et il n'agit qu'obligé de choisir entre des motifs hétérogènes ; il reste donc intelligible, bien que son choix même soit autonome. Le « Créateur » n'est pas seulement l'éternel mathématicien dont parle Laplace, il est aussi le poète éternel qui invente le drame universel où chacun de nous, suivant Épictète, a son rôle.

Mais, pour la morale de la charité, le monde est mauvais. Beaucoup d'appelés, mais peu d'élus. La lutte pour la vie justifie en grande partie ce pessimisme. L'histoire naturelle et l'histoire humaine sont remplies de cruautés. Il faut tuer pour vivre. Pour la morale du bonheur, de l'intérêt général, le progrès s'accomplit par la lutte, par la guerre, et la sélection naturelle, qui sont de dures lois ; et la dissolution est sans doute au bout de l'évolution. Le pessimisme absolu va jusqu'à déclarer le monde essentiellement mauvais ; il n'est pas l'œuvre d'un Dieu d'amour, mais l'erreur et la faute d'un Inconscient métaphysique, selon Schopenhauer, d'une sorte de malin génie, comme le supposait un jour Descartes en son doute hyperbolique.

La science nous montre dans l'animalité et l'humanité une évolution due à deux causes très distinctes : d'une part, la sélection naturelle, résultat de la lutte pour la vie, et qui produit le progrès de l'individu et de l'espèce en fonction de l'utile : la perfection à laquelle tend cette sélection est, selon Spencer, « la vie la plus complète possible ». Ici l'écrasement des faibles est le moyen employé par la nature pour le progrès des forts, pour le progrès de l'organisation de la force. Mais, on l'a remarqué, à cette lutte pour la vie, il faut ajouter l'association pour la vie, l'association des faibles contre les forts ; de là l'intérêt général, qui progresse par la sympathie et fonde la société. Rien de tout cela ne nous élève pourtant au-dessus de l'intérêt individuel ou collectif. Mais, d'autre part, Darwin nous a révélé (le mot peut se prendre en son sens religieux) la sélection sexuelle, où nous voyons apparaître non pas seulement l'intérêt de l'espèce, comme but, mais encore le sentiment du beau physique et le sentiment de l'honneur, en un mot le sentiment de l'idéal, et cette sélection sexuelle est souvent en opposition avec la sélection naturelle. Les brillantes couleurs de l'oiseau, son chant sonore, les luttes des mâles, tout cela constitue autant de dangers et attire ou favorise les attaques des espèces ennemies. Ainsi cette beauté, qui existe déjà dans la nature inorganique et inconsciente, et dans la plante inconsciente encore, devient consciente chez l'animal, puis chez l'homme. En même temps que cette conscience de la beauté, apparaît la vanité, la fierté d'être beau, la fierté de bien chanter, d'être fort, d'être brave, et la fierté d'être admiré pour tout cela; puis l'orgueil d'être plus beau, meilleur chanteur, plus fort, plus courageux que ses rivaux, et d'être préféré pour ces avantages. C'est ce qu'on nomme le faux honneur. Il n'est faux que relativement; et il vaudrait mieux l'appeler l'honneur relatif. L'honneur véritable, l'honneur absolu, fondé sur le libre arbitre, a ses racines dans cet honneur relatif. Il n'a pas à en rougir. Il faut même que la beauté morale et la force morale rayonnent à travers le corps, le transfigurent, l'embellissent et le fortifient.

Prêtons un instant l'oreille à la voix des Muses sacrées, comme faisait Platon. Voici que le printemps ramène la tiédeur de l'air. La nature se pare, comme un temple immense, pour la communion universelle des vivants dans l'amour sexuel, lien des générations. La fleur s'épanouit, et recèle dans son calice les organes générateurs, en qui la vie animale se manifeste déjà. L'animal, pris d'ivresse étrange, ne s'occupe plus de chercher sa nourriture. La loi de se manger fait trêve. La bête féroce essaie sa gueule à des caresses. Tout animal se change en artiste, se transforme en chevalier, en héros. Dans l'humanité l'idéalisation érotique, en s'incarnant dans l'enfant, fait progresser l'espèce vers l'idéal de force, de beauté, d'amour et de fierté. L'effort pour devenir plus beau, plus aimant, plus courageux, c'est la naissance même de la vertu, de l'acte volontaire pour réaliser l'idéal. *Il y a du divin dans la nature.*

Dans les catégories du vrai et du beau, nous pouvons donc admettre l'optimisme. Avec les catégories du bonheur, de l'amour, de l'honneur, nous nous heurtons à la lutte des contraires, au conflit du Bien et du Mal enseigné par Zoroastre, ou plus exactement de l'idéal et du réel. La lutte pour l'amour, la lutte pour l'honneur nous révèlent la vertu, au sens primitif du mot, l'effort, le *tonos* des stoïciens, pour réaliser l'idéal. Le sentiment de cette puissance d'effort, de cette force morale, la conscience de cette énergie, c'est l'estime de soi. La nature, la réalité contient donc l'idéal en germe, en puissance, à l'état d'aspiration. Tout idéal qui ne répondrait pas à cette aspiration du réel ne serait qu'un faux idéal, une fiction. La morale, comme l'esthétique, comme toutes les sciences idéales, doit partir de l'observation de la réalité pour en dégager un idéal réalisable. Il y a donc un fondement empirique indispensable à la morale dans la psychologie. Pour perfectionner l'homme, il faut d'abord le connaître. Pour le parfaire, il faut étudier l'ébauche produite par la nature. Une loi morale tombée du Ciel pouvait sembler nécessaire lorsqu'on croyait l'homme « un dieu tombé qui se souvient des cieux »; mais aujourd'hui que nous avons de bonnes raisons de voir en lui un animal parvenu, un fils de ses œuvres, nous devons lui donner une morale naturelle. Elle n'en sera que plus vraiment idéalisatrice, si nous la puisons à la source naturelle de toute idéalisation, dans la sélection sexuelle, réhabilitation de la nature réconciliée avec la moralité par la science.

Pour la même raison, il est nécessaire de rendre au sentiment son véritable rôle dans les sciences idéales et de faire à la raison sa part. On convient que le beau se sent plutôt qu'il ne se prouve, et que la raison n'est pas le principe de l'amour. Pourquoi vouloir faire de la raison le principe de l'honnête, de la vertu? la conscience morale n'a-t-elle pas tous les caractères d'un sentiment? La raison a ses catégories : quantité, qualité (ressemblance ou différence), substance, cause, etc., qui sont des relations; le sentiment a les siennes, ou plutôt chaque sentiment a la sienne; vérité, beauté, honneur, amour, etc., qui sont des fins. Même si l'on compte la finalité parmi les catégories de la raison, ce n'est que la relation de moyen à fin, ce n'est pas l'idée de telle ou telle fin déterminée. La fin est le but de la tendance innée ou héritée qui devient consciente dans le sentiment; elle est de l'ordre du désir, non de l'intelligence, bien que l'intelligence s'y applique comme à tous les faits de conscience et en tire des concepts. Mais le concept du bonheur ou de l'honneur, par exemple, n'est pas le sentiment du plaisir ou de l'estime; il s'en dégage ultérieurement. Sans doute, les sciences idéales sont des sciences, et par là elles relèvent de la raison; mais elles tiennent aussi de l'art, et par là elles peuvent se réclamer du sentiment. Le sentiment d'ailleurs, au sens d'inclination supérieure, participe de la raison, comme disait Platon; mais ce philosophe a confondu l'idéel objet de la raison, et l'idéal objet du sentiment. Le vrai rôle de la raison, et c'est ce qu'il y a de vrai dans Kant, est de donner la *forme* d'une maxime universelle, la forme scientifique à l'objet du sentiment, et, s'il s'agit de morale, à l'objet du sentiment moral, de la conscience morale proprement dite.

La raison proprement dite n'est que la faculté logique, comme ce mot l'indique, la faculté de distinguer la contradiction de l'accord de la pensée avec elle-même. La raison nous permet d'universaliser le fait pour trouver la loi, d'universaliser le plaisir sensible pour distinguer le beau de ce qui n'est qu'agréable, d'universaliser l'amour pour déterminer la charité, d'universaliser l'estime pour découvrir l'honnête, d'universaliser la liberté pour découvrir le droit. Ainsi, les sciences idéales, la logique, l'esthétique, la religion, la morale, la jurisprudence, etc., ont recours à la raison pour devenir des sciences et pour donner des règles générales, des lois idéales. Mais là se borne le rôle de la raison proprement dite dans ces sciences. Leur point de départ est dans l'analyse de sentiments naturels et empiriques qui ont pour objets les diverses catégories de l'idéal. Il faut comparer les problèmes analogues; il faut généraliser le problème de l'idéal pour le mieux comprendre.

La connaissance du bien en soi, nous dit Kant, est impossible. Il faut, nous dit Renouvier, remplacer l'être en soi par le phénomène pour soi. Acceptons cette doctrine en ce qui concerne l'idéal. L'idéal n'est pas en soi; il n'*est* pas, au sens d'exister, puisqu'il n'est pas réel. L'idéal humain n'existe qu'en puissance dans les aspirations les plus élevées de notre âme; il ne se réalise donc que dans la mesure où l'âme le réalise en elle-même et, par suite de son essence qui est de penser, en prend conscience, c'est-à-dire dans la mesure où il existe pour soi. La vertu, le bien moral, n'est qu'un « phénomène pour soi », un fait de conscience; mais il nous révèle peut-être un accroissement de notre être métaphysique, de notre principe pensant, un perfectionnement de notre âme substantielle. Quoi qu'il en soit, pour la morale, et réserves faites de la question métaphysique, le bien pour soi est le seul bien; la morale n'en connaît pas d'autre; et le bien pour soi, le bien conscient, c'est le sentiment de notre valeur morale, c'est l'estime légitime de soi.

Appliquons le critère de l'universalité logique aux inspirations de l'honneur, et nous le démocratisons. « Je dois m'estimer » devient « tout homme doit s'estimer », théorème qui a pour conséquence que je dois estimer tout le monde, car si toute personne doit s'estimer, c'est que toute personne est estimable. « Je dois m'estimer au plus haut point possible » devient « toute personne doit s'estimer et être estimée au plus haut point possible ». Mais n'oublions pas que la raison ne donne que la forme, et que le sentiment doit fournir le fond, la matière, et que cette universalisation n'est pas un critère véritable, quoi qu'en ait pensé Kant. Ainsi ma conscience m'inspire un sentiment de vengeance familiale; je considère d'après une coutume de mon pays, si je suis C se, que la vendetta est un devoir d'honneur; j'aurai beau universaliser la maxime, il n'apparaîtra aucune contradiction : « Garde-toi, je me garde. » S'il s'agissait d'un devoir religieux, il n'en serait pas autrement. Par exemple, si c'est un devoir religieux de se mépriser soi-même, chacun doit se mépriser, et il faut mépriser tout le monde. L'*Imitation* se contredit, en nous enseignant qu'on ne peut ni trop se mépriser ni trop priser les autres; car si chacun se méprise avec raison, tout le monde est méprisable. Mais la disparition de la contradiction justifiera-t-elle ce devoir, après avoir justifié le devoir contraire? Si tout le monde volait, on aboutirait à une sorte de communauté, où ceux qui défendraient leurs biens par le mensonge ou le meurtre seraient les vrais criminels; mais si la maxime de ceux-ci devenait la loi, cette loi rétablirait la société actuelle; le tout sans contradictions.

La raison a pour objet l'ordre ou l'harmonie conçus comme universels. L'objet de la raison est donc un; mais les diverses sortes de cette harmonie, de cet accord universel, les catégories éthiques, sont les objets des divers sentiments. Chaque science idéale a donc un sentiment propre pour principe spécifique; et la raison ne peut servir qu'à faire la science en induisant la loi générale et idéale. Le respect de l'honneur de tous, comme du sien, l'aide donnée à l'honneur de tous; voilà en deux mots la morale de l'honneur. De même que la charité divine nous ordonne d'aimer notre prochain comme nous-mêmes, et que la loi fondamentale de la Cité idéale est de respecter et d'aider la liberté de tous; de même la morale nous défend de mépriser personne et nous commande d'estimer tous les autres hommes comme nous-mêmes. L'estime de soi au plus haut point possible doit nous porter à nous rendre dignes de plus d'estime encore, de toute l'estime qu'il nous deviendra possible de mériter. L'estime sincère de la personne humaine en général nous conduira à faire effort pour accroître encore chez les autres le sentiment de leur dignité et le souci de leur réputation, à leur tendre la main s'ils ont à se réhabiliter à leurs propres yeux et à ceux des autres, à ne jamais désespérer de l'honneur des autres ni à les laisser en désespérer. Le bien sera donc l'accord entre l'estime des personnes, accord qui croîtra dans la mesure où tous deviendront aussi estimables que possible, à mesure de leur perfectionnement moral. La religion doit tendre à rendre les hommes le plus aimants possible ; la politique à les rendre le plus libres possible ; la morale à les rendre le plus estimables possible. De ce principe général doivent dériver tous les préceptes particuliers de la morale pratique.

Pour rectifier les erreurs sur les questions d'honneur, il ne suffirait pas, disions-nous, d'universaliser la maxime ; il faut chercher quelles sont les conséquences logiques du principe de l'honneur. La raison nous sert donc encore ici, dans la pratique, à déduire les applications du principe, comme elle nous a servi dans la théorie à induire ce principe lui-même. Mentir, voler, tuer, c'est traiter la personne humaine comme un moyen, non comme une fin en soi. Voilà la maxime de Kant qu'il faut garder, celle qui fait la valeur de sa morale pratique, et qui se rattache directement à la doctrine de l'honneur. La personne humaine est une fin pour soi parce qu'elle conçoit comme sa fin son moi idéal. De même, tricher au jeu, c'est tromper, c'est mentir ; c'est manquer de cette franchise qui est une forme du courage intellectuel et social ; et il est clair que rien n'est moins honorable. Se faire entretenir par sa maîtresse, c'est manquer à l'honneur du mâle, qui étant le plus fort, doit être l'appui de la femme : rien de plus contraire à l'origine même de l'honneur.

Cet exemple nous conduit à dire un mot d'une dernière objection : si l'honneur dérive des luttes entre les mâles, peut-il être le principe de la morale pour les deux sexes[1] ? Nous avons déjà noté, d'après Darwin, que chez les mammifères l'hérédité bilatérale des caractères sexuels est la

---

1. Le même problème se poserait pour les autres doctrines morales qui dérivent d'un sentiment unisexuel à l'origine.

loi. Mais nous devons montrer que la loi s'applique tout spécialement à notre sujet, à l'honneur féminin. Commençons par les formes inférieures, et en tenant compte de l'évolution des rapports sociaux entre les deux sexes. Nous avons vu le sentiment de l'honneur apparaître déjà chez les femelles de certains animaux. On trouve déjà chez ces femelles l'honneur individuel et l'honneur du rang social. Dans l'humanité préhistorique, les progrès du militarisme ont produit l'asservissement de la femme. Les captives et les favorites ont dû être choisies, d'après leur jeunesse et leur beauté, par les vainqueurs; la plus belle appartenait au plus vaillant dans le partage du butin. Malgré l'humiliation de la captivité, un certain orgueil devait subsister par suite de ce choix; les femmes des chefs illustres devaient s'enorgueillir de leur appartenir. L'honneur individuel et l'honneur du rang, sous forme inférieure, devaient donc, même à cette époque, subsister chez les femmes. Plus on étudie le cœur humain, plus on se convainc d'un fait en apparence paradoxal : si l'humilité est incompatible avec l'honneur vrai, elle peut, même profonde, coexister avec beaucoup de vanité ou d'orgueil. Le mystique qui s'abaisse pour être élevé, le courtisan admis aux plus humbles fonctions auprès de la personne du roi, les favorites des rois ou les maîtresses des princes, les courtisanes à la mode, les valets de bonne maison sous leur livrée, les sous-chefs aussi arrogants envers leurs inférieurs que plats vis-à-vis des chefs, sont des exemples décisifs à cet égard. L'esclavage lui-même a dû suivre cette loi; car Épictète note l'insolence des esclaves chez les riches. Mais la décroissance du militarisme a produit un retour graduel vers l'égalité sociale des sexes par l'affranchissement très lent de la femme. Peu à peu elle n'a plus été captée que par un rapt symbolique, qui constituait la cérémonie du mariage antique. Mais l'homme surtout continuait à choisir. Ainsi s'est développée la vanité, et aussi la coquetterie que l'on reproche tant à la femme, mais qui est une forme inférieure du sentiment de l'honneur. Mettre sa fierté dans sa toilette, dans sa beauté, qui attirent les hommages des hommes, et même aller jusqu'à la passion de plaire à tous les hommes et d'éclipser ses rivales, c'est-à-dire jusqu'à la coquetterie, prouve au moins la puissance du sentiment de l'honneur chez la femme. On peut chercher aussi à plaire par son esprit, comme la Célimène de Molière, ce qui est déjà un honneur immatériel. Mais la femme plaît surtout par les qualités propres à son sexe, et tend ainsi à se féminiser de plus en plus, comme l'homme, pour la même raison, à se masculiniser. La grâce, la douceur, la tendresse, la mobilité d'impression, la réserve, etc., deviennent les moyens de séduction féminine et des motifs d'un honneur déjà plus moral. Il n'est pas jusqu'à l'héroïsme, surtout l'héroïsme maternel ou religieux, et par exception l'héroïsme guerrier lui-même, que nous ne trouvions chez la femme, dans les annales de l'histoire ainsi que dans la littérature, comme nous l'avons vu dès l'antiquité grecque. Sans doute, la femme a plus de penchant encore que l'homme à l'humilité, à la ruse, au mensonge, à la jalousie, à la médisance, aux lamentations, etc.; mais ce sont là des vestiges de son long asservissement encore incomplètement disparu de nos mœurs et de nos codes. Il est donc à espérer que, devenue de plus en plus libre, et sous l'influence d'une éducation plus libérale elle-même, la femme acquerra le sentiment du véritable honneur au même degré que l'homme, de même que l'amour paternel, hérité lui aussi du sexe opposé, tend à devenir égal à l'amour maternel. En tout cas, c'est le but qu'il faut s'efforcer d'atteindre. Nous avons vu Mme Lambert enseigner les principes de l'honneur à sa fille; et Jules Barni écrit (*La Morale dans la démocratie*) : « Il ne suffit pas que la femme ait le cœur bon, compatissant, charitable, il faut aussi qu'elle l'ait élevé et fier, de telle sorte qu'elle puisse soutenir son mari dans l'adversité et dans les disgrâces de la vie, et qu'elle soit la première à l'encourager aux mâles résolutions. » Il faut que la mère inspire par ses leçons et ses exemples des principes d'honneur à ses enfants.

Au reproche de ne s'adresser qu'à un seul sexe, on pourrait joindre celui de ne s'adresser, par la morale de l'honneur, qu'à une seule classe sociale, puisque le principe de la charité se rapporte à l'ordre du clergé et le principe de l'honneur à l'ordre de la noblesse sous l'ancien régime. Cette division sociale du travail par classes correspond encore aux diverses influences qui ont agi sur la civilisation moderne; la religion chrétienne a été importée d'Orient; la morale de l'honneur est d'origine germanique et surtout celtique, et due aussi à l'influence des études gréco-latines à partir de la Renaissance, à l'imitation des grandes républiques d'Athènes et de Rome. Les démocraties formées par la fusion des classes sociales ne peuvent se passer ni de religion ni de morale. Il ne faut pas que la crise actuelle nous fasse illusion sur des choses qui sont éternelles. La vraie religion, la vraie morale, comme la vraie politique, sont des vues de l'idéal, qui ne sont nullement contradictoires et qui sont parties intégrantes de la science totale de l'idéal. Elles ne progressent pas toujours ensemble; mais elles sont toutes nécessaires à l'avenir de l'espèce humaine, sous condition pour chacune d'elles de s'élever à l'état de science idéale. La démocratie peut emprunter à l'aristocratie d'antan le principe de la moralité, d'autant mieux que l'honneur contient un élément démocratique dans l'estime d'autrui et le souci de l'opinion publique, de même qu'il contient un élément aristocratique dans l'attestation de notre propre conscience. C'est cette double nature de l'honneur qui fait sa facilité d'adaptation à tous les milieux sociaux. Il a un élément démocratique dans l'estime de toute personne humaine : Estime ton prochain comme toi-même. Il a un élément aristocratique dans l'inégalité du mérite acquis par le libre arbitre individuel. Mais la démocratie doit tenir compte et se servir aussi de ce dernier dans le choix de ses représentants et de ses gouvernants. La morale de l'honneur n'est nullement incompatible avec le sentiment religieux pas plus qu'avec l'égalité républicaine; mais elle en est indépendante, ainsi que des systèmes métaphysiques, du matérialisme comme du spiritualisme.

Alors même que les espérances religieuses ou les hypothèses métaphysiques sur l'immortalité de l'âme ou sa palingénésie, ne devraient pas se vérifier, et que tout serait dit à la mort, à la décomposition de notre organisme actuel, notre tâche morale, pour être limitée, n'en serait pas moins digne de nous. L'absolu est indépendant du temps; et s'il est vrai que la bonne volonté est absolument bonne, le mérite est un bien absolu, l'estime de soi est un droit absolu. En un point du temps et de l'espace, un acte de cette bonne volonté suffit pour donner à notre existence, même éphémère, une valeur infinie. Cependant une hirondelle ne fait pas le printemps, et un acte vertueux ne fait pas la vertu, comme dit Aristote; une faute ne fait pas le vice; un crime même ne damne pas moralement, si l'on s'en repent ensuite. Le Bouddha est mort, dit-on, en donnant son corps en proie à une tigresse blessée dont les petits avaient faim, pour enseigner que l'être le plus cruel peut aimer et mérite l'amour. Victor Hugo, le grand poète de la charité, a développé la même idée dans *Lucrèce Borgia, Le roi s'amuse, Les Misérables, La fin de Satan, La pitié suprême*. De même chez les féliens du crime et les asturidés du vice, dans l'humanité du moins, subsiste quelque orgueil, ou quelque vanité, et nous, ne devons pas désespérer de leur refaire une conscience, car le libre arbitre reste chez eux en puissance. L'être le plus dégradé peut revenir à l'honneur et mériter l'estime. Ce qui est estimable dans la personne et donne du prix à la vie, c'est d'abord la bonne volonté, qu'on doit supposer dans les autres, comme on la sent en soi. A côté de cette estime générale, qui s'adresse à la personne humaine en principe, il y a l'estime qui se mesure à la vertu ou au vice. L'honneur ne nous prescrit pas d'estimer tous les hommes également dans leur conduite. Si je ne puis m'estimer trop haut pour ma bonne volonté, pour ma ferme résolution, je dois être modeste en songeant à mes fautes autant que fier en songeant à ce que j'ai voulu faire de bien. De tout cela résulte une confiance inébranlable dans le fond de notre volonté, une modestie, c'est-à-dire une estime plus ou moins mêlée de fierté et de honte, dans l'appréciation de notre conduite, un ferme propos de nous perfectionner, et même l'espérance philosophique en un progrès indéfini de notre moi peut-être immortel. Le principe de l'honneur ne postule ni l'existence de Dieu, ni même nécessairement l'immortalité de l'âme; il ne demande qu'un acte de foi dans ce que la conscience morale nous atteste le plus intimement, la possibilité pour notre volonté de vouloir suivre les inspirations de cette conscience, de vouloir ce qui nous paraît honnête et généreux, à tort ou à raison, un acte de foi dans notre liberté morale qu'un tel acte peut seul produire, un acte de foi dans ce qui ne peut dépendre que de nous-même. Par la liberté, l'homme est *cause de soi;* il y a du divin dans l'homme.

Enfin, ce principe est le seul vraiment moral, puisque l'honneur est la synthèse normale de tous les éléments spécifiques qui constituent la conscience morale; car des éléments associés à ceux-là, l'un, l'intérêt, leur est souvent contraire, l'autre, l'amour, ne dépend pas suffisamment de la volonté, et tous deux ont des caractères très nettement différents de ceux des faits proprement moraux. L'intérêt n'a rien d'idéal, c'est-à-dire est amoral et à l'occasion immoral; l'amour est, par nature, partial et fatal, très inégalement réparti entre les individus, et plutôt religieux que moral sous sa forme supérieure de charité universelle. Le devoir, détaché de la volonté divine et de la nature, n'est plus en lui-même qu'une abstraction réalisée, une entité scolastique, une loi qui, selon le mot de Kant, *n'a d'appui ni dans le ciel ni sur la terre.*

V

MORALE PRATIQUE. LE PRINCIPE DE L'HONNEUR COMME GUIDE DE CONDUITE

On a dit que toutes les doctrines morales aboutissaient à la même morale pratique. C'est une exagération. D'abord chaque doctrine met au premier rang les cas particuliers de la conduite auxquels elle s'applique le mieux; car chacune répond plus spécialement à certaines relations sociales; et c'est là que se trouve la part de vérité relative contenu dans chaque principe en morale. C'est l'esprit de système qui porte les philosophes à appliquer le même principe et la même méthode à la solution de tous les problèmes fondamentaux et à transposer ainsi ces principes de la science qui leur est propre à des sciences auxquelles ils ne se rapportent pas directement. Mais l'esprit de système expliquerait l'erreur des philosophes sans expliquer suffisamment pourquoi ils ont pu faire école. Ce qui trompe surtout, c'est que chaque principe s'applique en effet à quelque partie de toutes les sciences, car les objets des sciences ont entre eux des rapports partiels. Ainsi la logique donne les règles de la recherche et du contrôle de la vérité. Or, chercher la vérité est prescrit par toutes les morales; et la morale rationnelle ou logique triomphe sur ce point. Le beau est un bien, comme le vrai; les règles de l'esthétique deviennent des règles de morale pour cette partie de notre conduite qui comprend la recherche du beau. La charité est une belle et bonne chose s'il s'agit d'aimer son prochain ; et la vie de famille, l'amitié sont soumises à ses règles. L'obéissance à la loi civile et politique, œuvre de la nation libre, s'impose au citoyen. Les doctrines morales correspondantes ont donc là une application qui semble vérifier leurs principes respectifs. Mais il s'agit de ramener *toute* la conduite à la science ou à l'art ou à la religion ou à la politique ; et alors, outre le mobile qui reste différent pour chaque morale, l'application du principe devient plus ou moins difficile et artificielle, en même temps qu'elle conduit à des solutions souvent fort diverses des problèmes de la conduite. Tout ramener à la logique est malaisé dans la pratique : quand on aura mis l'étude au premier rang, puis les qualités nécessaires au savant, la sincérité intellectuelle et la véracité, on s'efforcera de montrer que toute faute implique indirectement quelque mensonge. Supposons un conflit entre ce devoir de véracité et un autre ; le premier devra l'emporter. Faut-il mentir à un malade pour le sauver en lui cachant le danger de son mal ? faut-il sauver sa patrie en trompant l'ennemi à la guerre ? le rationalisme doit répondre : Non ! s'il est conséquent avec lui-même. La morale esthétique doit ramener l'honnête au beau et la vertu à l'art ; or, il est difficile de confondre l'expression du beau avec sa réalisation en nous, dans notre conduite, dans notre moi ; en outre, elle devra mettre le beau au premier rang ; notre conduite doit être une et harmonieuse et exprimer notre caractère ; Caton devait se tuer pour garder cette constance qu'on exige des personnages littéraires dans l'art poétique. Le principe de la charité nous conduit logiquement jusqu'au Tolstoïsme ; il ne faut pas opposer la force à la force ; il faut refuser de se battre, de tirer sur l'ennemi, de se défendre ou de défendre quelqu'un contre un assassin en frappant celui-ci. Au contraire, le principe de la loi idéale, de la morale civique, met la justice au-dessus de la charité, les devoirs stricts au-dessus des devoirs larges, comme nous avons vu Kant le faire dans les exemples où il oppose le respect de la loi morale au sentiment de l'honneur. La morale théocratique, outre qu'elle suppose une révélation surnaturelle, aboutit à justifier le sacrifice d'Abraham, qu'aucune autre doctrine n'admettrait. La morale de l'intérêt individuel ou général, transposant le principe de l'économie domestique ou politique, en morale, conseillera une bassesse pour s'enrichir ; et la doctrine de l'honneur l'interdira. S'il y a tant de cas de conscience sur lesquels les moralistes ne sont pas d'accord, c'est qu'ils ne le sont pas sur les principes. Et si les doctrines morales ne sont pas indifférentes dans la pratique, c'est aussi et d'abord que les devoirs ne se déduisent pas aisément de principes étrangers à la conscience morale. Pour ramener l'intérêt général à l'intérêt individuel, il faut contredire les faits les mieux avérés. Sur le champ de bataille, dans une catastrophe, mon intérêt est de me sauver d'abord moi-même, tandis que l'intérêt général exigerait que je m'exposasse à la mort. Nous avons donc à faire voir comment le principe de l'honneur s'applique et s'adapte logiquement aux principales relations que présente la conduite et en quel sens il résout les problèmes les plus importants de la morale pratique. C'est là un contrôle expérimental que doit subir toute doctrine morale ou logique ou esthétique, etc., car il ne suffit pas qu'un principe moral soit d'une nature vraiment idéale, d'une moralité pure, qu'il satisfasse nos aspirations supérieures, le fond même de notre nature; il ne suffit pas que ce principe soit puissant et efficace pour pouvoir triompher de tout autre mobile avec l'appui de notre bonne volonté; il est encore nécessaire que ce principe soit assez large et assez fécond pour nous conduire dans toutes nos actions quotidiennes, comme maxime directrice, par ses conséquences naturelles, logiques; assez clair enfin pour permettre la solution des difficultés que présente la vie réelle de l'homme en société. Mais il ne s'agit pas d'inventer des théorèmes déduits de principes et de définitions. La morale de l'honneur est le produit naturel, spontané, collectif du sentiment moral évoluant dans chaque société; et l'on peut comparer cette production à celle du langage. Le rôle de la science morale se borne donc à exercer le contrôle de la réflexion sur cette spontanéité du sentiment, à chercher si la liaison de principe à conséquences a été suffisamment respectée. La morale est la science idéale des mœurs, c'est-à-dire non pas d'abstractions rationnelles, mais de phénomènes soumis aux lois de la vie, comme les mots dans le langage, et toutefois influencés, épurés par le sentiment de l'idéal. Ce sentiment est comme une plante dont la racine est en terre, dans le sol de la réalité, mais dont la tige s'élance vers le ciel, vers l'idéal, et dont la fleur a un parfum suggestif de beaux rêves. La plante est robuste et sa fleur est délicate. Les poètes en parlent souvent mieux que les philosophes.

La morale pratique se divise en morale individuelle et morale sociale. Sans proscrire aucunement l'idée d'obligation morale, la doctrine de l'honneur ne la place pas au premier plan de la conscience, et nous croyons qu'il vaut mieux revenir à l'antique division de l'honnête en vertus, que de s'astreindre à la moderne classification par devoirs, qui s'adapte si mal à la morale individuelle, et pas très bien aux règles de la bienfaisance; car le domaine propre du devoir est la justice; c'est là qu'il faut en parler. Un devoir envers soi-même ou un devoir large et indéterminé sont des concepts subtils et quelque peu artificiels. La charité est tout à fait inapte à fonder la morale individuelle, car elle est pur altruisme, et elle n'est pas plus apte à fonder les devoirs proprement dits, ou règles de justice. Le sentiment de l'honneur est, au contraire, un sentiment égo-altruiste, qui s'applique de lui-même à la morale individuelle et à la morale sociale, chacune prise à part, et aussi à toutes deux prises ensemble, grâce à sa dualité, estime de soi et estime des autres, dualité qui se résout dans cette unité, estime de la personne.

L'école kantienne fonde toute la morale individuelle sur la dignité personnelle. Cette dignité est déduite du respect pour la loi, que la bonne volonté s'impose; et cette déduction est peut-être contestable dans une doctrine qui admet l'humilité nécessaire devant la loi morale. Humilité et dignité hurlent d'être accouplées. Mais concédons cette déduction. La dignité de la personne suffit-elle à fonder la morale individuelle? Pas plus que la justice ne suffit à fonder la morale sociale. Ce sont des concepts d'un caractère négatif, prohibitif. Le respect de soi-même, de sa dignité, comme le respect du droit des autres, comme le respect de la loi, constituent des barrières et non des liens entre les hommes. Se respecter soi-même, c'est s'abstenir de tout acte qui porterait atteinte à notre dignité, c'est ne rien faire qui puisse nous avilir. C'est ce que le sentiment de l'honneur nous commande en effet avant tout; car, pour pouvoir s'estimer, il faut d'abord n'avoir pas à rougir de soi-même. Mais ce ne sont toujours là que les « devoirs négatifs », selon la terminologie à la mode. Il faut l'estime de soi, l'estime positive de la personne humaine pour fonder les « devoirs positifs ». Et encore faut-il distinguer entre cette estime générale ou de principe qui porte sur l'essence de la personne, quel que soit l'individu, et l'estime proportionnée au mérite individuel, qui porte sur la conduite, sur l'usage que chacun fait de sa bonne volonté. C'est cette estime du mérite variable qui, seule, nous porte à nous perfectionner graduellement et méthodiquement. Il ne suffit pas de ne pas déroger à sa qualité d'homme, il faut ne pas déroger à son mérite acquis, il faut s'efforcer toujours d'acquérir un mérite supérieur.

La morale individuelle se divise, comme on dit, en devoirs envers le corps et devoirs envers l'âme, ou, comme nous dirions de préférence, en culture du corps et culture de l'âme, ou en perfectionnement physique et perfectionnement moral, ou, mieux encore, en honneur animal et honneur humain. Ce qu'on nomme le faux honneur porte précisément sur les qualités physiques, telles que la santé et la bonne constitution, la force et l'adresse, la beauté et la grâce. Cet honneur relatif est indirect, en ce sens que ces qualités ne dépendent pas exclusivement de notre volonté; mais elles en dépendent indirectement et dans une large mesure. La science contemporaine a donné raison à l'antiquité gréco-latine contre le moyen âge sur ce point de morale encore, en éclaircissant les rapports du physique et du moral. « L'homme est un tout naturel », disait Bossuet lui-même : « l'homme doit être d'abord un animal de première classe », nous dit Spencer. L'éducation physique a été remise en honneur de nos jours. Ne craignons donc pas trop de prêcher à l'homme l'honneur animal. On rougit d'être infirme, on rougit d'être gauche, un homme rougit d'être plus faible qu'un autre; on a honte d'être laid, d'être disgracieux, d'être malpropre ou mal vêtu. C'est un sentiment naturel, conforme à l'origine du sentiment de l'honneur; et il est légitime dans la mesure où tout cela peut dépendre plus ou moins indirectement de notre volonté, de nos soins à l'égard de notre corps. Or, nous pouvons beaucoup pour tout cela, et à mesure que progressent l'hygiène et la médecine, l'orthopédie et la gymnastique, la délicatesse et le bon goût dans les manières et la parure, c'est-à-dire à mesure qu'on s'éloigne du mépris d'antan pour notre « guenille », cet honneur animal reprend ses droits sur l'homme. Et n'oublions pas son origine sexuelle; elle se manifeste chez le jeune homme et la jeune fille, et déjà chez le garçonnet et la fillette. Le garçon est fier de sa force et de son adresse; il méprise la faiblesse de la fille et sa gaucherie dans les jeux d'adresse. La fille se rit de la brusquerie et de l'impétuosité du garçon. Lui dédaigne la grâce et la parure, car dans l'humanité la beauté appartient aux femmes pour les raisons données par Darwin. Mais le garçon est sauvage, peu sociable; et la fille se moque à son tour de sa gaucherie en société. Laissez-les se sexualiser, se polariser; ils ne s'en attireront que mieux plus tard. L'honneur n'est pas le même non plus à l'âge adulte chez les deux sexes. C'est ce que les autres principes de morale sont incapables d'expliquer et de justifier. Mais une morale naturelle, scientifique, doit s'adapter d'elle-même à la diversité de la vie. Donc, en principe les qualités viriles doivent être cultivées surtout chez l'homme, et les qualités féminines chez la femme. La psychologie des sexes est malheureusement fort négligée, comme leur morale; c'est que, comme nous le dit Hugo :

Votre philosophie est une vieille prude.

Pour la classe sacerdotale, qui a détenu si longtemps chez nous le monopole de l'éducation, la fonction suprême du corps se réduisait à murmurer la prière; ce n'était pas utile pour cela de développer la force et la beauté, ces pièges diaboliques. Quand le célibat était proclamé un état supérieur à celui du mariage, les charmes sexuels étaient suspects de toutes les abominations. Ces préjugés nous hantent encore. Nous devons nous efforcer d'être de bons mâles ou de belles femelles, puisque nous sommes, pour une part, des animaux. Descartes nous paraît décidément le plus grand des moralistes dans son *Traité des Passions*, quand nous le voyons faire partir la morale de la médecine et traiter la vertu en physiologiste avant de s'élever au principe de la générosité.

Pour les vertus de l'âme, l'honneur animal nous montre leur origine dans le courage. C'était aussi l'opinion des stoïciens, les plus grands moralistes de l'antiquité; et Descartes qui s'est surtout inspiré des stoïciens, place la source des vertus morales dans la générosité. La force morale, la force d'âme est pour l'esprit ce que la force musculaire est pour le corps. L'une tient à l'autre. L'énergie mentale a pour condition la puissance du cerveau, du système nerveux et indirectement de tout l'organisme; mais, réciproquement, l'énergie de la volonté décide en grande partie de celle de l'effort musculaire; et, dans la lutte, la victoire dépend surtout de la bravoure et de la ténacité. La supériorité intellectuelle dépend aussi surtout de la force et de la persévérance de la volonté. Le génie lui-même est une longue patience, nous dit Buffon; et Newton nous apprend qu'il fit sa sublime découverte « en y pensant toujours ». C'est que l'intelligence dépend avant tout de l'attention, c'est-à-dire de l'action de la volonté sur la pensée. La femme, selon Schopenhauer, est plus intelligente que l'homme; mais l'homme a plus de volonté. C'est pour cela que l'homme a plus inventé que la femme, même dans la musique que la femme cultive plus que l'homme, selon la remarque du même philosophe. Nous voyons tous les jours des élèves « bûcheurs » dépasser à la fin de leurs classes les élèves « phénomènes », dans les premières années d'études. Les races brachycéphales sont moins intelligentes, mais ont plus de volonté; et l'on nous dit que l'avenir est à elles. L'homme primitif paraît avoir été dolichocéphale, comme le sont relativement l'enfant et la femme; et le progrès humain, la civilisation s'élèvent en même temps que l'indice céphalique des peuples qui en prennent la direction. Cultivons donc en nous, avant tout, la force d'âme. Son développement doit être réglé par le sentiment de l'honneur. La culture de la volonté se rattache en effet à celle du sentiment, mais c'est exclusivement au sentiment de l'honneur qu'elle doit sa moralité et sa grandeur. C'est encore la volonté en effet qui doit dominer la passion et la transfigurer, comme elle féconde l'intelligence. Le courage peut être employé au mal comme au bien, pour l'erreur comme pour la vérité, si la volonté ne s'inspire pas de l'honneur et ne s'applique pas à développer l'intelligence. La volonté est le fond de notre moi, nous disent tous les grands métaphysiciens; il est donc légitime que l'estime de soi s'adresse surtout à l'énergie de la volonté. Le sentiment seul peut donner cette énergie; « rien de grand ne se fait sans la passion », nous dit Vauvenargue, parlant des nobles passions. La volonté n'est même, à vrai dire, que l'acte en puissance dans le sentiment; et Descartes, avec tous les philosophes, hormis Kant, avait encore raison en n'admettant que deux facultés fondamentales de l'âme, la volonté et l'entendement, la première comprenant le sentiment ; tandis que Kant a dû fausser la division des faits psychologiques pour séparer la volonté de la sensibilité et, par suite, la morale de tout mobile passionnel.

Courage, modération ou puissance sur les passions inférieures, sagesse ou fécondation de l'intelligence par la volonté, voilà toutes les vertus individuelles, et toutes dérivent de la force morale. Il faut insister sur ce lieu commun, puisqu'il est méconnu dans la morale pratique et dans l'éducation morale par un intellectualisme immodéré.

La morale est la même, au fond, pour les deux sexes ; elle ne fait que des différences de degré pour chacun d'eux ; elle prescrit à la femme beaucoup de la vertu virile, et à l'homme beaucoup de la vertu féminine. La douceur, propre à la femme, est aussi une vertu pour l'homme ; elle peut s'accorder avec la force ; elle convient à la générosité. Les faibles sont parfois même portés à la méchanceté, à la cruauté ; c'est ce que n'a pas compris Nietzsche. L'enfant est souvent cruel, « cet âge est sans pitié », dit La Fontaine, non sans exagération. La femme, si compatissante par nature maternelle, devient, par crainte, plus cruelle que l'homme dans sa vengeance. L'homme qui se sent fort met son honneur à secourir le faible, à relever son ennemi vaincu. Pour ne pas empiéter sur le domaine de la morale sociale, bornons-nous à conclure que le courage ne doit être ni aveugle, ni cruel, mais conforme aux nobles sentiments qui inspirent la volonté vraiment grande. Même dans la lutte des mâles, nous avons vu qu'il s'agit plutôt d'un tournoi chevaleresque que d'un duel à mort, et que le vainqueur se borne à écarter son rival, sans autre esprit de vengeance.

L'homme doit donc s'efforcer d'atteindre à quelque degré les vertus de la femme. L'être humain sans sexe serait un monstre ; mais l'hérédité bilatérale est la loi de la nature ; et la morale doit s'en inspirer pour tracer la règle du perfectionnement de soi-même. La maîtrise de soi, *le calme*, cette vertu si admirée par l'antiquité épicurienne ou stoïcienne, et où les Saint-Simoniens voyaient la vertu mâle par excellence, est en effet la domination que la volonté exerce sur les émotions. Et même la modestie qui, nous l'avons vu, dérive de la pudeur féminine, sied bien, comme on dit, au vrai mérite. Plus on a conscience de son mérite, moins on a besoin de l'approbation des autres ; il faut se garder de la vanité qui repose sur les louanges, comme de l'orgueil, qui vient du dédain pour l'opinion d'autrui. Si l'on veut bien entendre par fierté, cette confiance virile en une bonne volonté éprouvée, également éloignée de la suffisance ou de l'impudence et de la peur excessive du qu'en dira-t-on, on peut dire avec Émile Augier : « En fait de fierté, l'excès n'est jamais un défaut. »

La brutalité, l'esprit belliqueux, ne sont que des formes arriérées de la force d'âme ; « l'honneur de la valeur », prédominant démesurément dans le militarisme, fait place à l'honneur de la puissance productive dans une société industrielle. Autres temps, autres mœurs. Mais le principe moral est en lui-même immuable. Lorsqu'on est exposé à des attaques incessantes, l'énergie ne peut se manifester que par la lutte ; lorsqu'on est astreint à un travail continuel, elle ne peut se manifester que dans ce travail. Les conditions sociales dans lesquelles s'exerce la force de volonté déterminent donc en grande partie pour l'individu le mode d'application de sa valeur physique et morale ; mais, dans tous les cas, c'est à cette valeur que l'estime se rapporte et non à ses manifestations variables.

Cependant le sentiment de l'honneur doit nous permettre même d'évaluer ces états sociaux. Or, l'état de lutte implique avec le triomphe de l'un la défaite de l'autre, avec l'honneur du vainqueur la honte du vaincu, c'est-à-dire autant de mal que de bien eu égard à l'ensemble des individus. Au contraire, dans l'association nécessaire à la production et qui peut être universelle dans la production, tandis qu'elle est seulement particulière dans la lutte, le mérite de l'un cesse d'impliquer le démérite de l'autre, même relatif; l'honneur peut donc revenir universel, et, par cela même qu'il croit en extension, il augmente au total dans l'ensemble des individus. L'honneur en tant que principe étant universel, s'accorde donc d'une manière complète seulement avec une société où tous les individus peuvent également prétendre et atteindre à l'estime d'eux-mêmes. L'industrialisme exige une volonté plus constante chez l'individu, et il permet l'estime de tous.

Dans la morale individuelle, nous rencontrons un problème agité par toutes les écoles et diversement résolu, qui concerne directement le corps et indirectement l'âme, qui lui est liée d'après une expérience jamais démentie; il faut en dire un mot : c'est le suicide. Deux cas surtout sont à discuter. S'il a pour raison la souffrance physique ou le chagrin, l'honneur consiste à supporter et à vivre, car le suicide est alors une lâcheté, puisqu'on peut toujours espérer guérir et que la douleur peut tremper l'âme.

> Rien ne nous rend si grand qu'une grande douleur (MUSSET).
> J'aime la majesté des souffrances humaines (VIGNY).

S'il s'agit du déshonneur public, la constance est alors le courage sous une forme supérieure; il faut confesser sa faute, marquer son repentir et travailler à se réhabiliter. On a d'ailleurs souvent des obligations envers d'autres êtres, et l'honneur ne permet pas d'y manquer. Si l'on a fait du mal à d'autres, on est tenu de le réparer ou de le compenser dans la mesure du possible. Le suicide pour déshonneur peut avoir comme motif l'honneur familial ou professionnel. Nous pouvons dire dès maintenant, pour n'avoir pas à y revenir, que le véritable honneur collectif ne peut pas contredire le véritable honneur individuel : en travaillant à se réhabiliter on a plus de mérite et on arrive plus sûrement au but, que par un suicide manifeste ou caché; et la réhabilitation de l'individu réhabilite la famille ou la corporation dans la mesure même où la faute de l'individu a pu la compromettre. Dans les époques guerrières, on ne connaît que l'honneur de donner sa vie, et encore estime-t-on davantage celui qui se réhabilite sur le champ de bataille, que celui qui se suicide; dans les périodes plus civilisées, plus éclairées, on comprend qu'il y a plus de force d'âme à subir la peine méritée et à travailler pour se racheter de sa faute par sa constance qu'à se faire justice dans un coup de désespoir. L'estime de soi et le souci de l'estime des autres défendent donc alors le suicide[1]. Le déshonneur n'est pas dan la condamnation juridique, mais dans la faute; et la peine est une expiation. Corneille l'a dit :

> Le crime fait la honte, et non pas l'échafaud.

La méthode du perfectionnement de soi-même a pour procédé essentiel la pratique de l'examen de conscience, transmise des pythagoriciens aux stoïciens et de ceux-ci aux chrétiens qui la popularisèrent, mais la dévièrent de la morale vers la religion, et la faussèrent par le principe de l'humilité. Ce procédé ressort directement de l'estime

---

1. Dans l'affaire Dreyfus, le suicide du colonel Henry fut une erreur; mais son intention fut sans doute honorable.

de soi; car l'estimation de son mérite acquis nécessite cet examen. Il y faut apporter une sincérité scrupuleuse et se méfier des sophismes de l'amour-propre. La confession publique chez les pythagoriciens joignait le contrôle de l'estime des autres au jugement de la conscience. Mais la confession à Dieu ou au prêtre et la direction de conscience chez les chrétiens y joignent un contrôle d'un autre ordre, aux prétentions surnaturelles. On peut être homme d'honneur sans même croire en Dieu. Pour la morale, il s'agit de savoir si la confession publique ou privée, abstraction faite de tout caractère religieux, et si la direction de conscience, que l'on trouve aussi dans le stoïcisme sous sa forme laïque, sont requises par le principe de l'honneur. Il nous semble d'abord que la pudeur de l'âme ne s'applique pas moins à nos fautes intimes que celle du corps à nos défauts physiques. Pourquoi d'ailleurs confesser ses péchés et cacher ses vertus? C'est toujours le dogme humilitaire. L'examen quotidien de conscience et à plus forte raison la confession fréquente émoussent bien vite en nous le sentiment si délicat de la honte. C'est ce qui arrive dans l'éducation par l'emploi des punitions humiliantes et des blâmes moraux. La crainte ou même la seule idée d'une humiliation publique ou particulière, la honte personnelle suffisent le plus souvent à nous conduire au repentir. Cependant il est des cas où l'aveu de la faute s'impose, comme il est des cas où il faut faire reconnaître ses bonnes intentions ou ses bonnes actions. Par exemple, on doit s'avouer coupable pour éviter qu'un autre porte la peine de notre faute, comme Jean Valjan, dans *Les Misérables*. Si l'on est accusé en justice, et que l'on soit coupable, on n'a pas le droit de mentir pour se disculper. Dans un service commandé et que l'on s'est engagé à remplir, lorsqu'on est accusé par un supérieur, on doit avouer si on a manqué à ce devoir. Si l'aveu spontané d'une faute peut en prévenir les conséquences funestes, il faut faire cette confession. Dans tous ces cas et dans d'autres, analogues, il y a une raison particulière de confesser le mal. S'il s'agit au contraire d'un acte qui n'intéresse que nous seuls, la pudeur nous porte à le taire; il suffit de nous en repentir. C'est seulement dans notre propre intérêt moral que nous pourrions avoir à faire connaître nos bonnes ou nos mauvaises actions, ne regardant que nous, si nous jugions nécessaire de stimuler notre propre conscience par l'approbation ou le blâme d'autrui. Cela est nécessaire aux enfants; il leur faut des directeurs de conscience : ce sont leurs parents. Mais il faut développer déjà chez les jeunes gens le sentiment de la responsabilité personnelle, de l'indépendance morale en ce qui est individuel. Il faut ne pas trop parler de soi ni en bien ni en mal, et laisser les autres nous juger d'eux-mêmes. Nous savons d'ordinaire où est le bien; et le souvenir de nos fautes est cuisant. Cependant l'étourderie, la légèreté, surtout dans un milieu où elle est de règle comme chez les jeunes gens, pour ce qui n'est pas déshonorant ou ridicule, mais seulement imprudent, ou même pourvu que les préjugés de l'opinion le tolèrent, bien que la morale éclairée le condamne, nécessitent encore le recours à la confession aux parents. Le jeune homme se sentira soulagé et réconforté. Il n'y a pas d'autre direction naturelle de la conscience. On se confesse parfois par une sorte de jactance qui tient du cynisme, ou pour le plaisir de montrer sa franchise jusqu'à se décrier soi-même, ou par simple démangeaison de parler d'un secret, ou pour obtenir un pardon aisé qui nous dispense d'un repentir plus long et plus efficace, ou pour prévenir l'humiliation de voir notre faute révélée malgré nous, ou pour le charme malsain de savourer le souvenir du plaisir défendu. Les motifs de ce genre n'ont point de valeur morale ou même sont immoraux. En résumé, l'examen de conscience doit avoir en général sa raison dans un scrupule, et la confession dans l'intérêt des autres, du moins chez les adultes. Cependant, comme la conscience peut s'émousser, il est prudent de faire des examens périodiques à des intervalles d'autant plus rapprochés qu'on est d'un caractère plus léger. Mais il faut se garder du mécanisme moral, si répandu chez les dévots, et des exagérations de scrupules qui torturent certaines consciences maladives sous l'influence de la terreur de l'enfer. Ne rien faire de déshonorant, cela suffit pour être « sans reproche ». Une morale trop méticuleuse risque d'être souvent violée. Il faut exiger peu de soi et l'obtenir, voilà la règle pour le mal. Il y a, bien entendu, des scrupules honorables ; c'est seulement l'excès que nous combattons ici. Cette explication suffira-t-elle pour que les « bonnes âmes » se fassent scrupule de calomnier notre doctrine ? Descartes en douterait fort. Au contraire, vis-à-vis des biens positifs, il faut aspirer très haut. La morale de l'honneur conduit à renverser ici la discipline religieuse qui demande tout ou presque tout à la honte ; la vraie discipline demande tout ou presque tout à la fierté. L'une a pour ressort l'humilité, l'autre l'estime de soi. De même, dans l'éducation, on doit attendre plus des éloges que des réprimandes. L'homme est ainsi fait ; il ne faut pas agir contre la nature ; et d'ailleurs cette fierté naturelle est justifiée par la valeur de la personne humaine, et par la bonne volonté qui est le fond de tout homme, quoi qu'en disent les misanthropes, c'est-à-dire les orgueilleux comme Alceste, ou ceux qui tâchent de justifier leurs fautes en les attribuant à tout le monde et même en leur

attribuant pis encore, ce qui est le plus sot des orgueils.
« L'homme, dit Mirabeau, est un être juste et bon, qui
veut être heureux. » Et Hugo :

Personne n'est méchant, et que de mal on fait!

Dans les actes qui dépendent de la morale individuelle, on peut poser comme règle générale que la conscience est l'élément essentiel et que l'opinion des autres n'est que l'élément secondaire. C'est la part de vérité contenue dans les dédains de certains philosophes pour le souci de la réputation; et l'on remarque en effet que ces philosophes tendent à isoler l'individu et à ne s'occuper que de la morale individuelle. Mais la contre-partie n'est pas moins importante ni moins évidente. Dans la morale sociale, c'est l'opinion des autres sur nous qui doit devenir prédominante et diriger notre propre conscience, à moins de circonstances exceptionnelles qui infirment accidentellement cette opinion. En effet, c'est à nous de juger ce que nous nous devons à nous-mêmes, à déterminer notre idéal personnel, à faire effort pour nous satisfaire nous-mêmes. Mais c'est aux autres surtout à juger de la manière dont nous nous comportons vis-à-vis d'eux et dont nous remplissons nos fonctions familiales, professionnelles, civiques ou humanitaires. C'est aux autres de se montrer ou non satisfaits de nous en ce qui les concerne. C'est à nous de juger notre moi individuel, à la société de juger notre moi social. Et si la popularité est souvent injuste, l'histoire est là pour la corriger. L'homme le plus populaire de notre temps a été le général Boulanger, et le plus impopulaire a été Jules Ferry. Qu'importe? justice n'est-elle pas faite aujourd'hui? le revirement n'est-il pas complet? et n'ont-ils pas pu le prévoir avant de mourir, et même presque le voir?

Il ne faudrait pas non plus réaliser des abstractions. Il faut se méfier de l'analyse et des divisions les plus naturelles. La morale individuelle est liée à la morale sociale. Le moi individuel et le moi social ne font qu'une seule personnalité. Mais il n'y a pas de science possible sans abstraction ; il suffit de faire après coup la synthèse. Il est donc nécessaire de distinguer d'abord ces deux aspects de la personnalité chez l'individu en société. Une distinction est aisée ; c'est celle de la vie publique et de la vie privée ; une autre est plus profonde et plus difficile, c'est celle de la vie individuelle et de la vie familiale. Opposons en idée la vie publique d'un homme politique à sa vie comme chef de famille, puis la vie d'un chef de famille à celle d'un célibataire, et celle d'un célibataire dans une communauté à celle d'un ermite. Ces distinctions intéressent la morale plus encore que la psychologie ou la sociologie, et elles étaient familières aux philosophes anciens. De là dérivait la théorie des offices ou des fonctions. Ainsi le même homme doit remplir les offices de fils, de mari, de père, d'ami, de fonctionnaire ou d'industriel, de citoyen, de soldat, de membre de l'humanité. Dans tous ces rôles, il jouera des personnages divers. Mais, dans leur ensemble, ces rôles sont des relations à autrui, et ils sont les divers aspects du moi social. Le moi individuel n'est connu des autres que par une induction difficile ; mais le moi social est manifeste pour autrui. Les autres sont donc compétents en ce qui concerne notre moi social ; tandis que, à la rigueur, leurs inductions sur notre moi individuel n'ont pas la certitude de notre conscience, malgré ses sophismes. Les autres ont donc le droit strict de juger notre moi social, puisque leurs intérêts sont en jeu ; ils n'ont, au contraire, vis-à-vis de notre moi individuel, qu'un droit moral d'appréciation, dont ils doivent user discrètement. Il arrive même que dans la réalité ces divers moi ne méritent pas la même estime. On peut remplir un rôle mieux qu'un autre. Le rôle philosophique d'un Rousseau reste distinct de son rôle comme père de famille. On peut et on doit juger différemment ces diverses personnalités unies dans une même personne. Cependant cette union est d'ordinaire voisine de l'unité.

L'homme qui craint plus l'opinion publique que sa propre conscience, pourra remplir ses offices avec scrupule sans chercher le perfectionnement moral de son moi individuel; et celui qui s'absorbe dans la culture de ce moi, le solitaire, le contemplatif, pourra négliger de remplir ses offices ou même les dédaigner. Le sage de Platon ou celui d'Épictète, le religieux du bouddhisme ou du christianisme ne songent qu'à leur perfectionnement ou à leur salut. Mais l'homme est, par nature, membre de la société, et son moi social est l'extension naturelle de son moi individuel. Ces deux moi doivent être en harmonie morale. Le principe de l'honneur ne permet pas de sacrifier l'un à l'autre, puisqu'il implique l'accord de l'estime de soi et du souci de l'opinion des autres à notre égard. L'orgueil peut conduire à l'impudence des cyniques, la vanité à l'hypocrisie mondaine; mais l'honneur exige l'approbation de soi et celle d'autrui; il a pour objet indivisible la personnalité totale, ce qu'on est et ce qu'on représente, ce qu'on est et ce qu'on paraît. Il est bien difficile, d'ailleurs, au fond, de paraître longtemps ce qu'on n'est pas ou de ne pas devenir ce qu'on paraît longtemps, de remplir ses offices de manière à satisfaire tout le monde sans se perfectionner par là même ou de se perfectionner vraiment sans remplir tous ses offices avec zèle. La nature est gênée par le masque, et le bout de l'oreille perce sous le pelage d'emprunt. L'hypocrisie est pénible et difficile; rarement elle réussit tout à fait; elle se trahit elle-même par des airs et des allures qui lui sont propres. L'hypocrisie est le fruit de l'asservissement, de l'oppression, de la cruauté qui contraignent à dissimuler la haine, l'envie, la révolte qu'elles suscitent et à simuler les sentiments contraires. Plus la liberté et l'égalité s'accroîtront, plus l'hypocrisie disparaîtra. Elle vient aussi de prétentions morales contraires à la nature : « On ne commande à la nature, a dit Bacon, qu'en lui obéissant. » L'honneur exige avant tout la franchise; plus on s'estime, moins on se cache; plus on se croit estimable, plus on tient à se montrer tel qu'on est; plus on estime les autres, plus on tient à ne pas voler leur estime. C'est par vanité ou par intérêt qu'on est hypocrite; mais quelle humiliation intérieure de recevoir des éloges immérités! est-il plus cruel affront pour une âme vraiment fière! L'homme d'honneur voudra à tout prix ne pas rester inférieur à sa réputation, ne pas rougir en lui-même de paraître sans être. C'est ainsi que Descartes, comme il nous le raconte, fut stimulé dans ses recherches philosophiques, par une célébrité anticipée.

L'honneur individuel s'unit à l'honneur collectif d'abord dans la famille. La famille est, au point de vue de la morale, un moyen de perfectionnement mutuel, puis un moyen de perfectionnement de l'espèce. Entre les prétendants ou les jeunes filles à marier, la rivalité est un stimulant qui existe avant qu'aucun choix se prononce et dès que les jeunes gens des deux sexes sont en présence; il s'avive lorsque le choix s'est fixé et que plusieurs jeunes gens recherchent une jeune fille ou que plusieurs jeunes filles ont remarqué un jeune homme. Chacun s'efforce de faire valoir ses avantages et ses qualités, de se contraindre pour réprimer ses défauts, de se faire aimer et admirer. L'amour sincère inspire la générosité; l'amour réciproque inspire la fierté. Nous sommes là à la source éternelle de l'honneur. L'idéalisation érotique produit entre les amants le « toi idéal » qui devient pour l'autre un « moi idéal ». Chacun s'efforce de mériter cette admiration et de se rendre digne de l'être idéal qu'il aime. L'intimité des époux les force à laisser pénétrer leur moi individuel et, par fierté, à le perfectionner. Quand on fait un présent, on tient à honneur qu'il soit présentable; quand on se donne, on tient à honneur que le don soit de prix. Chaque époux devient pour l'autre comme une seconde conscience devant laquelle il ne peut plus faillir, selon le mot de Stahl. Avoir à rougir devant l'être aimé, est une douleur poignante. L'enfant idéalise ses parents et prend cet idéal pour modèle; les parents tiennent à ce respect, à cette estime; ils ne veulent pas déchoir de ce piédestal. Il leur faut joindre l'exemple au précepte, faire ce qu'ils prêchent, réaliser l'idéal pour se donner en modèle à leurs enfants. Rougir devant ses enfants de ne pas être ce qu'ils vous croyaient, est aussi chose terrible; et comment dissimuler et simuler dans la véritable vie de famille où à tout instant on est ensemble? Il faut devenir ce qu'on vous croit.

Cette conscience commune qui résulte de la vie en commun est la source de l'honneur collectif. C'est sa cause et c'est sa raison. Lorsque l'on « pense tout haut », lorsque l'on « vit à plusieurs », la communauté morale s'établit, et la solidarité morale en résulte logiquement. De là, l'honneur conjugal, de là l'honneur familial. Attaquer l'honneur de ma femme ou de mes enfants, soit en l'accusant, soit en cherchant à le corrompre, c'est attaquer mon honneur; voilà ce qu'un individualisme immodéré se refuse à comprendre, nous l'avons vu chez Renouvier.

Pourtant rien de plus vrai ni de plus clair. L'influence morale qui s'exerce naturellement dans l'intimité du foyer conjugal est si puissante, si continue et si pénétrante, quand le mariage est ce qu'il doit être, l'union physique et morale, et l'action des parents sur les enfants est ordinairement si décisive, que chacun a sa part de responsabilité dans la conduite des autres. Sans doute, il est des exceptions, parce qu'il y a de fausses familles dont l'amour n'est pas le lien, où même aucun lien n'existe. Mais alors même qu'il en est ainsi, l'union des époux étant libre en son principe, on est responsable du choix et du motif de ce choix; puis, après le mariage, l'union morale ou la désunion est rarement l'œuvre d'un seul; et là encore, là surtout, chacun a sa part de responsabilité dans les actes de l'autre. Et c'est principalement le mari qui est responsable. Pourquoi? c'est qu'il est d'ordinaire plus expérimenté et qu'il a plus d'autorité dans la famille. La jeune femme lui est livrée ignorante de la vie, au sortir d'une étroite tutelle; c'est une âme vierge; il dépend dès lors beaucoup du mari d'y faire germer et grandir ou d'y laisser dépérir la délicate fleur du sentiment moral. C'est cette considération qui inspire, dans une pièce d'Émile Augier, le pardon du mari à sa femme. L'honneur du mari peut être plus directement entaché encore par le déshonneur de sa femme si on peut le suspecter (et la calomnie est prompte) de fermer les yeux par intérêt sur des désordres lucratifs ou qui lui valent des protections. C'est l'idée qui inspire une autre pièce du même auteur. Le vice du père ou de la mère est en outre pernicieux pour les enfants. Le problème moral qui se pose en cas d'infidélité conjugale peut se compliquer encore de bien des manières. La première règle est évidemment de tâcher de tout raccommoder; mais les moyens doivent varier suivant les cas. Si la désunion est irréparable, il reste à choisir entre les degrés de séparation. La première question est donc de savoir s'il y a lieu à réparation ou à séparation. S'il est un moyen honorable de ramener l'estime nécessaire entre les époux, à défaut même de l'amour, l'estime suffira à maintenir le lien conjugal. Si l'un des époux doit nécessairement mépriser l'autre, la vie en commun n'est plus moralement bonne; mais, si l'estime des enfants restait possible pour leurs père et mère, ceux-ci devraient maintenir une union apparente, si c'était possible; c'est la séparation intime. Sinon, ou s'il n'y a pas d'enfants, la séparation de corps sera nécessaire : elle sera suffisante si, par la suite, il n'y a pas à craindre la continuation du déshonneur public, celui du nom de famille; autrement le divorce s'impose. Quant aux moyens de réparation, il faut pour une première faute, essayer du pardon. Si le duel devait faire renaître l'estime et l'amour de la femme, et sauver la famille du désastre, nous n'oserions pas l'interdire; mais dans nos mœurs actuelles, il a tant perdu de son prestige qu'il n'y faut guère songer. La conduite à tenir vis-à-vis du séducteur est également difficile à préciser. Si l'on peut tenir le déshonneur secret, il importe avant tout de le faire, car la publicité rendrait le mal moins réparable pour les époux et les enfants. Tous, sous le coup du mépris public, seraient plus ou moins démoralisés. Ceux qui rejettent en principe le souci de l'opinion ne peuvent comprendre ces faits pourtant si manifestes. Celui des époux qui est coupable et auquel l'autre aurait pardonné peut reconquérir l'estime de l'offensé, si surtout l'affaire ne s'est pas ébruitée; mais si l'offense est de notoriété publique, la souffrance deviendra telle que le ressentiment subsistera quoi qu'on fasse; d'autant plus que les enfants, apprenant tôt ou tard le déshonneur de leur père ou de leur mère, perdront tout ou partie de leur piété filiale; la famille restera moralement perdue ou bien malade. Mais encore faut-il écarter le séducteur ou la séductrice si l'on craint une rechute. Le duel avait cet avantage pour le mari, mais non pour la femme. On peut, dans certains cas, exiger le départ du complice, ou transporter la famille ailleurs. On ne rompt d'ordinaire la passion que par un changement total d'existence. La crainte du mépris des enfants et de leur désaffection est le plus puissant mobile pour empêcher la faute, et, après une faute restée secrète, pour empêcher la rechute. C'est à ce sentiment qu'il faut surtout faire appel.

La question de la faute du mari, de sa gravité, se rattache à celle de la pudeur masculine, de la chasteté du jeune homme. On sait qu'il y a dans nos mœurs, en dépit des moralistes, un préjugé qui met ici une différence absolue entre les sexes. On pardonne l'incontinence à l'un, on la couvre d'opprobre chez l'autre. Cette différence absolue entre le jeune homme et la jeune fille subsiste suivant l'opinion commune à l'égard de l'homme et de la femme mariés, mais fortement atténuée par le fait d'un engagement réciproque qui crée entre eux une obligation d'honneur, sans compter celle qu'ils ont vis-à-vis de la société, de par la solennité du mariage. Cette obligation mutuelle est égale pour le mari et pour la femme. Reste donc la différence admise entre l'honneur de l'homme et celui de la femme, abstraction faite de leur engagement mutuel. D'où vient ce préjugé? Il dépend sans doute d'abord, pour les jeunes gens, du fait que la maternité est visible et que la paternité ne l'est pas, mais, de plus, il semble se rattacher à l'institution de la polygamie dans l'humanité. Elle ne paraît pas y être primitive, mais être dérivée de l'aristocratie militaire, dans laquelle les chefs se réservaient plus de captives. L'asservissement de la femme dans la phase du militarisme, la constituant propriété du mari, celui-ci reste maître de faire un acte qu'il interdit à sa femme. Les mœurs du militarisme doivent donc, par leur disparition, entraîner celle de ce préjugé; en même temps que, par l'hérédité bilatérale, le sentiment de la pudeur féminine se développera encore chez le jeune homme. Ce sentiment est plus fort chez lui qu'il ne semble; mais il est étouffé ou combattu par le préjugé du monde qui va jusqu'à le ridiculiser. Pour revenir au principe de l'honneur, la chasteté de la femme implique celle de l'homme. L'homme ne peut manquer au respect de soi-même dans la débauche ou dans l'adultère sans manquer au respect de la femme qu'il séduit ou qu'il concourt à maintenir dans la corruption. L'adultère du mari entraîne les mêmes conséquences que l'adultère de la femme, puisqu'il implique la séduction ou la débauche, l'adultère ou la prostitution d'une autre femme, puisqu'il peut aussi introduire des bâtards dans quelque ménage, ou donner naissance à des enfants que le père ne pourra reconnaître ni devant la loi ni devant le monde et qui en souffriront de toute manière, des enfants que peut-être il ne connaîtra même pas. Mais, au point de vue de la famille elle-même, la faute du mari est la moins grave. Celle de la femme, même seulement soupçonnée, peut faire naître l'angoisse au cœur du père lorsqu'il embrasse les enfants qui portent son nom.

Il vaut mieux prévenir que punir; il est plus sûr de préserver que de guérir. On a osé dire que la prostitution était la sauvegarde des familles; c'était dire que la débauche des filles et femmes pauvres servait à préserver les filles et femmes riches. Il serait plus juste de dire que la débauche des jeunes gens est l'école de l'adultère des maris. Le manque de respect pour la femme du peuple est encore un vestige des mœurs aristocratiques; et la tentation où se trouve souvent celle-ci de se laisser séduire par l'homme riche montre que la ploutocratie peut corrompre l'industrialisme jusqu'à le rendre à peine supérieur au militarisme. Le remède, pour ne parler que de la morale, est dans une éducation chevaleresque où le respect de la femme soit posé en dogme fondamental et s'ajoute à celui du respect de soi-même. L'amour honnête est le meilleur préservatif pour le jeune homme contre les folies criminelles.

Le mariage est la source vive de la moralité. En dehors de lui, il n'y a que la dégradation de la débauche ou la dangereuse aventure d'un idéal factice. « Suivons la nature! » disait la Grèce avec profondeur. La nature a fait de l'amour et de la reproduction la source du progrès organique et moral. Le mariage est donc la plus haute des obligations d'honneur, si l'on est sain de corps et d'esprit; j'entends par mariage l'union fondée sur l'amour et l'estime mutuels et sur le sentiment des obligations que cet engagement constitue entre les époux et à l'égard des enfants qui peuvent naître. Il faut donc que l'éducation morale soit essentiellement la préparation au mariage pour le jeune homme comme pour la jeune fille. Mais notre pruderie est une grande cause d'impudicité; on laisse le jeune homme s'initier à l'amour par le vice, car on n'ose pas l'y préparer par l'éducation. Dans toutes ces questions, le protestantisme s'est montré infiniment supérieur en éducation au catholicisme; et c'est la principale cause de la supériorité des peuples protestants sur les peuples catholiques; ce qui ne préjuge rien d'ailleurs sur l'avenir des peuples libres penseurs chez qui une forte éducation se constituerait sur le principe de l'honneur. La famille repose normalement sur l'amour, sur l'affection. Elle reposa sur l'autorité civile et religieuse du chef de famille, puis sur son autorité civile seulement. Pour la morale, l'amour a comme condition l'estime. C'est un honneur d'être marié; la paternité et la maternité sont des titres d'honneur, qu'on a donnés aux chefs et aux dieux, et dont se parent assez impudemment nos religieux. Une mère qui soignerait son enfant par raison, par devoir, ne serait pas une mère. C'est la tendresse qui doit l'inspirer; mais elle a droit d'être fière de sa maternité, d'être fière de ses enfants, dont la vie et la santé et l'éducation morale sont en grande partie son œuvre.

L'hérédité physiologique et psychologique transmet à l'enfant, incarne en lui l'idéal des amants. L'enfant est le fruit de l'idéalisation érotique. Il suit de là que la préparation au mariage, à la paternité ou à la maternité est de la plus haute importance pour l'espèce, que la solidarité morale lie les ascendants à leurs descendants, que l'honneur familial se prolonge dans le temps vers l'avenir, comme il se suspend au passé. Il y a donc là un patrimoine d'honneur, de vertu et de réputation, que chaque génération est obligée de transmettre sans perte et même accru à la suivante. En développant en nous les qualités physiques, intellectuelles et morales, en les perfectionnant dans le mariage, nous ne travaillons pas seulement pour nous, mais pour les héritiers naturels de cet héritage d'honneur. On voit par là combien la morale individuelle est inséparable, en fait, de la morale sociale. Mais n'exagérons rien; l'atavisme peut compliquer la solidarité familiale à cause de l'union successive entre des familles diverses. Un honnête homme peut avoir un fils criminel, comme il peut, malgré tout, avoir épousé une femme indigne. Les réciproques ne sont pas moins possibles. Mais, en somme, l'hérédité, l'éducation mutuelle font de la famille une sorte de personne véritablement morale. Laissons aussi sa part au libre arbitre; mais celle du déterminisme est toujours la plus grande.

L'honneur national est fondé sur des raisons analogues, c'est-à-dire sur la vie en commun, l'échange des idées, l'imitation des exemples, l'influence des commandements et même l'hérédité. Les familles s'unissent entre elles par des mariages, dans la caste d'abord, puis entre les diverses classes. Sans remonter au clan préhistorique, où la famille ne fait qu'un avec l'État, plus la tribu était restreinte, plus les liens de parenté rapprochaient tous les membres de l'État, plus la vie était commune, et la solidarité morale puissante. La tradition, la coutume, « l'opinion des morts » étaient dominantes plus encore qu'aujourd'hui dans nos grandes nations, qui s'ouvrent progressivement à l'influence les unes des autres, tandis que l'État primitif est jalousement fermé. D'autre part, l'échange des idées dans une même nation s'est accru par mille moyens nouveaux, à mesure que les cités grandissaient; l'histoire a perfectionné la tradition orale; les coutumes sont devenues lois; l'opinion nationale s'est rendue souveraine; si bien que la solidarité nationale a peu perdu à l'extension de l'État. Le sentiment de l'honneur national a subi, comme celui de la famille, bien des fluctuations. Entre les États ennemis, comme entre les familles ennemies, la vengeance fut une obligation d'honneur, et chaque membre fut responsable de l'acte d'un autre membre, tant la solidarité semblait complète. La distinction moderne de la responsabilité personnelle d'avec la responsabilité collective ne s'est faite que difficilement dans les cerveaux et passa plus lentement encore dans les mœurs, car les institutions survivent longtemps aux croyances éteintes.

Les règles de l'honnête sont les mêmes entre les collectivités qu'entre les individus. Il y eut entre les collectivités des guerres d'intérêt et des guerres d'honneur, sortes de duels. On a donc commis des crimes au nom de l'honneur national; et on en commet encore, comme on en a commis pour convertir les infidèles, et comme on en commet encore pour soutenir des missionnaires qui ont su s'attirer la haine des indigènes. L'honneur national n'est d'ailleurs le plus souvent qu'un prétexte hypocrite de faire la guerre, à peu près comme les *Te Deum* sanctifient les victoires, justes ou injustes. On a fait aussi les croisades et la Saint-Barthélemy au cri de : Dieu le veut!

Les devoirs ou obligations politiques envers l'État sont en même temps des droits juridiques; mais, pour la morale, ce sont des honneurs. C'est un honneur de défendre sa patrie et de s'y préparer à l'avance; c'est un honneur d'être contribuable; c'est un honneur de voter et d'exercer sa part de souveraineté; c'est un plus grand honneur de représenter ses concitoyens et d'être choisi par eux pour exercer leurs droits législatifs ou exécutifs, et d'être fidèle à ses engagements comme à ses convictions. Les Romains ne l'entendaient pas autrement; et c'est ce qui fit leur grandeur. Les classes sociales, les partis politiques ont leur honneur collectif; et ceux qui sont à la tête de ces partis, chargés de tenir le drapeau, incarnent cet honneur dans une certaine mesure et doivent en avoir conscience.

La recherche de la popularité est nécessaire aux hommes publics dans une démocratie; elle est faite d'estime, de confiance, plus encore que d'affection. Cicéron nous l'a montré dans le deuxième livre des *Offices*. La gloire est la récompense des grandes vertus qui servent la patrie et l'humanité. On peut en médire et la dédaigner lorsqu'on est sûr d'y parvenir ou de n'y parvenir jamais. En réalité, elle est la plus noble passion des plus grandes âmes; et c'est elle qui stimule non seulement les grands politiques, les grands capitaines, mais les poètes et les artistes et même les savants et les philosophes, qui la dédaignent dans leurs écrits, comme le remarquent Cicéron et Pascal. Dans une démocratie, l'opinion publique doit régner et gouverner les gouvernants, en fixant non seulement les fins qu'ils doivent poursuivre, mais encore les mérites qu'on exige d'eux. C'est le respect de cette opinion qui constitue la moralité des citoyens, et chacun d'eux doit concourir à la former.

Les droits de l'homme et du citoyen dérivent, pour la pure morale, de la dignité de la personne. Les sciences politiques doivent tenir compte de l'intérêt commun et de l'intérêt général; mais les sciences idéales pures, logique, esthétique, religion et morale, n'ont pas à s'en préoccuper dans leurs principes. Les droits proclamés par la Déclaration sont inaliénables, parce que les abdiquer, c'est se dégrader, s'avilir, abdiquer sa dignité civique et forfaire à l'honneur national. Un peuple n'a le droit ni de se résigner à la servitude, ni, s'il est libre, de se donner un maître, de même qu'un individu ne peut se faire l'esclave d'un autre, et pour la même raison de dignité. Mais il ne suffit pas plus à un peuple qu'à un homme de respecter sa dignité; il doit s'efforcer de réaliser son idéal. C'est cet idéal national, inspiré de sa tradition ou plus exactement dégagé de son évolution, cet idéal en qui se résument ses aspirations vers un avenir meilleur, qui constitue vraiment l'âme nationale, la patrie morale. Un peuple doit subordonner son moi réel à son moi idéal, comme un individu, lutter jusqu'à la mort pour sauvegarder son indépendance et sa libre marche vers l'avenir, comme Démosthènes l'enseignait aux Athéniens dans son discours pour la Couronne. C'est cet idéal qui doit rendre l'homme sacré à l'homme, selon l'expression stoïcienne, et la nation sacrée aux autres nations. L'orgueil national et la vanité nationale sont des vices, comme la fierté et la générosité nationales sont des vertus. L'orgueil conduit un peuple à mépriser les autres peuples, c'est le chauvinisme; la vanité le conduit à se faire le satellite des peuples les plus puissants. La fierté exige l'indépendance, et la générosité commande d'aider les peuples faibles et opprimés par de plus puissants. Un peuple doit estimer les autres peuples comme il s'estime lui-même. Les peuples inférieurs aujourd'hui peuvent devenir supérieurs demain, comme le montre l'exemple des Japonais. Répétons-le, il n'y a qu'une morale; et la morale de l'honneur est aussi bien applicable aux collectivités qu'aux individualités.

A mesure que les nations composées de races superposées par des victoires successives se forment et se développent, la division du travail, d'où naît la solidarité, s'y accentue. Lorsque les castes deviennent des classes, l'honneur du rang se transforme et se divise à la fois en honneurs professionnels. L'honneur professionnel prend naissance par l'action en commun, la vie en commun, la communauté des intérêts et des idées, d'où résulte une conscience morale commune. Cet honneur est donc nécessairement spécial. Il ne peut donc se suffire à lui-même, et ne fait que se sous-ajouter à l'honneur commun. Ils doivent s'accorder par la subordination de l'honneur spécial à l'honneur commun. Là encore il a pu se produire des sophismes d'intérêt et des préjugés de l'opinion. C'est au moraliste de les rectifier en s'appuyant sur les principes. Une corporation n'est pas juge unique de son honneur; elle doit tenir compte de l'opinion publique. Si l'armée se fait illusion sur les lois de l'honneur militaire; si des financiers se font illusion sur les règles de l'honneur dans les affaires; si des fonctionnaires se trompent sur leurs obligations vis-à-vis de la nation; si des patrons ou des ouvriers manquent à leurs engagements mutuels, c'est qu'ils ne consultent pas assez l'opinion que l'on a d'eux dans le reste de la nation. Le principe de l'honneur suffit toujours à corriger les erreurs vers lesquelles l'intérêt fait dévier ce sentiment. L'orgueil de caste subsiste ou se reproduit aisément dans l'esprit de corps des professions. On a vu aussi l'émulation faire place à la jalousie même entre des régiments d'armes différentes. Mais combien précieux est cet honneur professionnel dans son domaine spécial! C'est pour lui que le capitaine reste le dernier sur son navire qui coule; pour lui que le soldat se fait tuer à son poste s'il est nécessaire; que le mécanicien reste sur sa locomotive en face d'un obstacle; que le médecin se prodigue dans une épidémie. C'est du crédit, de la confiance dans une signature ou une parole auxquelles on tiendra à faire honneur, que dépend le progrès du commerce contemporain. On peut s'indigner contre l'agioteur qui veut croire n'avoir pas manqué à l'honneur professionnel malgré le mépris public, et l'on a raison; mais admirons aussi que quelques chiffres inscrits sur le carnet d'un agent de change puissent suffire aux transactions les plus importantes. On s'étonne que des professions même dégradantes aient une sorte d'honneur très spécial; on pourrait, avec plus de sens, admirer la puissance d'un sentiment qui ne perd jamais tous ses droits dans l'âme humaine et nous montre un reste de grandeur jusque dans l'infamie. Une vendetta entre tribus d' « apaches » pour une femme, rappelle à sa manière la guerre de Troie pour Hélène. Le sentiment de l'honneur peut se dégrader à l'infini, il ne se perd pas; et c'est pour cela qu'il ne faut mépriser personne absolument. En sens inverse, il peut s'épurer et progresser indéfiniment dans les âmes d'élite. Les professions dans lesquelles ce sentiment est le plus développé sont celles qui peuvent donner les exemples les plus nombreux et les plus admirables de la grandeur morale; et, sous ce rapport, c'est la profession militaire, ou, actuellement, la fonction guerrière, à laquelle participent toutes les professions, qui reste au premier rang, quelque horreur qu'on puisse légitimement avoir du militarisme. Car si la guerre offensive et la prétendue gloire des conquêtes, sont des attentats monstrueux, la guerre défensive et la lutte contre l'envahisseur demeurent l'honneur sublime des soldats et des armées. Le marin, le médecin, l'ouvrier mineur ou métallurgiste, et tant d'autres dont les professions sont dangereuses, ont également leur héroïsme. Les professions sont donc plus ou moins honorables. Il faut tenir compte aussi des autres formes de la générosité d'âme dans cette comparaison. L'intégrité, le courage des opinions, la fidélité à ses engagements chez un homme politique, un magistrat, etc., ne sont pas moins dignes de notre respect que le courage devant la mort. Dans tous les métiers, il y a place pour l'honneur.

Un grave problème se pose au sujet de l'honneur collectif dans ses rapports avec l'honneur individuel. Si grave soit-il, il n'est pas pour cela plus difficile à résoudre. Lorsqu'une action déshonorante est commise par un ou plusieurs membres d'une collectivité, la part du déshonneur doit se déterminer d'après le principe suivant : est imputable à l'honneur collectif l'acte qui est inspiré par des mobiles constituant l'âme de la collectivité; est imputable à l'individu l'acte qui ne peut avoir pour causes les principes et les idées de la collectivité, mais bien les intérêts, les passions, les croyances propres à l'individu coupable. Cela est également vrai pour les actions honorables. Une profession, comme un individu, a sa mentalité propre et caractéristique. Par exemple, dans l'affaire du Panama, l'honneur du Parlement français ne pouvait être intéressé que dans la mesure où la prévarication aurait été répandue et tolérée dans ce milieu; mais les cas individuels en désaccord avec l'esprit et les mœurs d'un parlement généralement remarquable par son intégrité, ne pouvaient entacher que l'honneur des individus coupables. De même les faux en écriture, la sollicitation de faux témoignages et autres crimes analogues signalés dans l'affaire Dreyfus chez certains officiers d'état-major, n'entachaient l'honneur de cet état-major que dans la mesure où ils résultaient de l'antisémitisme répandu dans ce milieu, mais non pas l'honneur de l'armée où l'antisémitisme fanatique n'avait étendu sa contagion qu'à une très faible minorité. Les officiers qui, au nom de cet honneur de l'armée, se croyaient obligés de se solidariser avec les coupables, se trompaient donc grossièrement sur les règles de l'honneur collectif. C'est au contraire l'honneur d'une corporation de répudier toute solidarité avec ceux de ses membres qui ont aussi gravement failli aux lois de l'honneur. De même, c'était une obligation d'honneur pour le président de la République dont le gendre avait commis des actions malhonnêtes, de ne pas le soutenir de son autorité morale par honneur familial ou par une tendresse qui étouffait le sens de l'équité. Le clergé n'est pas déshonoré par les escroqueries de certains prêtres qui agissent pour leur compte; mais certains ordres religieux l'ont été plus ou moins par les procédés généraux d'escroquerie, tels que ceux mis sous le patronage de saint Antoine. Les corporations, jalouses avec raison de leur honneur, s'efforcent souvent de tenir secrètes les défaillances de quelques-uns de leurs membres, et d'agir pour leur éviter une condamnation juridique, afin d'éviter un scandale qui rejaillirait sur elles. Comme nous l'avons dit pour la famille, ce procédé est permis lorsqu'il s'agit d'actes qui n'intéressent que la collectivité ou ses membres dans leurs rapports spéciaux. Mais dans les autres cas elles doivent au contraire tenir à honneur de s'en désintéresser et de rompre publiquement avec les coupables; d'autant plus qu'en couvrant le criminel, elles encouragent par cette impunité d'autres individus à profiter de la protection qu'elles leur assurent contre la justice et l'opinion. On doit sans doute commencer par chercher et plaider les circonstances atténuantes, et surtout par protéger les accusés contre des calomnies qui peuvent venir des adversaires de la corporation ou de ceux du parti politique; mais si, après enquête, le crime est avéré, il n'y a plus qu'à livrer le coupable à la justice et au mépris public. De son côté, l'individu ne peut en aucun cas sacrifier son honneur véritable pour sauver cet honneur collectif. Si l'honneur collectif n'est pas légitimement en jeu, cela est évident; on ne prouve pas l'innocence par un crime, mais à force de vertu; si la collectivité s'est vraiment déshonorée, l'individu, loin de se solidariser avec elle, doit rompre publiquement.

Un autre problème plus grave encore et bien autrement difficile à résoudre est celui de l'inégalité du mérite social, que sanctionnent les peines infamantes et les distinctions honorifiques données par la société. Il y a tant d'inégalités injustes dont souffrent encore même nos démocraties que dans l'esprit simpliste du peuple toute inégalité semble injuste. Il est pourtant nécessaire que les démocraties arrivent à faire une distinction radicale entre le privilège ou la faveur et le mérite réel, comme entre le mépris fondé sur les préjugés aristocratiques ou ploutocratiques et le mépris mérité ; qu'elles apprennent à distinguer entre l'estime due à toute personne en tant que personne et l'estime ou le mépris dus à tel ou tel individu d'après sa conduite, entre l'honneur inné et l'honneur acquis. Il ne faut pas non plus, par simplisme, juger un homme sur une action ou deux et se hâter de classer les hommes en bons et mauvais. L'enseignement moral sera plus nécessaire ici que partout ailleurs. Il importe donc de maintenir les distinctions honorifiques et de ne pas supprimer les distributions de prix, comme on l'a fait dans certaines de nos écoles primaires, mais de donner ces prix honorifiques avec une justice inflexible, de les donner au mérite et non au succès, de les donner à l'effort, au travail, à la conduite, et non à la mémoire, à l'imagination, à l'intelligence pour elles-mêmes. Est-il donc besoin de rappeler que la vraie émulation, la seule saine et féconde, doit porter sur le mérite moral ; qu'elle implique l'estime des rivaux ; qu'elle ne peut conduire ni à l'orgueil, ni au découragement, ni à l'envie, qui sont au contraire un manque d'émulation ; qu'on ne peut la remplacer par l'émulation vis-à-vis de soi-même, qui, bonne en soi, est bien moins efficace et aboutit aisément à l'indifférence ? L'envie ne peut venir que du faux honneur et de la fausse émulation qui portent sur le succès. Il importe que les distinctions honorifiques décernées par la nation soient distribuées aussi bien aux professions manuelles qu'aux professions intellectuelles, aux pauvres qu'aux riches, aux ouvriers qu'aux officiers, et qu'elles soient les mêmes pour tous, s'adressant toutes au mérite moral et social. Dans la société, comme à l'école, il faut récompenser, ne fût-ce que pour avoir moins à punir; mais une récompense injuste est ce qu'il y a de plus démoralisateur après une punition imméritée.

La justice humaine est trop portée à établir des peines infamantes à perpétuité. Elle semble s'inspirer de cet aphorisme de Boileau :

> L'honneur est comme une île escarpée et sans bords;
> On n'y peut plus rentrer dès qu'on est en dehors.

Une condamnation ne devrait jamais être une damnation sociale. C'est encore là un préjugé religieux qui subsiste dans nos lois. Une peine infamante ne doit être ni capitale ni à perpétuité. Après la mort seulement on peut élever une statue ou mettre un nom au pilori de l'histoire. Pour le vivant, la réhabilitation doit toujours rester le but possible; et la peine de mort est immorale en rendant cette réhabilitation impossible.

L'inégalité la plus dure et la plus injuste entre les hommes n'est pas celle de la fortune, c'est celle du rang social attribué aux diverses professions. Les professions intellectuelles sont dites libérales et honorables; les professions manuelles sont encore tenues pour serviles et sont méprisées. Ce préjugé nous vient de l'esclavage et du servage, mais aussi d'un spiritualisme ou d'un intellectualisme qui tient la chair et la matière pour le principe du mal. On dira que l'intelligence se développe plus tard que la force physique et manifeste la supériorité de l'homme sur l'animal. On oublie que par l'usage de son libre arbitre l'homme peut se mettre au-dessus ou au-dessous de la bête dans ses actes, et que ce libre arbitre met d'autre part tous les hommes en leur essence sur un pied d'égalité. L'intelligence et l'instruction peuvent être employées au mal comme au bien. Ce qu'il faut surtout considérer, c'est donc le mérite moral. Or il peut être aussi grand chez les manuels que chez les intellectuels. La division du travail et la spécialisation tendent à déséquilibrer l'individu, à en faire « un monstre », comme dit Michelet. Or un intellectuel, au cerveau surmené, aux instincts génitaux dépravés par ce surmenage, est aussi monstrueux qu'un travailleur manuel au cerveau atrophié et aux muscles hypertrophiés. Le mérite respectif des professions, comme des individus, est dans la différence de moralité, non d'intelligence ou d'instruction, de richesse ou de talent : ces avantages peuvent dériver du mérite moral, mais aussi de la naissance ou du hasard; et leur emploi peut être bon ou mauvais.

L'importance morale et sociale des signes de politesse est grande à ce sujet. Elles sont des témoignages de respect et d'estime, plus encore que de bienveillance, et s'effacent même avec l'affection intime. Tant que chaque classe conserve ses usages propres, la règle pratique est de suivre ces divers usages selon les gens à qui l'on parle; mais on doit s'efforcer de simplifier toutes les formes de la politesse, pour se rapprocher de celles du peuple. La bonne éducation n'est pas dans les belles manières; et les bons sentiments ne sont pas dans les compliments. Il faut éviter tout ce qui peut froisser, et marquer à tous son estime avec discrétion. La vanité mondaine a fait une règle de la flatterie. Affecter la politesse vis-à-vis de ceux que l'on considère comme ses inférieurs en rang social est une impertinence. On ne doit pas non plus se montrer trop susceptible vis-à-vis de ceux qui se croient nos supérieurs. Par un excès contraire, ceux qui sont les plus arrogants envers leurs inférieurs sont presque toujours les plus plats vis-à-vis de leurs supérieurs. Le maître n'est que l'égal de son domestique. Les livrées des gens de service, l'emploi de la troisième personne en parlant aux maîtres, etc., sont absolument condamnables. Le maître et le domestique sont un employeur et un employé liés par un libre contrat où l'un donne de l'argent et l'autre des services. Il n'y a là aucune raison d'inégalité. Les domestiques et les maîtres sont actuellement des ennemis ; et la vraie raison est que l'on traite les serviteurs en inférieurs, et que l'on croit avoir acheté le droit de leur manquer de respect à chaque instant. L'officier doit parler au soldat avec le même respect qu'à un civil. Il y a un mépris mutuel entre toutes les classes de la société. Il y a tout à faire pour que nos mœurs deviennent démocratiques.

Selon Kant, nous sommes tenus de travailler à notre perfectionnement et au bonheur des autres ; c'est confondre des sciences irréductibles. Le bonheur des autres et le nôtre rentrent dans l'objet des sciences politiques, non pas de la morale. De même, les « devoirs de charité » de nos manuels de morale sont l'objet de la religion idéale, s'il est vrai que l'amour est le véritable sentiment religieux, comme nous le pensons. La morale ignore la charité ; elle ne connaît que la générosité proprement dite, c'est-à-dire ici l'estime des autres et l'aide apportée à leur dignité, à leur honneur.

Le libre exercice des droits et des devoirs idéaux est, pour la morale, une conséquence de la dignité de la nature morale de la personne. Nous sommes donc tenus de respecter cet exercice, et de le faire respecter chez nous et chez autrui. Et la vie étant la condition première du perfectionnement de soi-même et du mérite moral, elle a droit à notre respect et à notre aide. Nous ne devons tuer personne en principe; et, par là même, si l'on nous attaque, nous devons nous défendre, comme nous devons défendre toute autre personne attaquée. Cela n'est pas contraire à la charité, comme le pense Tolstoï, car son vrai principe est d'aimer le prochain comme nous-mêmes et non plus que nous-mêmes.

Pour la morale, nous devons défendre notre vie, condition de notre perfectionnement. Mais l'obligation de se défendre en tuant n'existe que s'il n'y a pas d'autre moyen; celui qui attaque est moins digne de respect que celui qui est attaqué; mais il n'est pas indigne de tout respect; et le respect dû à toute personne oblige à employer d'autres moyens moins graves, s'ils sont possibles, tels que blesser, désarmer, lier l'adversaire. Et la générosité veut que, sitôt hors de combat, nous lui rendions le bien pour le mal. La générosité veut que nous travaillions, après l'avoir vaincu, à le ramener au respect de lui-même et d'autrui, que nous l'aidions à se réhabiliter. Soignons son corps, puis son âme. Qu'il rougisse de son indignité, mais sans nous complaire à l'écraser de notre générosité, comme Auguste à l'égard de Cinna, car c'est de l'orgueil et une vengeance raffinée bien digne de ce froid politique et de ce caractère vindicatif. Condé avait tort de pleurer à cette scène du pardon, où l'empereur savoure l'humiliation du conspirateur. Corneille a peint dans son *Cinna* l'avilissement des caractères, cause de la décadence des Romains, comme il avait peint, dans les Horace, leur amour de la gloire, leur culte de l'honneur national, cause de leur grandeur. Et Condé s'est conduit en homme d'honneur, dans une autre circonstance, en payant, en son hôtel, la rançon promise à des assassins, au lieu de les faire arrêter.

La charité nous porte à soulager la souffrance et la

misère et à sauver de la faim ou de la maladie les malheureux. Mais elle n'a point souci de leur dignité, elle a entretenu l'ordre social des mendiants. La générosité ordonne d'éviter dans la bienfaisance tout ce qui peut humilier l'obligé ou lui faire perdre le souci de sa dignité en l'entretenant dans la paresse. Il faut, si on le peut, le mettre à même de se suffire et même d'être utile aux autres. La générosité sympathise avec l'énergie morale opprimée par la souffrance, désarmée par la maladie, paralysée par la peur, déviée par le chagrin, exténuée par la misère. La compassion est un bon sentiment, mais elle n'est pas partie intégrante de la conscience morale. « L'éminente dignité des pauvres », comme disait Massillon, ne vient pas de ce qu'ils sont pauvres, surtout s'ils le sont par leur faute ; la pauvreté, qui nous livre à la charge des autres, est une indignité, si elle est volontaire, et les parasites religieux ne sont pas plus honorables que les autres oisifs. C'est de l'utilité économique et sociale qu'il est honorable de tirer sa subsistance. Le précepte et l'exemple d'une sainte oisiveté sont aussi immoraux que ceux du célibat. L'assistance par le travail, le patronage des libérés, le sauvetage de l'enfance, sont l'objet de sociétés de bienfaisance conformes au principe de la dignité humaine, plus encore qu'à la charité chrétienne. Il en est de même de la ligue contre la traite des blanches, et d'autres analogues.

Les libertés civiles, qui s'opposent à l'esclavage et au servage, dépendent moralement de la dignité humaine et sont la condition du progrès moral et du mérite. En premier lieu, la liberté du mariage assure la sélection sexuelle, source de l'idéal. La liberté du travail et de l'association, le droit de grève, garantissent le développement de la personnalité morale. De même pour la liberté d'exprimer ses opinions philosophiques, religieuses ou politiques, au moyen du droit de réunion et de la liberté de la presse, sous réserve de n'attaquer l'honneur de personne qu'à ses risques et périls. Le droit de propriété en tant que dérivé du travail, aide à la dignité individuelle ou collective. Mais l'inégalité excessive des fortunes tend à avilir les plus pauvres, en les mettant à la merci des plus riches. Il ne suffit pas de respecter les droits, il faut les défendre, ou les revendiquer pour soi et pour les autres, et secourir les opprimés par honneur chevaleresque, en aidant la justice sociale et en la perfectionnant. La liberté politique, nous l'avons déjà dit, n'est pas moins inhérente à la valeur absolue de la personnalité morale.

On attaque l'honneur de ses semblables par l'injure, la médisance, la calomnie, la délation. Dire en face ses vérités à un coquin que tout le monde ménage par lâcheté, et le démasquer, peut être nécessaire ; il faut flétrir les vices, les bassesses, les trahisons, les ignominies ; comme il faut louer les vertus, les belles actions. Il ne faut porter aucune accusation dont on n'ait les preuves certaines. Médire, c'est attaquer l'honneur d'autrui par envie ou méchanceté, ou pour faire briller son esprit, ou pour se poser en homme vertueux. Calomnier, c'est ajouter le mensonge à la médisance ; et l'on glisse fatalement de la médisance à la calomnie. Le délateur fait en outre payer sa médisance ou sa calomnie ; il y trouve quelque intérêt personnel. C'est encore une sorte de délation, de révéler les fautes d'un subordonné à ses chefs, quand on n'a pas mission de le faire. Si l'on abuse de la confiance des gens pour les trahir, la faute est plus grave encore. Tout cela est évidemment contraire à l'estime et au respect de soi-même et d'autrui. C'est ce qui est arrivé dans l'affaire des fiches militaires.

Le mensonge est un manquement à notre dignité et à

celle d'autrui. L'amour de la vérité pour elle-même est un des titres de noblesse de l'humanité. La sincérité vis-à-vis de soi-même et des autres est une obligation d'honneur, et Montesquieu met au premier rang de la « morale du monde » la franchise dans les paroles. Le père du Menteur lui déclare qu'il n'est plus gentilhomme[1].

Est-il permis de mentir, de tromper, d'abuser de la confiance d'autrui pour sauver la vie ou l'honneur de quelqu'un, pour sauver sa patrie? Peut-on se faire espion au service de sa patrie chez l'étranger en temps de guerre ou en temps de paix? Un diplomate peut-il mentir? Les ruses de guerre sont-elles honorables? etc. Ces problèmes sont assez simples. On doit mentir à un malade pour ne pas l'alarmer; mais il peut aussi avoir besoin d'être prévenu pour prendre ses dispositions; et il faut tenir compte de son énergie morale : c'est au médecin de décider. On doit mentir à celui qui cherche la vérité pour en faire un usage criminel, comme tuer injustement ou voler ou médire; mais ce mensonge ne peut porter que sur un fait particulier. On peut tromper l'ennemi de sa patrie, en guerre ou en paix, et chercher à pénétrer ses secrets, à capter et à trahir sa confiance, mais seulement sur ce qui intéresse la défense nationale, non pas parce qu'il en fait de même, car le mal n'autorise pas le mal par lui-même, mais parce que la guerre, déclarée ou latente, pourvu qu'elle soit défensive, est une obligation d'honneur national; et cela n'est permis que dans la mesure où la guerre nécessite de tels moyens. Il n'est pas toujours vrai, en effet, que la fin justifie les moyens; c'est un cas de conflit de devoirs. Si manquer à la fin est un mal plus grave

---

1. L'Alceste de Molière veut
   Qu'on soit homme d'honneur et qu'en toute rencontre
   Le fond de notre cœur en nos discours se montre.

que l'emploi des moyens, et si les moyens sont indispensables à cette fin, cette formule tant décriée est parfaitement juste. De deux maux inévitables, il faut choisir le moindre : c'est le principe de toute casuistique. En dehors de ces conditions, la fin ne justifie pas les moyens. Mais dans ces conditions on ne se déshonore pas par l'emploi des moyens cités ci-dessus; et même, quand on risque sa vie ou sa liberté à en user, on peut s'élever jusqu'à l'héroïsme. Il ne faut donc pas frapper l'espion d'une peine infamante; on lui doit au contraire du respect et parfois de l'admiration. La diplomatie abuse sans doute de la fourberie; dans une république, les questions internationales devraient se régler au grand jour; la franchise d'une diplomatie serait une force et une habileté pour un peuple résolument pacifique. Les mensonges diplomatiques ont leur origine dans les traditions belliqueuses des monarchies. Cependant, en face de ces monarchies et de ces aristocraties militaires, on ne peut pas interdire absolument aux diplomates d'une république d'employer, lorsqu'elle est nécessaire, cette ruse de guerre, jusqu'au jour où les différends internationaux seront tous réglés par un tribunal suprême, pour l'honneur de l'humanité; car toute guerre suppose au moins une offensive, c'est-à-dire l'action la plus infâme qui puisse être commise sur terre. Un peuple, comme un individu, ne doit pas seulement respecter la dignité des autres peuples et faire respecter la sienne; il doit estimer les autres peuples et les secourir dans la défense ou la revendication de leur indépendance et même de leur liberté politique. Le principe de la non-intervention dans les affaires intérieures des autres peuples n'est qu'un compromis entre républiques et monarchies, pour éviter des conflagrations générales. Et les progrès de l'opinion pacifiste chez tous les civilisés finiront par en imposer aux gouvernements qui rêvent encore de conquêtes[1].

Nous avons vu certains moralistes s'étonner de l'importance accordée par les hommes du monde à la parole d'honneur et à la dette d'honneur. Comment, disent-ils, toute parole, toute promesse, toute dette n'est donc pas soumise aux règles de la morale? La réponse est pourtant facile à deviner. Nos affirmations et nos promesses mêmes sont plus ou moins graves et doivent, en certains cas, être formulées avec plus de solennité; elles engagent alors plus expressément notre responsabilité morale, notre honneur. Cela ne veut pas dire que nous ne soyons pas, en principe, responsables de toutes nos affirmations et de toutes nos promesses; mais il nous arrive fatalement, dans bien des cas, d'affirmer ou même de promettre un peu à la légère et sans bien réfléchir, quand la chose est de peu d'importance. C'est pour la même raison qu'on exige parfois, dans la loi, des attestations ou des engagements ou des serments solennels. C'est le sens de la « parole d'honneur ». D'autre part, les dettes reconnues par la loi peuvent avoir des sanctions pénales. Les dettes non reconnues par la loi, comme les dettes de jeu, n'ont d'autre garantie que notre probité; elles reposent exclusivement et expressément sur notre honneur. On dira qu'il est plus juste ou plus important de payer ses dettes à un fournisseur qui nous a livré sa marchandise ou à un ouvrier qui nous a fourni son travail, qu'à un joueur qui nous a gagné sur un coup de cartes. On peut condamner les jeux d'argent; mais ce n'est pas ici la question. Puisque, si nous avions gagné, l'enjeu eût été à nous, il est juste que

---

[1]. Les droits naturels des peuples, violés par la conquête, sont imprescriptibles comme ceux des individus. Cependant la suppression de la guerre est un but si sublime qu'il est permis de lui faire des sacrifices, s'ils peuvent y servir.

nous le donnions, si nous avons perdu à un jeu dont nous acceptions les règles. Cela ne veut pas dire que l'honneur nous permette de ne pas payer les autres dettes, si nous le pouvons. Mais enfin les événements imprévus peuvent déjouer la prudence humaine et nous rendre insolvables, sans nous déshonorer. Au contraire, la dette d'honneur doit être payée rapidement et on ne peut y manquer sans forfaiture.

Enfin, l'intolérance et la persécution, qui consistent à faire appel à la crainte pour imposer une opinion, attentent à la dignité humaine. Mais la vraie politesse consiste à dire la vérité, ou ce que l'on croit tel, et non à flatter les illusions des autres. Seulement il faut d'abord, lorsque l'on discute, pouvoir espérer convaincre, ensuite se montrer respectueux, non de l'erreur, mais de la sincérité qu'on doit toujours supposer chez l'adversaire. Et il est souvent d'autant plus sincère qu'il a plus d'intérêt à dire ce qu'il dit, bien qu'il nous paraisse par cela même plus hypocrite; car l'intérêt est un orateur bien éloquent, bien persuasif, et qui, après avoir agi sur nos paroles et nos actes, finit par agir jusque sur nos croyances et nos sentiments.

En terminant, excusons-nous d'avoir insisté, dans ce chapitre, sur bien des lieux communs. Nous y étions obligé; car, depuis un demi-siècle, le développement de l'enseignement religieux d'une part, de l'enseignement de la morale kantienne de l'autre, nous a fait oublier les formules et jusqu'au langage de la morale naturelle, que parlaient nos pères; et nous devons nous faire un point d'honneur national de les réapprendre!

TABLE DES MATIÈRES

Pages.

INTRODUCTION. 1

PREMIÈRE PARTIE

LES OPINIONS DES PHILOSOPHES

I. — Philosophes adversaires ou partisans du principe de l'honneur chez les anciens : Platon, Épictète, Cicéron. 5

II. — Le moyen âge, du moins par la voix de ses philosophes, combat le principe de l'honneur au nom du dogme de l'humilité. Thèse collective des pères et des théologiens. 16

III. — Philosophes modernes, adversaires du principe de l'honneur, qui se sont inspirés du principe de l'humilité, ou dont le pessimisme s'accorde avec ce principe, Bossuet, Pascal, Berkeley, La Rochefoucauld 23

IV. — Philosophes qui ont combattu le principe de l'honneur au nom de celui du devoir et se rattachent encore au christianisme. Kant et Renouvier. . . 34

V. — Philosophes adversaires du principe de l'honneur se rattachant à la philosophie gréco-latine sur cette question. Point de vue politique et pédagogique. Montesquieu et Rousseau. 42

TABLE DES MATIÈRES

Pages.

VI. — Philosophes favorables au sentiment de l'honneur. École rationaliste. Descartes. 50

VII. — Moralistes favorables au principe de l'honneur. École empiriste. Vauvenargue, Adam Smith. . . 61

VIII. — Tableau récapitulatif des controverses des philosophes sur l'honneur. Loi de ces controverses. . . 69

DEUXIÈME PARTIE

EXPOSÉ DES FAITS ET DISCUSSION DOGMATIQUE

I. — Origine du sentiment de l'honneur dans l'animalité. 73

II. — L'évolution du sentiment de l'honneur dans l'humanité 96

III. — Analyse de la conscience morale. Distinction des éléments moraux, théocratiques et juridiques. Le sentiment de l'honneur comme synthèse de la pure conscience morale. La liberté morale. . . . 146

IV. — Discussion théorique. Conclusions sur les controverses au sujet de l'honneur et sur d'autres objections qu'il suggère 169

V. — Morale pratique. Le principe de l'honneur comme guide de conduite 198

BIBLIOTHÈQUE DE PHILOSOPHIE CONTEMPORAINE

Volumes in-8, brochés, à 3 fr. 75, 5 fr., 7 fr. 50, 10 fr., 12 fr. 50 et 15 fr.

EXTRAIT DU CATALOGUE

BARDOUX. — Psych. de l'Angleterre contemporaine. 2 vol. T. I, 7 fr. 50. — T. II. 5 fr.
BAYET. — L'idée de bien. 3 fr. 75
BAZAILLAS. — La vie personnelle. 5 fr.
— Musique et inconscience. 5 fr.
BELOT. — Études de morale positive. 7 fr. 50
B.-BERNARD LEROY. — Le langage. 5 fr.
BERGSON. — Matière et mémoire. 6ᵉ éd. 5 fr.
— Données imméd. de la conscience. 3 fr. 75
— L'évolution créatrice. 7ᵉ éd. 7 fr. 50
BINET. — Les révélations de l'écriture. 5 fr.
BOEX-BOREL (J.-H. Rosny aîné). — Le pluralisme. 5 fr.
BOIRAC. — La psychologie inconnue. 5 fr.
BOUGLÉ. — Les idées égalitaires. 2ᵉ éd. 3 fr. 75
— Régime des castes. 5 fr.
BOUTROUX. — Études d'histoire de la philosophie. 3ᵉ éd. 7 fr. 50
BRUGEILLES. — Le droit et la sociologie. 3 fr. 75
CHIDE. — Le mobilisme moderne. 5 fr.
COSENTINI. — La sociologie génétique. 3 fr. 75
CYON (de). — Dieu et science. 7 fr. 50
DAURON. — Explic. mécan. et nominalisme. 3 fr. 75
DELVAILLE. — Vie sociale et éducation. 3 fr. 75
DROMARD. — Essai sur la sincérité. 5 fr.
DUGAS. — Le problème de l'éducation. 5 fr.
DUMAS. — La tristesse et la joie. 7 fr. 50
— Psychol. de deux Messies positivistes. 5 fr.
DURKHEIM. — Division du travail social. 7 fr. 50
— Le suicide, étude sociologique. 7 fr. 50
— Année social. 1896-97 à 1900-1901, chac. 10 fr.
— Années 1901-2 à 1905-6, chacune. 12 fr. 50
— Tome XI (1906-1909). 15 fr.
DRAGHICESCO. — Probl. de la conscience. 3 fr. 75
DWELSHAUVERS. — Synthèse mentale. 5 fr.
EBBINGHAUS. — Précis de psychologie. 5 fr.
ENRIQUES. — La science et la logique. 3 fr. 75
EUCKEN. — Pensée contemporaine. 10 fr.
EVELLIN. — La raison pure. 5 fr.
FINOT. — Le préjugé des races. 3ᵉ éd. 7 fr. 50
— Philosophie de la longévité. 12ᵉ édit. 3 fr. 50
FOUCAULT. — Le rêve. 5 fr.
FOUILLÉE. — Liberté et déterminisme. 7 fr. 50
— Systèmes de morale contemporains. 7 fr. 50
— Morale, art et religion, d'ap. Guyau. 3 fr. 75
— L'avenir de la métaphysique. 2ᵉ éd. 5 fr.
— L'évolut. des idées-forces. 2ᵉ éd. 7 fr. 50
— Psychologie des idées-forces. 2 vol. 15 fr.
— Tempérament et caractère. 3ᵉ éd. 7 fr. 50
— Le mouvement positiviste. 2ᵉ éd. 7 fr. 50
— Le mouvement idéaliste. 2ᵉ éd. 7 fr. 50
— Psychologie du peuple français. 7 fr. 50
— La France au point de vue moral. 7 fr. 50
— Esquisse psych. des peuples europ. 10 fr.
— Éléments sociol. de la morale. 7 fr. 50
— Morale des idées-forces. 7 fr. 50
— Socialisme et sociologie réformiste. 7 fr. 50
— Démocratie polit. et soc. en France. 5 fr.
FOURNIÈRE. — Théories socialistes. 7 fr. 50
GRASSET. — Demifous et demiresponsables. 5 fr.
— Introd. physiol. à la philosophie. 5 fr.
GUYAU. — Morale anglaise contemp. 6ᵉ éd. 7 fr. 50
— Probl. de l'esthétique cont. 7ᵉ éd. 7 fr. 50
— Morale sans obligation ni sanction. 5 fr.
— Éducation et hérédité. 10ᵉ édit. 5 fr.
— L'irréligion de l'avenir. 15ᵉ édit. 7 fr. 50
HAMELIN. — Le Système de Descartes. 7 fr. 50
HANNEQUIN. — Histoire des sciences et de la philos. 2 vol. 15 fr.
HARTENBERG. — Les timides et la timidité. 5 fr.
— Physionomie et caractère. 3ᵉ édit. 5 fr.
HÉBERT. — L'évolution de la foi catholique. 5 fr.
— Le divin. 5 fr.
HÉMON. — Philos. de Sully Prudhomme. 7 fr. 50
HERMANT et V. DE WAFLE. — Logique cont. 5 fr.
HÖFFDING. — Philos. moderne. 2ᵉ éd. 2 v. 20 fr.
— Esquisse d'une psychologie. 4ᵉ éd. 7 fr. 50
— Philosophes contemporains. 2ᵉ éd. 7 fr. 75
— Philosophie de la religion. 7 fr. 50
HUBERT et MAUSS. — Mélang. d'hist. des relig. 5 fr.
IOTEYKO et STEFANOWSKA. — La douleur. 5 fr.
IZAMBERT. — Idées socialistes. 7 fr. 50
JANET (Pierre). — L'autom. psych. 7 fr. 50

JASTROW. — La subconscience. 7 fr. 50
JEUDON. — Morale de l'honneur. 5 fr.
KEIM. — Helvétius. 10 fr.
LACOMBE. — Individus et soc. chez Taine. 7 fr. 50
LALANDE. — La dissol. opposée à l'évolut. 7 fr. 50
LALO (Ch.). — Esthét. musicale scient. 5 fr.
— Esthét. expérim. contemp. 3 fr. 75
— Sentiments esthétiques. 5 fr.
LANDRY. — Morale rationnelle. 5 fr.
LANESSAN. — La morale des religions. 10 fr.
— La morale naturelle. 7 fr. 50
LAURVRIÈRE. — Edgar Poë. 10 fr.
LE BON (G.). — Psychol. du social. 6ᵉ éd. 7 fr. 50
LEBLOND (M. A.). — L'Idéal du XIXᵉ siècle. 5 fr.
LECHALAS (G.). — Études esthétiques. 5 fr.
— L'espace et le temps. 2ᵉ éd. 5 fr.
LE DANTEC. — L'unité dans l'être vivant. 7 fr. 50
— Les limites du connaissable. 2ᵉ éd. 3 fr. 75
LYON (Xavier). — Philosophie de Fichte. 5 fr.
LÉVY-BRUHL. — Phil. d'Aug. Comte. 4ᵉ éd. 7 fr. 50
— La morale et la science des mœurs. 3ᵉ éd. 5 fr.
— Fonct. mentales des soc. primitives. 7 fr. 50
LIARD. — Descartes. 3ᵉ édit. 5 fr.
— Science positive et métaph. 5ᵉ éd. 7 fr. 50
LICHTENBERGER (H.). — Richard Wagner. 10 fr.
— Henri Heine penseur. 3 fr. 75
LUQUET. — Idées génér. de psychologie. 5 fr.
LYON. — Idéalisme anglais au XVIIIᵉ siècle. 7 fr. 50
— Enseignement et religion. 3 fr. 75
MATAGRIN. — Psych. sociale de Tarde. 5 fr.
MENDOUSSE. — Âme de l'adolescent. 5 fr.
NORDAU (Max). — Dégénérescence. 2 v. 17 fr. 50
— Les mensonges conventionnels de notre civilisation. 9ᵉ édit. 5 fr.
— Vus du dehors. 5 fr.
— Le sens de l'histoire. 5 fr.
NOVICOW. — Justice et expansion de la vie. 7 fr. 50
— Critique du Darwinisme social. 7 fr. 50
OSSIP-LOURIÉ. — Philos. russe cont. 2ᵉ éd. 7 fr. 50
— Psychol. des romanciers russes. 7 fr. 50
PALANTE. — Combat pour l'individu. 3 fr. 75
PAULHAN. — Les caractères. 3ᵉ éd. 5 fr.
— Les mensonges du caractère. 5 fr.
— Le mensonge de l'art. 5 fr.
PAYOT. — Éduc. de la volonté. 35ᵉ éd. 5 fr.
— La croyance. 2ᵉ éd. 5 fr.
PIAT (C.). — La morale du bonheur. 5 fr.
PILLON. — L'année philos. 1890 à 1909, chac. 5 fr.
RAGEOT. — Le succès. 3 fr. 75
RAUH. — L'expérience morale. 2ᵉ édit. 3 fr. 75
RENARD (G.). — La méthode scientifique de l'histoire littéraire. 10 fr.
RIBOT. — Hérédité psychologique. 9ᵉ éd. 7 fr. 50
— Psychologie des sentiments. 8ᵉ éd. 7 fr. 50
— L'évolution des idées génér. 2ᵉ éd. 5 fr.
— L'imagination créatrice. 3ᵉ éd. 5 fr.
— La logique des sentiments. 3ᵉ éd. 3 fr. 75
— Essais sur les passions. 2ᵉ édit. 3 fr. 75
RIGNANO. — Transmis. des caractères. 5 fr.
RODRIGUES (G.). — Le problème de l'action. 3 fr. 75
RUSSELL. — La philosophie de Leibniz. 3 fr. 75
SABATIER (P.). — Philos. de l'effort. 7 fr. 50
SAINT-PAUL. — Le langage intérieur. 5 fr.
SCHILLER (F.). — Études sur l'humanisme. 10 fr.
SCHINZ. — Anti-pragmatisme. 5 fr.
SÉAILLES. — Le génie dans l'art. 4ᵉ éd. 5 fr.
— La philosophie de Renouvier. 7 fr. 50
SOLLIER. — Le problème de la mémoire. 3 fr. 75
— Le mécanisme des émotions. 5 fr.
— Le doute. 7 fr. 50
SOURIAU. — L'esthét. du mouvement. 7 fr. 50
— La beauté rationnelle. 10 fr.
— La suggestion dans l'art. 2ᵉ éd. 5 fr.
SULLY PRUDHOMME. — Le lien social. 3 fr. 75
— La religion selon Pascal. 7 fr. 50
TARDE. — La logique sociale. 3ᵉ éd. 7 fr. 50
— Les lois de l'imitation. 6ᵉ éd. 7 fr. 50
— L'opposition universelle. 7 fr. 50
— L'opinion et la foule. 3ᵉ édit. 5 fr.
THOMAS. — L'éduc. des sentiments. 4ᵉ éd. 5 fr.
TISSERAND. — L'anthrop. de M. de Biran. 10 fr.
UDINE (J. D'). — L'art et le geste. 5 fr.

www.ingramcontent.com/pod-product-compliance
Lightning Source LLC
Chambersburg PA
CBHW070634170426
43200CB00010B/2020